할리우드 아티스트에게 배우는
애니메이션 테크닉

쉽고 빠르게 그리는

스토리
보드

with
스토리보드 프로

쉽고 빠르게 그리는
스토리보드
with
스토리보드 프로

초판 인쇄일 2024년 6월 7 일
초판 발행일 2024년 6월 14일

지은이 박인찬
발행인 박정모
등록번호 제 9-295호
발행처 도서출판 혜지원
주소 (10881) 경기도 파주시 회동길 445-4(문발동 638) 302호
전화 031) 955-9221~5 **팩스** 031) 955-9220
홈페이지 www.hyejiwon.co.kr
인스타그램 @hyejiwonbooks

기획 김태호
진행 이찬희
디자인 유니나
영업마케팅 김준범, 서지영
ISBN 979-11-6764-066-6
정가 35,000원

할리우드 아티스트에게 배우는
애니메이션 테크닉

쉽고 빠르게 그리는
스토리
보드
with
스토리보드 프로

박인찬 지음

혜지원

우리는 이야기 속에서 살아가고 있습니다. 일상의 사소한 이야기가 드라마, 영화, 애니메이션, 만화로 만들어지는 세상입니다. 이런 이야기 하나하나가 모여 세상 사람이 공감하고 즐길 수 있는 글로벌 히트작의 밑거름 역할을 해내고 있습니다. 프랑스 칸느 영화제와 미국의 아카데미 시상식을 석권한 영화 「기생충」, 미국 Emmys(에미상) 6관왕에 빛나는 넷플릭스의 드라마 「오징어 게임」도 이런 기반에서 만들어졌습니다. 웃고, 울고, 분노하고, 기뻐하고, 감동하고, 사랑하는 그 어떤 영상물도 이야기 없이는 태어날 수 없습니다. 그만큼 이야기는 영상물에 있어서 뿌리와 같은 존재입니다.

그렇다면 이야기를 어떻게 구체화할까요? 잘 만들어진 드라마나 영화 또는 애니메이션의 밑바탕에는 기초 작업이 필요합니다. 이야기(스크립트)를 시각화하는 첫 단계. 우리는 그것을 '스토리보드'라고 부릅니다. 요컨대 이야기를 조금 더 이해하기 쉽게 그림으로 표현하는 것이지요. 스토리보드는 영상물을 창작하는 사람에게는 더없이 중요한 과정입니다.

(출처 : Mercury FilmWorks - Skate Or Die의 스토리보드)

• 감독은 왜 그토록 정성스럽게 스토리보드를 그렸을까요?

언젠가 봉준호 감독이 직접 그린 영화 「기생충」의 스토리보드를 TV에서 본 적이 있습니다. 그런데 놀라운 사실이 있습니다. 그 스토리보드에 표현된 레이아웃과 카메라워크 등 모든 장면이 완성된 필름과 똑같다는 사실입니다. 한 편의 영화를 만들기 위해서는 모든 상황을 제어할 수 있어야 한다는 생각 때문이었을까요. 스토리보드를 그리는 일 또한 쉬운 일이 아닙니다. 빡빡한 제작 스케줄을 맞춰 가면서도 많은 시간을 할애해서 그려야 합니다. 그러나 봉준호 감독은 정성스럽게 스토리보드를 완성했습니다. 그의 디테일한 스토리보드가 없었다면 제작 기간은 더 오래 걸렸을 것입니다.

봉준호 감독은 영화를 만들기 전에 상세한 스토리보드를 그리는 것으로 유명합니다. 이것은 영화 제작을 위한 필수적인 단계로, 시각적으로 영화의 장면을 나열하고 이야기의 전개를 계획합니다. 물론 영화나 드라마 한 편이 스토리보드 하나로 완성되는 것은 결코 아닙니다. 하지만 잘 만든 스토리보드는 모두의 소중한 시간이 낭비되지 않도록 합니다. 현장에서 시간은 돈이니까요. 따라서 스토리보드는 제작비 절감 효과를 가져옵니다.

정적인 이야기, 텍스트로 가득 찬 시나리오, 머릿속에 불현듯 떠오르는 아이디어 등 생각이나 문장을 생동감 있는 동영상이나 작품으로 탄생시키기 위해 가장 먼저 해야 할 작업은 스토리보드를 그리는 일입니다. 이는 모든 영상물의 토대가 됩니다. 스토리보드를 통해서 완성할 작품의 대략적인 가이드 라인을 만들고 텍스트로는 이해되지 않는 구간을 표현할 수 있습니다. 그렇다면 어떤 프로그램을 이용해서 스토리보드를 그릴 수 있을까요?

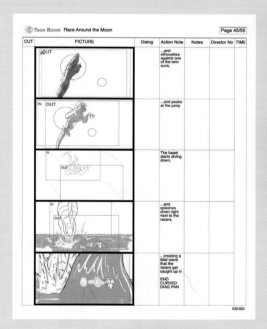
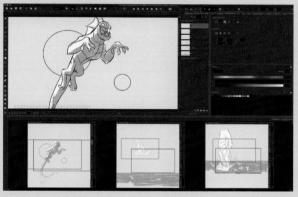

(출처 : Race Around the Moon by Mike Morris)
일본 스타일 스토리보드 PDF 파일(좌) / 스토리보드 프로 작업 화면(우)

• 프로페셔널한 툰붐의 스토리보드 프로

툰붐의 스토리보드 프로는 이야기를 생동감 넘치는 결과물로 변신시켜 줍니다. 수천 년 전의 인류에게 돌도끼가 그림 도구였다면 지금의 우리에게는 툰붐의 스토리보드 프로가 있습니다. 스토리보드 프로는 다른 어떤 툴보다 더 간편하고 활용성이 높습니다. 이 책에서는 이를 토대로 스토리보드를 만들어 봅니다.

책은 총 5개의 파트(시퀀스)로 구성되어 있습니다. 파트 1에서는 스토리보드와 관련한 내용과 툰붐 스토리보드 프로에 대해서 설명하고 있습니다. 툰붐 스토리보드 프로의 주요 기능 설명은 파트 2부터 시작합니다. 파트 2부터 4까지 툰붐 스토리보드 프로의 기초적인 기능을 스토리보드 아티스트 마이크 모리스 씨의 작품을 통해 학습할 수 있습니다.

지금은 고인이 된 애플의 CEO였던 스티브 잡스. 그는 프레젠테이션 말미에서 중요한 정보를 전달하고 싶을 때면 항상 "One More Thing"을 외치며 환한 미소를 보여 주었습니다. 청중의 눈망울은 일순간 커졌다가 탄성이 터져 나옵니다. 바로 이 책의 파트 5에서 다룰 내용이 One More Thing입니다. 전 세계의 유명한 스토리보드 아티스트가 툰붐 스토리보드 프로를 이용해 작업한 결과물을 소개합니다. 스토리보드 아티스트들의 스토리보드 제작 노하우를 중심으로 그 외의 뛰어난 기능들을 다뤘습니다. 파트 5에서는 프로그램에 대한 기초적인 설명은 줄였습니다. 만약 툴의 기초 기능에 대한 학습이 더 필요한 독자분은 파트 2 ~ 4를 다시 보며 익혀 보길 바랍니다.

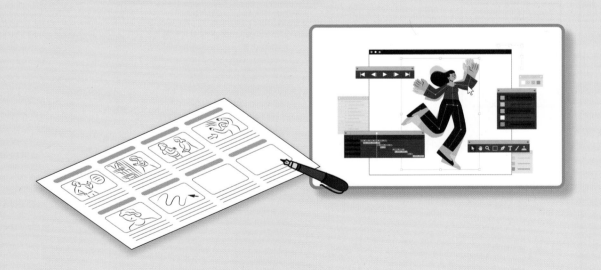

• 감사의 말

　어느새 100미터 경주와 같았던 세 번째 책을 출간하게 되었습니다. 이 책의 시작을 열어 준 스테파니 퀸(Stephanie Quinn) 씨에게 감사의 말을 전합니다. 더불어 제 삶의 터전인 예손엔터테인먼트와 직원 여러분 모두에게 감사드립니다.

　또한 멋진 작품을 한국의 독자분들에게 소개할 수 있는 기회를 주신 아래의 스토리보드 아티스트분들께 감사의 말씀을 드립니다.

Albert McClelland, Jr, David Howard, Gene Kim (김진기), Kaitrin Snodgrass, Karine Charlebois, Leo Garcia, Luisa Cruz, Matthias De Clercq, Mike Milo, Mike Morris, Nic Parris, Sam Tung, Tim Hodge

---

　그리고 좋은 책을 출간하기 위해 열정을 쏟아부어 주신 혜지원의 대표님과 박혜지 과장님, 김태호 대리님께 감사의 말씀 전합니다.

　마지막으로, 이 레이스가 끝나고 집에서 저를 환한 미소로 맞이해 준 희정, 이언, 이령 고맙고 사랑해!

저자 **박인찬**

* 이 책에서 설명하는 작업 방식과 기능은 툰붐(Toon Boom)의 소프트웨어 <스토리보드 프로 22>(Stroyboard PRO 22)을 기준으로 합니다.

* 이 책의 실습 예제 파일은 도서출판 혜지원(http://www.hyejiwon.co.kr)의 자료실 → IT → 그래픽/멀티미디어/미디 → 쉽고 빠르게 그리는 스토리보드 다운로드 페이지에서 받으실 수 있습니다.

* 본문 중 📁 의 경우는 해당 파트에서 다루는 실습 파일의 파일명입니다. ▶ 의 경우 해당 파트에서 다루는 예제 파일 내의 특정 씬이나 패널 번호를 말합니다.

• 마이크 마일로 (스토리보드 아티스트, 감독)

지난 35년 동안 저는 로스앤젤레스에서 감독, 프로듀서, 작가, 애니메이터, 캐릭터 디자이너, 스토리보드 아티스트로 일해왔습니다. 워너브라더스, 디즈니, 유니버설, 카툰네트워크, 니켈로디언 등 주요 스튜디오에서 근무하며 풍부한 영화 제작 경험을 쌓았습니다. 그래서 툰붐의 스토리보드 프로가 나오기 전에는 작업이 훨씬 더 어려웠다고 단언할 수 있습니다.

스토리보드는 영화의 청사진입니다. 애니메이션은 물론 실사 영화에서도 스토리보드를 중심으로 모든 요소가 만들어집니다. 좋은 드로잉 실력, 연기력, 레이아웃 능력 등이 필수적입니다. 대본도 중요하지만, 복잡한 영화는 스토리보드 없이는 제작할 수 없습니다. 대본 없이도 스토리보드는 만들 수 있습니다.

스토리보딩은 영화에서 가장 중요한 단계이며, 다른 모든 요소는 이를 기반으로 만들어집니다. 영화 전체가 스토리보드 단계에서 구상됩니다. 배경, 캐릭터, 소품 등은 스토리보드 아티스트가 작업하기 전까지는 단순 배치에 불과합니다. 스토리보드 아티스트가 이를 바탕으로 이야기에 맞게 변형합니다. 대본도 마찬가지며, 때로는 최종 스토리보드에 따라 대사를 재녹음하기도 합니다. 그런 다음 모든 아트워크가 그 스토리보드에 맞춰 변경되는데, 이것이 바로 스토리보드가 가장 중요한 단계임을 증명합니다.

디지털 스토리보딩은 스토리보드 아티스트의 작업을 훨씬 쉽게 만들어 줍니다. 왜 그럴까요? 가장 중요한 undo(실행 취소)와 레이어 기능 외에도 많은 이유가 있습니다. 플리핑, 리사이징, 회전, 컷 아웃 등의 기능도 연기와 연출을 표현하는 데 매우 중요합니다. 스토리보드 프로는 디지털 스토리보딩 도구로서 강력한 기능을 갖추고 있습니다.

과거 종이에 그릴 때는 스토리보드를 복사해서 축소하거나 확대한 뒤, 각 패널을 잘라내어 다시 붙여야 했습니다. 우리는 그것을 '프랑켄슈타인 보드'라고 부를 정도로 테이프와 풀로 얼룩졌습니다. 정말 많은 작업이 필요했죠! 하지만 지금은 내보내기 한 번으로 간단히 처리할 수 있습니다. 동일한 스토리보드를 2패널, 3패널, 4패널, 썸네일 또는 애니메틱으로 내보낼 수 있습니다. PDF나 개별 패널로 알파 채널과 함께 내보낼 수도 있습니다. 기막힌 진화입니다.

1990년대에는 애니메틱을 만들려면 스토리보드를 스캔한 뒤 하나씩 잘라내고 비디오 편집기에 모두 가져와 조립해야 했습니다. 하지만 이제 스토리보드 프로에서 바로 작업할 수 있어 매우 간편해졌습니다. 스토리보드 프로의 다른 마법 같은 기능으로는 붙여 넣을 때 아트워크의 위치가 고정된다는 점을 들 수 있는데, 애니메이션에서는 그림이 떨리지 않고 고정되는 것이 매우 중요하기 때문입니다. 또한 전체 파일에서 동일한 색상을 한꺼번에 선택하고 변경할 수 있습니다. 저는 빨간색으로 초벌 작업을 한 후 검은색으로 바꾸는 걸 선호하는데, 과거 종이 시대에 빨간색 지우개 연필을 사용했던 때의 습관 때문입니다. 여러 애니메이션 프레임을 스탬프화해서 다른 장면으로 크기를 조절하고 옮길 수도 있습니다. 3D 에셋을 추가, 조작, 크기 조절할 수 있고, 드로우 비하인드 기능을 사용해 캐릭터 뒤의 객체를 매트아웃해 더 잘 보이게 할 수 있습니다. 하지만 툰붐은 여기서 그치지 않고 오토매트 기능으로 이를 자동으로 해결해 줍니다. 아마 이것이 제가 가장 좋아하는 스토리보드 프로의 기능일 것입니다. 마지막으로 자주 사용하는 포즈와 배경을 저장하고 다시 사용할 수 있는 라이브러리도 있습니다.

네, 스토리보드 프로는 확실히 스토리보딩을 위한 최고의 도구입니다. 이 책을 통해 그 이유를 자세히 알게 되기를 바랍니다. 즐기시기 바랍니다!

• 마이크 모리스 (스토리보드 아티스트, 감독)

제가 애니메이션에 푹 빠지게 된 것은 1980년대 할머니께서 VHS 녹화기와 플레이어를 사 주신 후 점점 늘어나는 애니메이션 영화 컬렉션 덕분이었습니다. 물론 영화관에도 갔지만, 거실에서 언제나 일시 정지 버튼을 누를 수 있는 게 중요했죠. 그 테이프를 한 프레임씩 재생하며 이 마법이 어떻게 이뤄지는지, 누가 이 영화를 만들었는지, 어떻게 하면 제가 그들 중 한 명이 될 수 있을지 배우려 노력했습니다. 그래서 애니메이터가 되기 위해 공부하고, 그림을 통해 배우가 되기 위해 공부하며, 그 모든 것을 위해 학교에 다녔습니다.

배움 속에서 저는 스토리텔링이라는 또 다른 예술적 사랑의 대상을 찾았습니다. 스토리를 전달할 수 있는 훌륭한 수단인 애니메이션에 대한 애정은 여전했지만, 그보다 더 중요한 것은 캐릭터의 연기력이었습니다. 감정과 연기, 사물의 자연스러운 움직임이 중요했죠. 하지만 스토리텔링에서는 그 감정이 무엇인지, 왜 그 장면에 존재했는지, 캐릭터가 언제 어디서 무엇을 하고 있는지, 어떻게 행동했는지가 중요했습니다. 창의력이 솟구쳤습니다! 그 창의력이 어디로 향할지, 어떤 방향으로 흘러가야 할지 제가 결정했죠! ACME(애니메이션 전용지) 종이에 그려진 애니메이션 그림은 곧 스티커 메모에 순차적으로 그려진 작은 그림, 즉 스토리보드로 변모했습니다. 스토리텔링 기법, 고전적인 이야기 구조, 영화 촬영에 대해 배우면서 완전히 새로운 세상이 열렸습니다. 이는 그 당시와 마찬가지로 지금도 제 상상력을 충족시키는 데 큰 도움이 됩니다. 스토리보드를 통한 스토리텔링은 제가 앞으로 오랫동안 걸어가야 할 길로 인

도해 주었습니다. 그렇게 스토리보드 아티스트가 된 것입니다.

운 좋게도 그것이 직업이 되었고, 디지털 시대가 도래하면서 툰붐의 스토리보드 프로라는 새로운 도구를 갖게 되었습니다. 제가 처음 시작할 당시에는 1.5 버전이었습니다. 벡터 드로잉, 여러 가지 구조화 방법, 개요, 타임라인, 수직 레이아웃, 수평 레이아웃, 카메라 이동, 레이어 모션이 있는 애니메틱 등 모든 드로잉을 한데 모아놓은 도구! 모든 것이 거기에 있었습니다! 이 훌륭한 소프트웨어와 함께 꽤 먼 길을 가게 되리라는 것을 알았습니다. 실제로 이 도구를 다른 아티스트에게 가르치는 교육 자료를 만들기도 했고, 그중 일부 스토리보드가 이 책에 실려 있습니다.

이 책은 환상적인 아티스트들이 스토리보드 프로로 만든 스토리보드 예시로 가득 차 있습니다. 그중 몇몇은 저의 개인적 친구이면서 존경하는 사람들이기도 합니다. 그들의 접근 방식, 프로세스 및 워크플로우를 따라가다 보면 소프트웨어에 대한 기술적 지식과 함께 텔레비전이든 영화든 스크린용 스토리보드에 대한 철학적인 아이디어를 얻을 수 있습니다. 이 책에 작은 부분이나마 참여하게 되어 영광이며, 이 책을 읽는 모든 분이 이 책의 내용을 통해 창의력을 북돋우고 활력을 얻길 바랍니다.

독자 여러분, 여기 실린 스토리보드들은 수많은 반복을 통해 신중하게 형태와 이야기를 만들어 낸 아티스트들의 작은 조각입니다. 약간은 몽상적으로 말하자면, 그렇게 함으로써 그들의 작은 예술적 영혼과 창조적인 정신을 여러분과 공유한 셈입니다. 우리와 마찬가지로 창의적인 창작자들에게 이 책을 선보이기까지 노력해 주신 박인찬 씨의 노고에 박수를 보내며 축하의 인사를 전합니다. 기술과 예술을 융합하는 예술가들, 꿈을 꾸는 자들, 소원을 품은 자들, 그리고 단순히 열심히 일하는 예술가들이 '마법'을 만들어 냅니다.

• 카린 샤를부아 (스토리보드 감독, 교사)

2010년경, 애니메이션 산업이 불황에서 벗어나고 있을 때 몬트리올의 한 스튜디오에서 저는 새 쇼의 스토리보드 작가로 근무하게 되었습니다. 제작 과정에서 컴퓨터가 점점 더 많이 사용되기 시작했고, 저는 툰붐 스토리보드 프로라는 새로운 소프트웨어를 배워야 했기에 연필과 종이에서 디지털로 전환해야 했습니다. 몇몇 동료 스토리보드 작가들과 함께 툰붐 트레이너들로부터 1주일간 이 새 소프트웨어 사용법을 교육받았습니다.

저는 금세 매료되었습니다. 이미 와콤 타블렛으로 그리는 것에 익숙했기에 배우는 데 큰 어려움은 없었지만, 스토리보드 프로를 사용하면 그림뿐만 아니라 타이밍, 카메라 움직임, 사운드 등 우리의 아이디어를 애니메틱으로 제작해 감독들과 소통할 수 있었습니다. 이는 혁신적인 변화였고, 이후 스토리보드 프로를 사용하지 않는 프로덕션에서 일하면 답답함을 느꼈습니다. 그러다가 스토리보드 프로를 다시 사용하면 집에 온 것 같은 안도감이 들었죠.

2019년에 스토리보딩을 가르치기 시작하면서, 업계 표준인 스토리보드 프로를 반드시 교육해야 한다고 주장했습니다. 어찌 표준이 아니겠습니까? 스토리, 벡터/비트맵 디지털 드로잉, 3D 모델 조작, 카메라 워크, 애니메이션, 편집, 심지어 사운드와 효과까지 한번에 다룰 수 있는 만능 소프트웨어입니다. 사용을 시작한 이후로 계속해서 업데이트될 때마다 기능이 좋아졌는데, 특히 원근 가이드가 마음에 듭니다. 저는 이 소프트웨어가 정말 좋고, 이 소프트웨어로 만들어낼 수 있는 결과물에 감탄합니다.

여러분 손에 있는 이 책은 여러분 작업에서 이런 놀라운 결과물을 만들어내는 데 큰 도움이 될 것입니다. 이 책은 많은 스토리보드 아티스트들의 자료를 모아 구체적인 기술을 실제 프로덕션 사례와 함께 가르치고 있습니다. 설명이 명확하고 상세하며, 전문가들의 작품 예시로 구성되어 있어 둘러보는 것만으로도 재미있습니다. 저 역시 기여할 수 있어 영광이었고, 제 작품 외에도 이렇게 많은 정보와 콘텐츠가 실려 있어 놀랍습니다. 저 또한 이 책에서 새로운 것들을 배웠습니다!

이 책을 꼭 읽고 반복해서 참고해 주시기 바랍니다. 그리고 여러분 안에 숨겨진 이야기들을 펼쳐 내시길 바랍니다. 여러분의 작품이 세상에 나오길 기다리고 있겠습니다.

• 샘 텅 (IATSE 로컬 800 (ADG) 및 로컬 839 (TAG) 회원, 스토리보드 아티스트)

2015년, 저는 큰 기회를 잡았습니다. 스티븐 킹의 소설 『다크 타워』를 원작으로 한 할리우드 대작 영화에서 스토리보드 작업을 할 수 있는 기회였죠. 몇 년 동안 스토리보드 아티스트로 데뷔하려 노력했던 저에게 큰 기회였습니다. 프로덕션 디자이너가 저에게 "애니메틱도 만들 수 있지?"라고 물었고, 저는 "물론이죠!"라고 거짓말을 했습니다.

제가 니켈로디언에서 인턴으로 일할 때 툰붐 스토리보드 프로가 TV 시리즈 애니메이션에서 표준 스토리보딩 소프트웨어라는 것을 알았고, 이를 통해 훌륭한 애니메틱을 만들 수 있다는 것도 알았습니다. 스토리보드 프로를 배워 드로잉과 편집 소프트웨어를 '원스톱'으로 사용하는 게 현명할 것 같았죠. 포토샵, 애프터 이펙트, 프리미어 등을 오가며 작업하는 것보다는 스토리보드 프로 하나로 그리기와 편집 작업을 할 수 있다는 점이 현명해 보였습니다. 저는 과감히 뛰어들었고, 돌아보지 않았습니다.

스토리보드 프로는 「다크 타워」에서 저를 잘 받쳐주었고, 저는 실사, 애니메이션, 게임 등 모든 작업에서 이 프로그램을 계속 사용하고 있습니다. 이 프로그램은 매우 강력해서 스토리보드 아티스트가 세부적인 작업에 얽매이지 않고 스토리보딩에 집중할 수 있게 해 줍니다. 몇 번의 클릭으로 저는 쉽게 모든 샷을 다시 넘버링하고 클라이언트나 편집자가 원하는 형식으로 내보낼 수 있습니다. 이 프로그램으로 할 수 있는 일이 정말 많습니다!

그리고 다른 스토리보드 프로 사용자들과 함께 일할 때마다 새로운 팁을 배웁니다. 다른 아티스트의 작업을 구경하거나 그들의 시퀀스 프레젠테이션을 보고 난 후 "저건 어떻게 하는 건가요?"라고 묻곤 합니다. 다른 아티스트들과 지식을 공유하면 모두의 작품과 기술 수준이 높아집니다. 여러분 손에 있는 이 책은 최고의 스토리보드 프로 사용자들의 프로세스, 사고방식, 테크닉을 잘 모아놓은 멋진 자료집입니다. 정말 훌륭하게 큐레이팅 된 책입니다!

물론 도구가 아티스트를 만드는 건 아닙니다. 때로는 포스트잇에 펜 스케치 하나만으로도 감독에게 시각적 아이디어를 충분히 전달할 수 있습니다. 하지만 빠르게 돌아가는 오늘날의 영화, 애니메이션, 비디오게임 제작 파이프라인에서 스토리보드 프로 같은 도구를 잘 사용할 수 있다면 멀리 갈 수 있을 것입니다.

• 루이사 크루즈 (스토리보드 아티스트, 일러스트레이터, 애니메이터)

스토리보드는 모든 애니메이션 프로젝트의 기본이자 스토리의 근간이며, 이 책은 다양한 프로덕션에서 일하는 현장 전문가들의 경험을 모은 탁월한 리소스입니다. 이 책을 통해 여러분은 애니메이션 스토리보딩에 대한 이해와 숙련도를 높일 수 있는 통찰력과 기술을 얻을 수 있습니다.

• 마티아스 드 클레르크 (스토리보드 아티스트)

툰붐 스토리보드 프로는 아이디어를 실현하는 데 있어 제가 가장 좋아하는 도구입니다. 놀라울 정도로 빠르고 다용도로 사용할 수 있어 스토리보드를 빠르게 스케치하고 즉석에서 애니메이션을 만들 수 있습니다.

• 김진기 (스토리보드 아티스트, 애니메이션 감독)

이 책은 대단합니다. 이렇게 철저하게 성공적인 스토리보드의 본질을 분석하고 보여 주는 책을 본 적이 없습니다. 스토리보드 아티스트가 되고 싶다면 여기부터 시작해 보세요.

• 레오 가르시아 (스토리보드 아티스트)

이 책에 제시된 작업은 극히 꼼꼼하고 잘 관찰되었습니다. 스토리보딩의 세부 사항에 대해 더 배우고자 하는 분들께 이 책을 적극 추천합니다.

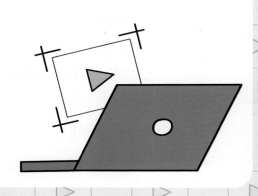

Sequence 3 | 프로젝트 만들기

Sequence 4 | 애니메틱 작업

· · · 쉽고 빠르게 그리는 스토리보드

툰붐
스토리보드
프로에
대해서

Scene 01
행복한 워라밸을 위해 선택해야 하는 툴

툰붐(Toon Boom Inc.)은 전통적인 2D 애니메이션 소프트웨어를 개발하고 있으며, 캐나다 토론토에 본사를 두고 있습니다. 툰붐의 제품은 전 세계 100여 개국에서 50만 명 이상의 유저를 보유하고 있으며, 점차적으로 영역을 넓혀 가고 있습니다. 툰붐의 대표적인 프로그램인 '하모니(Harmony)'는 애니메이션 업계에서 전 세계적으로 인기 있는 히트 상품입니다. 상업용 2D 애니메이션 소프트웨어는 여럿 있지만, **미국의 프라임타임 쇼를 주도하는 것은 바로 툰붐입니다.** 더불어 대부분의 대규모 프로젝트 제작에 사용되는 툴이 툰붐 하모니입니다. 대표적으로 「심슨 가족」, 「스폰지밥」, 「밥스 버거」, 「패밀리 가이」, 「릭 앤 모티」, 「티미의 못말리는 수호천사」 등 우리가 익히 알고 있는 수많은 애니메이션 제작 현장에서 사용하는 툴입니다.

(출처: Mercury FilmWorks - Skate Or Die)

툰붐은 자사의 2D 애니메이션 소프트웨어인 하모니(Harmony)를 기반으로 스토리보드 프로(Storyboard PRO)라는 또 다른 소프트웨어를 개발했습니다. 하모니가 프로덕션 단계에서 사용되는 소프트웨어라면, **스토리보드 프로는 프리 프로덕션 단계**에서 활용되는 소프트웨어입니다. 이 소프트웨어는 영상물 제작의 기초인 이야기나 스크립트를 그림으로 쉽게 표현하는 스토리보드 작성을 보다 전문적으로 도와줍니다. 감독, 배우, 애니메이터는 스토리보드를 토대로 디렉팅을 하거나, 연기하거나, 애니메이션 동작을 만들어 나갑니다.

여러분이 작성한 글을 그림으로 만드는 단계. 툰붐의 스토리보드 프로는 이를 보다 효율적으로 수행할 수 있게끔 다양한 기능을 제공합니다.

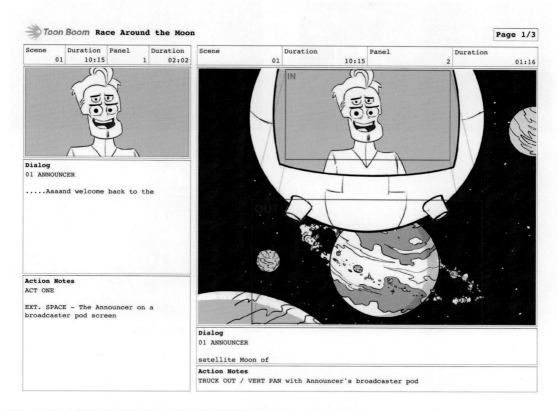

툰붐 스토리보드 프로에서 PDF 파일로 익스포트(내보내기)한 결과물 (출처: Race Around the Moon)

스토리보드는 현장에 따라 다양하게 활용됩니다. 예를 들어, 광고 촬영장에서는 배우들이 스토리보드를 보면서 광고주가 원하는 컨셉에 맞게 연기합니다. 영화 촬영 현장에서는 감독이 스토리보드를 참고하여 연출을 지시합니다. 애니메이션 업계에서는 애니메이터를 비롯해 모든 아티스트(컴포지트, 페인트, 3D 부서)의 작업 가이드 라인으로 활용합니다. 이 모든 파트에서 스토리보드는 빠질 수 없는 중요한 이정표입니다.

툰붐은 이러한 스토리보드 및 파이프라인 관리 소프트웨어 부문에서 세계적인 표준으로 자리 잡았습니다. 스토리보드 프로와 하모니 솔루션은 매니아와 전문가를 포함한 모든 사람이 자유롭게 창작할 수 있도록 해 주며, 어떤 스타일이든 미디어 매체의 제한 없이 효율적으로 제작할 수 있도록 지원합니다. 디즈니 텔레비전 애니메이션(Disney Television Animation), 아마존, 폭스 텔레비전 애니메이션, 넬바나(Nelvana), 토에이 애니메이션(Toei Animation), SPA 스튜디오, 자일람(Xilam), 볼더 미디어(Boulder Media), 머큐리 필름(Mercury FilmWorks) 등 많은 곳에서 이용하고 있습니다.

스토리보드 프로(왼쪽)   하모니: 애니메이션 제작 툴(오른쪽)

이쯤에서 이런 궁금증이 생깁니다.

굳이 툰붐 스토리보드 프로로 스토리보드를 그려야 하나요?

이 질문에 해답을 찾기 위해 현장으로 가 봅시다.

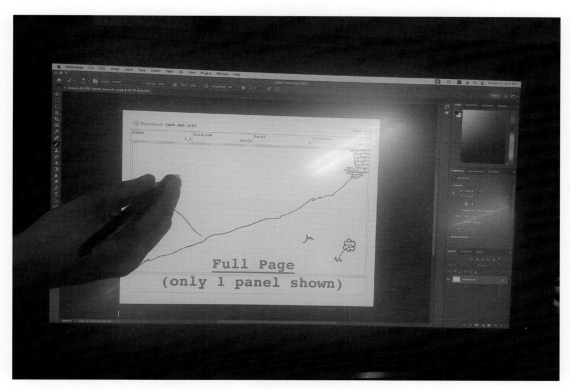

와콤 CintiQ를 사용해서 Adobe Photoshop으로 스토리보드를 그리는 화면

책상 위에는 와콤 신티크(액정 태블릿)가 있습니다. 신티크 화면에는 꽉 차게 어도비 포토샵이(Adobe Photoshop) 열려 있습니다. 포토샵을 이용할 때는 스토리보드 아티스트가 사각형 프레임을 만든 다음 한 컷 한 컷 그림을 그립니다. 하지만 이 작업이 끝났다고 해서 모든 게 완료되는 것은 아닙니다.

이후에는 그림을 애니메틱 영상으로 만들어야 합니다. 작가는 다른 프로그램을 오픈합니다. 어도비의 프리미어 프로가 될 수도 있고, 애플의 파이널컷 프로가 될 수도 있습니다. 또는 아티스트가 선호하는 다른 비디오 편집 프로그램일 수도 있습니다. 어쨌든 아티스트는 비디오 편집 프로그램에서 2차 가공을 합니다. 이 과정을 통해서 정적인 스토리보드가 동적인 애니메틱 영상으로 탈바꿈합니다.

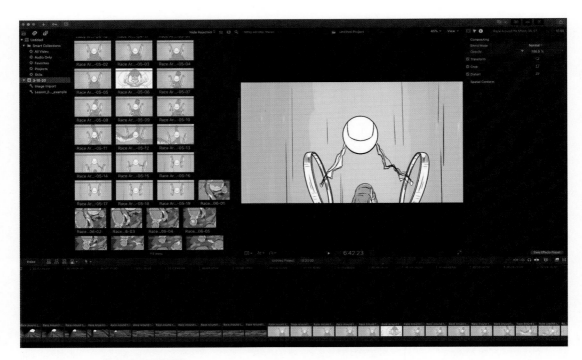

Apple Final Cut Pro X에서 2차 가공 및 편집

과정을 보면 알겠지만, 프로 아티스트라고 해도 포토샵을 이용할 때는 최소 2개의 프로그램을 다룰 줄 알아야 합니다. 간단한 작업이라고 해도 말이죠. 때에 따라서는 인력이 2배나 필요한 셈입니다.

반면, **툰붐의 스토리보드 프로는 포토샵과 비디오 편집 프로그램이 하나로 합쳐져 있습니다.** 즉 아티스트 입장에서 여러 툴을 배워야 할 부담감이 줄어듭니다. 그만큼 노동 시간은 줄어들고 삶의 질은 올라가는 워라벨 달성에 유리합니다.

또한 툰붐 프로그램의 통일된 유저 인터페이스도 장점입니다. 한 가지만 습득해도 툰붐에서 나온 다른 툴을 사용하는 데 큰 어려움이 없습니다. 하모니와 스토리보드 프로의 인터페이스는 거의 비슷합니다. 앞에서 말했듯이 하모니를 기반으로 스토리보드 프로가 만들어졌기 때문입니다. 이런 일관성은 포토샵과 프리미어 또는 파이널컷 프로의 조합에서는 느끼지 못하는 작업의 생산성으로 이어집니다.

어도비 애프터 이펙트 또는 프리미어 프로처럼 타임라인이 있는 스토리보드 프로 (출처: 카린 샤를부아의 스토리보드 작업)

스토리보드 프로 22 브로슈어 이미지 (출처: Mercury FilmWorks)

Scene 02 스토리보드란 무엇인가?

다음 파트에서 본격적으로 스토리보드 프로를 배우기 전에, 애니메이션 제작의 스토리보드 프로세스에 관해 알아보겠습니다. 스토리보드를 그리기 위해 우리는 스토리보드 작업이 애니메이션 파이프라인에서 어디에 위치하는지 이해해야 합니다. 프로세스의 각 부분이 얼마나 중요한지를 모르거나 다른 과정을 완료하지 않고는 다음 단계로 나아갈 수 없기 때문입니다. 이번 파트의 끝에서는 드림웍스 애니메이션 스튜디오의 「쿵푸팬더 4」 공동 감독이 말해 주는 스토리보드 만들기 tip을 소개합니다.

Panel 1 ▶ 한 장의 그림이 천 마디 말을 대신한다.

대사 없이도 캐릭터의 표정만으로도 상황을 이해할 수 있다. (출처: Race Around the Moon by Mike Morris)

스토리보드는 영화나 드라마 또는 애니메이션의 시각적 초안으로서, 감독이 사용하는 대본을 그림으로 표현한 버전입니다(디즈니는 1930년대 혹은 그 이전부터 스토리보드를 사용해 왔습니다). 이로 인해 감독과 모든 제작 스태프는 프로젝트에서 원하는 유형의 샷(Shot) 또는 씬(Scene)을 정확하게 전달받아 효과적으로 프로젝트를 수행할 수 있습니다.

문자로 가득한 대본은 다양한 방식으로 해석될 수 있지만 스토리보드는 불확실성을 제거하여 모든 사람이 무대 세트, 타이밍 등의 측면에서 무엇이 필요한지 정확하게 알 수 있도록 합니다. 위 그림만 보더라도 바퀴가 진흙에 빠져 당혹스러운 캐릭터의 표정이 살아 있죠. 이런 상황을 글로 적는 것보다 그림으로 알려 준다면 작업의 효율성이 훨씬 올라갈 것입니다.

대본을 그림으로 전환 = 스토리보드

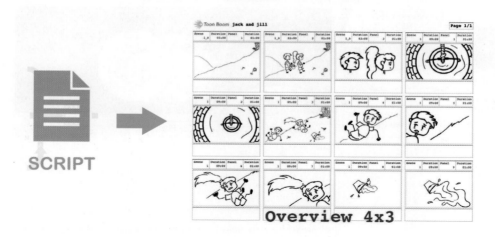

스토리보드는 본격적인 프로젝트를 시작하기 전에 오류를 식별하는 데 도움이 됩니다. 이는 무대 세트 및 이야기 구성에 이르기까지 모든 요소를 점검해서 성공한 프로젝트로 이끄는 지름길입니다. 또한 제작자 관점에서 본다면 예산 낭비를 막을 수 있는 가장 근본적인 프로세스입니다.

그렇다면 스토리보드에는 무엇을 담아야 할까요? 애니메이션이냐 라이브액션(영화, 드라마 등)이냐에 따라서 약간의 차이는 있지만, 다음과 같은 내용을 포함합니다.

- 레이아웃에 관한 아이디어
- 스크립트(대사 및 액션 노트)
- 씬 타이밍(길이)
- 카메라 무빙
- 캐릭터 & 프롭 모델의 액션
- 필요에 따라서 컬러링한 배경 또는 효과 등

아래 스토리보드는 마이크 모리스가 작업한 Race Around the Moon의 한 부분입니다. 앞에서 말한 대로 씬의 길이, 대사, 캐릭터의 액션 노트 및 카메라 무빙 정보가 담겨 있습니다. 이렇듯 여러분이 그리는 스토리보드에도 반드시 들어가야 할 요소가 빠지지 않아야 합니다.

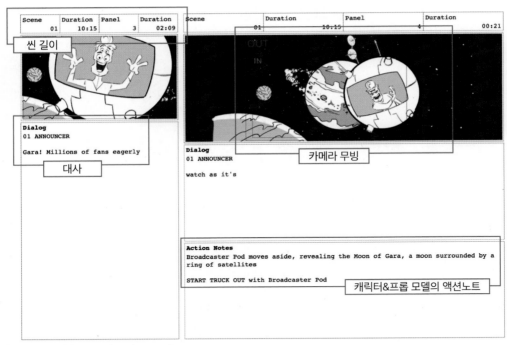

(출처: Race Around the Moon by Mike Morris)

Panel 2 ▶ 제작 파이프라인

우리는 제일 먼저 **애니메이션 제작의 전반적인 작업 흐름을 이해해야 합니다.** 애니메이션 제작의 파이
프라인은 크게 세 단계로 나뉩니다. 프리 프로덕션(pre-production), 프로덕션(production), 포스트
프로덕션(post-production). 장편 애니메이션 또는 TV 시리즈 모두 이러한 단계를 거쳐 완성됩니다.

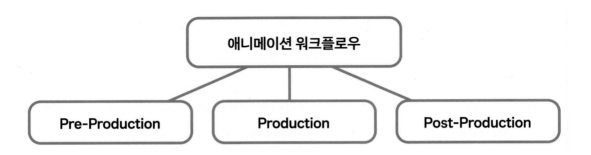

1. 프리 프로덕션(pre-production)

프리 프로덕션(pre-production)은 전체 프로젝트의 토대를 마련하는 매우 중요한 단계입니다. 디자인에서 사운드, 카메라 워킹 및 타이밍에 이르기까지 모든 작업이 이 단계에서 수행됩니다. 스토리보드 작업은 세 단계 중 이 프리 프로덕션에서 이루어집니다.

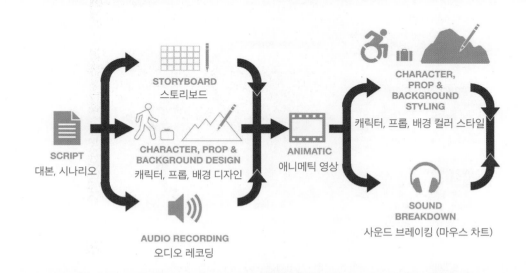

2. 프로덕션(production)

프로덕션(production)은 모든 애니메이션 작업이 이루어지는 단계로 애니메이터가 동작을 만들고 배경 아티스트가 배경을 그리는 등 전반적인 애니메이션 작업이 마무리되는 단계입니다.

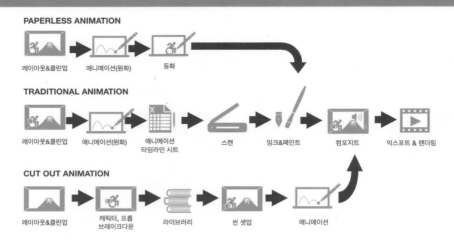

애니메이션 작업 프로세스 : 페이퍼리스 애니메이션 / 트래디셔널(종이 사용) 애니메이션 / 컷아웃 애니메이션

3. 포스트 프로덕션(post-production)

포스트 프로덕션(post-production)은 완성한 프로덕션 프로세스에 광을 내는 작업입니다. 이 단계에서 합성, 사운드 조절, 편집이 이루어집니다. 포스트 프로덕션에는 아래와 같은 과정이 있습니다.

• 최종 편집(Final Editing)

최종 편집은 모든 씬의 렌더링 또는 촬영이 완료된 후에 이루어집니다. 이 과정에서 씬의 순서가 바뀌기도 하며 개개의 씬을 하나의 쇼로 합칩니다. 필요한 경우 이 단계에서 컬러그레이딩(DI) 작업을 하며, 장면 전환과 같은 효과가 추가됩니다. 편집이 완료되면 오디오가 추가됩니다. 아래 작품은 Mercury FilmWorks의 Skate Or Die를 재편집한 이미지입니다.

파이널 에디팅(좌) / 컬러그레이딩DI(우)

• 오디오 편집(Audio Editing)

오디오 편집은 외부 응용 소프트웨어에서도 수행됩니다. 편집 소프트웨어에서 직접 또는 오디오 응용 소프트웨어에서 수행한 다음, 파이널컷 프로나 아비드 등의 편집 프로그램으로 가져오기도 합니다. 대화, 효과음 및 사운드 트랙은 프로젝트의 최종 편집에서 함께 작업되고 배치됩니다.

• 성우 더빙(Dubbing / ADR)

최종 이미지와 사운드가 합해지면 프로젝트를 더빙할 준비가 됩니다. 애니메이션에서는 배우들이 들어와 영화 녹음을 시작합니다. 이 과정을 포스트 싱크로라고 합니다. 라이브 액션(영화. 드라마)의 경우, 배우들은 오디오를 재녹음할 수 있으며 이를 자동 대화 대체(ADR)라고 합니다. 이 과정에서 여러 언어를 사운드트랙에 추가할 수 있습니다. 프로젝트가 완료되고 최종 마스터 복사본으로 출력될 준비가 되었습니다.

• 마스터 테잎(Master Distribution)

모든 데이터를 마스터 카피로 제작합니다. 클라이언트, 방송국, OTT, 영화관 및 기타 배급사에 프로젝트를 배포합니다.

 Panel 3 **Pre-Production 단계**

스토리보드 작업이 이루어지는 프리 프로덕션 단계를 간단히 살펴보겠습니다. 엄밀히 말하면 스토리보드를 만드는 데 절대적으로 필요한 것은 대본뿐입니다. 그러나 스토리보드 작업이 진행되는 동안 만들어지는 몇 가지 다른 것들이 있으며, 이러한 것들은 스토리보드 아티스트에게 큰 자산이 될 수 있습니다. 스토리보드 아티스트는 스토리보딩 과정 동안 감독 및 다른 팀원들과 긴밀히 협력하면서 스토리보드를 다듬어 나갑니다.

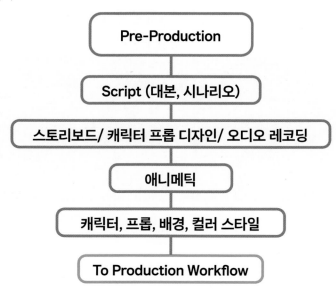

1. 스크립트(대본, 시나리오)

모든 스토리보드는 대본이나 개요(줄거리)가 필요합니다. 스크립트는 시나리오 작가가 수행하는 프로젝트의 필기 버전입니다. 여러분은 영화, 텔레비전 시리즈, 비디오 게임, 그리고 광고와 같은 다양한 유형의 프로젝트에서 대본을 만나게 될 것입니다. 대본은 보통 줄거리, 위치 설명, 액션, 대사, 효과음 등을 포함합니다. 여기에는 아티스트들이 영화나 TV 시리즈를 묘사하고 애니메이션화하는 데 필요한 모든 정보가 포함되어 있습니다. 이 스크립트는 오디오 녹음을 위한 대본으로 사용됩니다.

```
                        ACT ONE

CLOSE ON ANNOUNCER
                        ANNOUNCER
            .....Aaaand welcome back to the
            satellite Moon of Gara! Millions of
            fans eagerly watch as it's down to
            the last lap of the Annual "Race
            Around the Moon"!

The camera moves back to reveal the Announcer is on a screen
in a satellite broadcasting pod out in-


EXT. - SPACE

An Alien World looms large in the void of space, with a few
moons orbiting it. One of those moons is surrounded by
satellites of all sizes, orbiting the planet like a ring
```

스크립트 견본 (출처: Mike Morris / Race Around the Moon)

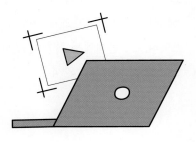

2. 캐릭터 프롭 & 세트 디자인

디자인 아티스트는 프로젝트의 스타일을 결정하고 캐릭터 룩, 위치(세트) 설정 등을 작업해야 하는 사람입니다. 이러한 설계가 완료되고 승인되면 모델 팩이 만들어지며, 이 프로젝트에 필요한 모든 모델이 포함됩니다. 모델 팩은 프로덕션 단계의 애니메이터에게 아주 중요합니다. 스토리보드 작업을 시작하기 위해 이러한 것들이 마무리될 필요는 없지만, 사전에 만들어져 있다면 스토리보드 아티스트에게 큰 도움이 될 수 있습니다. 스토리보드 아티스트와 디자이너들이 작업을 훌륭히 마무리하기 위해서는 반드시 협업이 필요합니다. 세트 디자인은 스토리보드의 레이아웃 설정에 매우 도움이 되며, 완성된 캐릭터 디자인은 스토리보드 아티스트가 캐릭터의 표정을 정확히 표현하는 데 필요합니다.

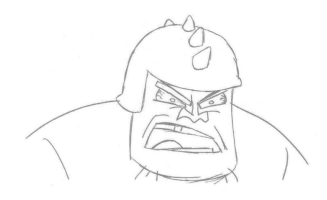

(출처: Mike Morris / Race Around the Moon)

3. 오디오 레코딩

오디오 녹음은 대사 녹음이라고도 합니다. 대본은 대사와 추가적인 음향 효과를 위해 필요합니다. 배우들은 대본의 대사를 맛깔나게 연기하며 대화를 녹음합니다. 이 녹음된 파일은 나중에 애니메틱(스토리보드의 동영상 버전)과 애니메이션 최종 제작 작업에 사용됩니다.
스토리보드 아티스트에게 완성된 오디오 레코딩은 애니메이션의 타이밍을 설정하는 데 꼭 필요합니다. 스토리보드 단계에서 최종 녹음 파일이 제공되면 좋지만, 그렇지 않은 경우라면 임시로 만든 샘플 오디오로 작업하고 추후 완성된 녹음 파일로 교체하기도 합니다.

프리 프로덕션(pre-production)의 스토리보드가 완료되면 다음 스텝은 무엇일까요? 스토리보드가 완료된 후, 프로덕션 단계를 시작하기 전에 몇 가지 단계가 더 있습니다.

4. 애니메틱(Animatic)

애니메틱은 어떤 프로젝트에서 가장 먼저 만드는 동영상으로 애니메이터를 비롯해 제작에 참여하는 모든 사람이 참고하는 동영상 자료입니다. 종이에 그린 스토리보드는 캐릭터의 동작이나 표정을 전달하기에는 무리가 있습니다. 그러나 디지털로 제작하여 그림에 타이밍을 설정하고 간단한 효과까지 첨가한다면 배우나 애니메이터에게는 더없이 좋은 재료가 될 것입니다. 애니메틱을 만드는 이유는 제작이 완료된 뒤에서야 잘못된 부분을 발견하는 실수를 방지하기 위해서입니다. **스토리보드 프로가 바로 이 애니메틱을 쉽게 만들 수 있는 도구입니다.**

애니메틱 타임라인(툰붐 스토리보드 프로)

5. 캐릭터, 프롭, 배경, 컬러 스타일

흑백 디자인(BW 모델이라고도 합니다)이 완성되면 컬러 스타일링으로 진행합니다. 컬러 스타일리스트는 제작에 필요한 색상과 분위기를 결정하고 캐릭터, 소품(PROP) 및 효과(FX), 세트 팔레트를 만듭니다. 색상이 승인되면 컬러 모델이 제작되고 컬러 배경도 준비됩니다. 일반적으로 컬러 모델은 모델 팩에 추가됩니다. 컬러 모델을 참고로 하여 잉크&페인트 부서는 캐릭터에 채색을 진행합니다.

캐릭터 디자인(출처: Mercury FilmWorks – Skate Or Die)

배경 디자인(출처: Mike Morris)

6. 사운드 브레이킹(마우스 차트)

캐릭터가 말하는 입 모양을 만드는 작업입니다. 다시 말해 입 모양에 맞는 발음 기호를 애니메이션 시트에 적어 나가는 과정입니다. 애니메이터는 마우스 차트가 있어야 제대로 된 캐릭터의 입 모양을 그릴 수 있기 때문입니다.

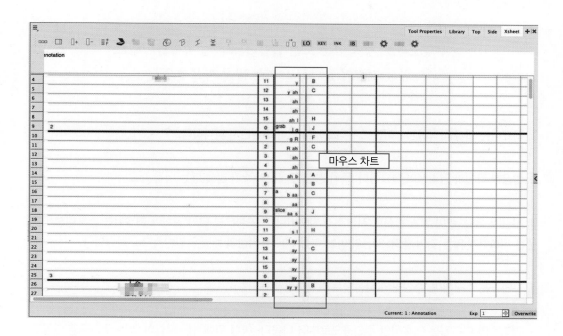

Panel 4 「쿵푸팬더 4」 감독의 스토리보드 포트폴리오 만들기 Tips

스테파니 마 스타인(Stephanie Ma Stine)은 드림웍스 장편 애니메이션 팀에서 「쿵푸팬더 4」의 공동 감독을 맡았습니다. 그녀는 스토리보드 아티스트를 꿈꾸는 많은 사람에게 다음과 같이 조언합니다.

(출처 : linkedin.com/in/sstine)

> *"무엇보다도 제가 하는 모든 말을 신중하게 받아들이세요.*
> *항상 자신이 옳다고 느끼는 바를 따르세요."*

1. 목표하는 회사 파악하기 - 어떤 스튜디오에서 일하고 싶은지 파악하라.

2. 깔끔한 라인과 명확성이 필요하다. 특히 경쟁 상대들의 수가 많을 때는 더욱 중요하다.

3. 시작과 중간, 끝이 있는 완전한 시퀀스가 필수이다. 기본적으로 단편 영화에 해당하는 스토리보드 작품은 제출하지 않는 것이 좋다. 액션이 아닌 이상 500개 이상의 패널은 일반적으로 과잉이다.

4. 주인공은 누구이며, 주인공의 시점으로 촬영하고 있는가?

5. 매혹적인 이야기는 매혹적인 주인공으로부터 나온다. 이를 위해서는 결함이 있는 주인공을 만들고, 외부적인 장애물과 내부적인 장애물에 직면하게 한다. 외부적인 장애물은 물리적인 것이고, 내부적인 장애물은 감정적인 것이다. 최고의 이야기는 이 둘이 서로 손을 잡아야 한다.

6. 캐릭터의 표현력에 초점을 두라. 거울을 사용해 보자. 눈과 입으로 만드는 "이상하고 괴상한" 모양들을 포착해 보자. 인생에는 대칭성이 없다. 모든 것에는 제스처가 있다.

7. 씬의 전개는 어떻게 되는가? 주인공이 우울한 기분으로 시작해서 희망찬 기분으로 끝나거나, 그 반대로 진행되는가? 항상 스스로에게 질문하라. 씬에서 무엇이 변하고 있는가? 만약 아무런 변화가 없다면, 관객이 왜 관심을 가져야 할까? 변화는 드라마다. 드라마는 즐거움을 제공한다.

8. 눈에 띄는 포트폴리오는 기억에 남는 포트폴리오다. 기억에 남는 시퀀스는 어떻게 만드는가? 강한 감정으로 시작하여 시청자도 그 감정을 느낄 수 있도록 그 감정을 전달해야 한다. 나는 스토리 개발 수업에서 항상 마야 앤젤루(Maya Angelou)의 이 말을 인용한다. **"사람들은 당신이 말한 것을 잊을 수 있고, 당신이 한 일을 잊을 수 있지만, 그들에게 어떤 감정을 느끼게 한 것은 절대 잊지 못할 것이다."**

9. 디테일이 중요하다. 여러분의 시퀀스에서 어떤 강렬한 순간을 빌드업하고 있는가? 만약 여러분이 이를 위한 정확한 방향성을 가지고 있지 않다면, 여러분의 스토리보드 조각은 빠르게 잊힐 것이다. 관객의 마음에 새겨지도록 하라.

10. 영화 제작에서 당신의 특유한 스타일이나 개성을 발전시키고 강화하라. 이미 할 말이 많을 수도 있고, 자신이 기여할 것이 없다고 느낄 수도 있다. 후자라면 모든 것은 근육과 같아서 더 많이 노력할수록 더 강해진다는 사실을 기억하라. 나의 시나리오 작문 선생님은 "논쟁할 가치가 있다면 글을 쓸 가치가 있다."고 말한 적이 있다. 이것은 제작자의 목소리와 비전이 무엇인지 이해하는 데 좋은 시각이다.

11. 시간이 지날수록 더 많은 것을 생각해낼 수 있겠지만, **이 목록의 8번이 장단기적으로 가장 중요하다는 점을 강조하고 싶다.** 영화 제작자의 목소리와 스토리텔링 능력이 뛰어나다는 것은 단순히 뛰어난 기획력과 실행력을 넘어 쇼나 영화에 기여할 수 있는 것이 많다는 것을 의미한다. 이는 실제 삶의 문제와 딜레마에 대해 열정을 가지고 있으며, 이러한 문제를 어떻게 다루고, 대처하며, 의문을 제기하며, 해결책을 가지고 있음을 보여 줄 수 있다는 의미이다.

sequence

2

스토리보드 프로
기초

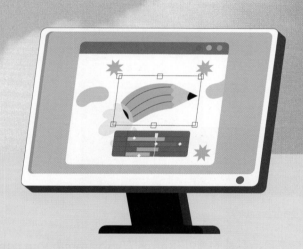

Scene 01 스토리보드 프로 인스톨

이제 스토리보드 프로의 설치 및 기본적인 툴 사용법과 인터페이스에 대해 알아보도록 하겠습니다. 앞에서도 말씀드렸듯이 스토리보드 프로의 인터페이스는 툰붐의 애니메이션 프로그램인 하모니(Harmony)와 아주 많이 닮아 있습니다. 따라서 하모니를 익히든 스토리보드 프로를 익히든 한 가지만 제대로 알면 두 가지 툴을 다루는 데 큰 어려움이 없습니다. 다만 기초가 탄탄해야 다양한 응용이 가능하겠죠.

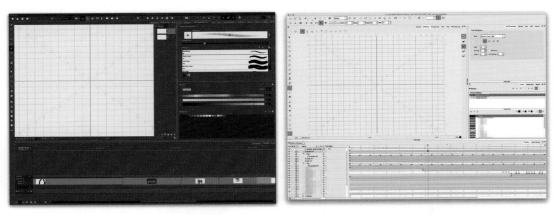

스토리보드 프로(좌)와 하모니(우)

스토리보드 프로는 툰붐 홈페이지(https://www.toonboom.com)에 가입하면 프리 버전으로 21일 체험판을 사용할 수 있습니다. 이번 챕터에서는 스토리보드 프로 프리 버전 다운로드와 설치 방법을 설명드리겠습니다.

21일 체험판 프리(Free) 버전 다운로드

01 웹브라우저로 툰붐 홈페이지(https://www.toonboom.com)에 접속합니다.

02 사이트 상단의 Products 항목에 마우스를 가져가면 아래 이미지가 나타납니다. 항목에서 Storyboard Pro 22를 클릭합니다.

03 Storyboard Pro 페이지에서 조금 아래로 내려서 Try for free를 클릭합니다.

04 Select your country and language에서 국가와 언어 설정을 하고 Save 버튼을 누릅니다(이미 계정을 만든 사람은 이 화면이 나타나지 않습니다).

05 툰붐 계정이 있는 사람은 Login to download your free trial 버튼을 누릅니다. 계정이 없는 사람은 바로 아래의 Register Now! 링크를 눌러서 계정을 만듭니다.

06 계정을 만든 후 Sign In 화면에서 계정 ID와 비밀번호를 입력하고 Sign In 버튼을 클릭합니다.

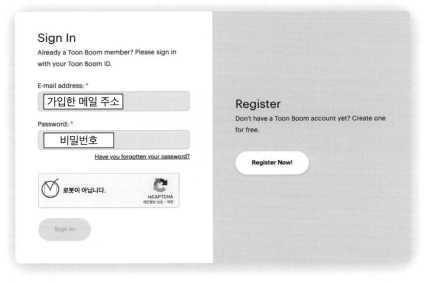

07 21 Day Free Trial of Storyboard Pro 22 화면에서 자신이 사용하는 OS에 맞는 버전을 다운로 드합니다.

 21일 체험판 프리(Free) 버전 인스톨

01 다운로드한 스토리보드 프로 인스톨 파일을 더블클릭합니다.

02 Toon Boom Storyboard Pro 22 - Install Wizard 화면에서 언어를 고르고 OK를 클릭합니다. 기 본 English를 선택합니다.

03 Welcome to the InstallShield Wizard for Toon Boom Storyboard Pro 22 화면에서 Next 버튼을 클릭합니다.

04 License Agreement 화면에서 I accept the terms in the license agreement 옵션을 체크하고 Next 버튼을 클릭합니다.

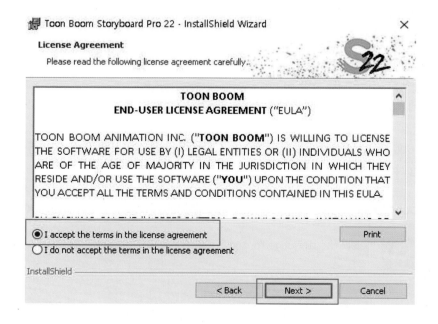

05 Destination Folder 화면에서 설치할 장소를 고르거나 Next 버튼을 클릭합니다. 보통 기본 설정으로 하고 Next 버튼을 클릭합니다.

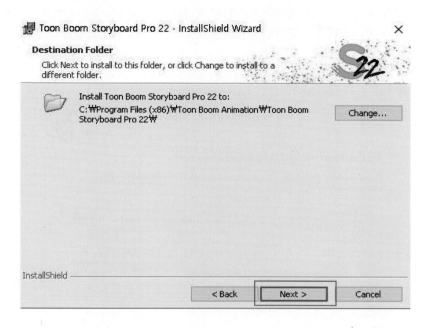

06 Ready to Install the Program 화면에서 Install 버튼을 클릭합니다.

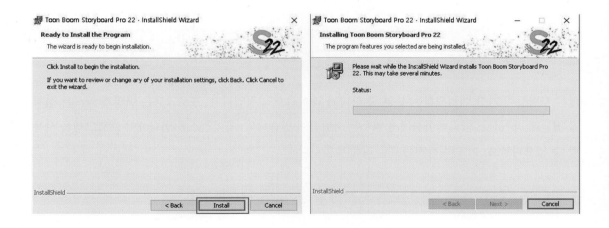

07 InstallShield Wizard Completed 화면에서 윈도우 유저라면 Install Quicktime 7 항목을 누르고 윈도우 Quicktime 7을 설치하는 것을 권장합니다. MacOS X 유저라면 이 항목에서 Finish 버튼을 클릭합니다. 애플의 퀵타임 플레이어는 영상 작업을 하는 사람에게는 아주 중요한 프로그램입니다. 여러분의 컴퓨터에 설치되어 있지 않다면 스토리보드 프로를 인스톨할 때 같이 깔아 주세요.

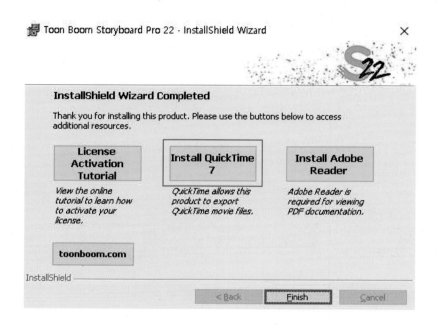

 Panel 3 라이선스 액티베이션

많은 사람들이 가장 어려워하는 부분 중 하나가 라이선스 설정입니다. 프로그램은 어떻게 해서든 설치를 했는데 라이선스 액티베이션에서 멈추는 사람들이 있습니다. 라이선스를 입력해야 프로그램을 사용할 수 있으니까요. 이 단계까지는 마무리해야 합니다.

1. 일반적인 오프라인(개인 유저) 라이선스 액티베이션

01 윈도우 바탕화면에서 스토리보드 프로 아이콘을 더블클릭해서 인스톨 완료한 스토리보드 프로를 실행합니다. Mac 유저라면 Applications 폴더- Toon Boom Storyboard Pro 22 폴더에 있습니다.

02 License Wizard 화면에서 Activate Now 버튼을 클릭합니다

03 Activate Now 화면에서 Manage Licenses 버튼을 클릭합니다.

04 License Management 화면에서 Manage Local Licenses 버튼을 클릭합니다.

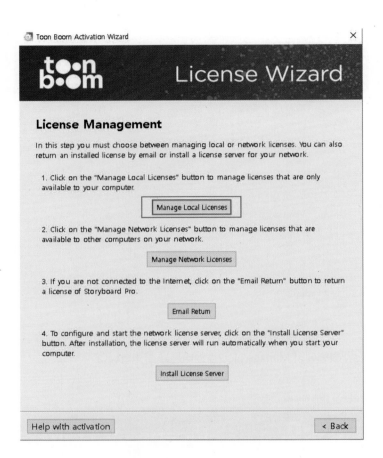

05 Local License Manager 화면의 Product Code 란에 스토리보드 프로 라이선스를 입력합니다.

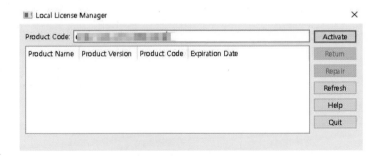

06 오른쪽 Activate 버튼을 클릭합니다. 아래와 같이 라이선스 성공 팝업창이 나타나면 정상적으로 완료된 것입니다.

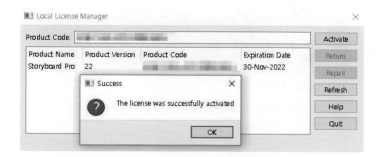

2. 21일 체험판 라이선스 액티베이션

01 인스톨 완료한 스토리보드 프로를 실행합니다. 바탕화면 아이콘을 더블클릭 합니다.

02 License Wizard 화면에서 Activate Now 버튼을 클릭합니다.

03 Activate Now 화면에서 툰붐 사이트에 가입한 계정과 비밀번호를 입력하고 Sign In 버튼을 클릭합니다.

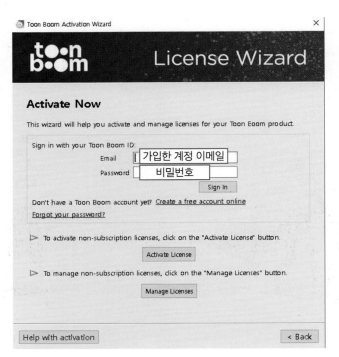

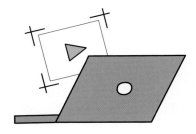

쉽고 빠르게 그리는 스토리보드 with 스토리보드 프로

Scene 02 스토리보드 유저 인터페이스

스토리보드 프로를 사용할 때는 인터페이스를 잘 이해해야만 효율적으로 작업하고 워크스페이스를 편리하게 정리할 수 있습니다. 스토리보드 프로에서는 작업을 조금 더 쉽게 수행하기 위해 다양한 뷰와 툴바를 제공합니다. 또한 유저가 원하는 스타일로 인터페이스를 바꾸는 것도 가능합니다. 인터페이스는 대표적인 몇 가지만 알면 복잡하지 않습니다.

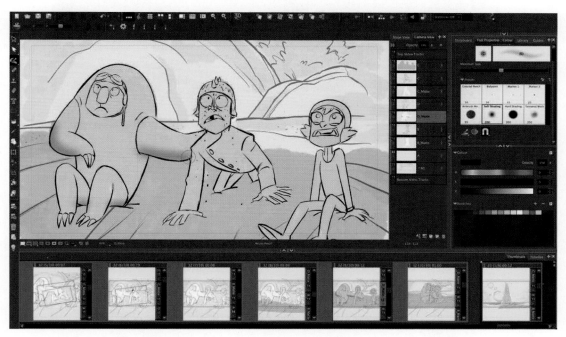

툰붐 스토리보드 프로 썸네일 뷰 워크스페이스

스토리보드 프로 기본 유저 인터페이스

Panel 1 뷰(View)

📁 실습 파일: workspace.sbpz

스토리보드 프로의 메인 작업 화면을 살펴보면 크게 여러 개의 뷰로 구성되어 있습니다. 각각의 뷰는 특정 목적을 위해 설계되어 있고, 스토리보드 프로는 이런 인터페이스로 이루어져 있습니다. 인터페이스 내의 툴, 아이콘 또는 기타 대부분의 엘리먼트 위로 마우스를 이동하면 그 항목 이름, 키보드 단축키 (설정되어 있는 경우) 또는 해당 항목에 대한 추가 정보를 포함하는 힌트가 표시됩니다.

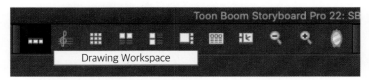

마우스 커서 이동 시 툴 이름 표시

1. 스테이지 뷰(Stage View)

스테이지 뷰(Stage View)와 카메라 뷰는 스토리보드 프로의 메인 작업 뷰입니다. 이 2개 뷰에서는 그리기, 페인트, 카메라 애니메이션, 레이어 작성, 프리뷰 확인이 가능합니다. 스토리보드 드로잉의 기본 화면으로 모든 작업은 이 UI에서 시작합니다.

그중 스테이지 뷰에는 선택한 패널의 그림이 나타납니다. 스테이지 뷰는 수정 및 편집에 사용합니다. 카메라 워킹 작업이 가능하고 카메라가 움직이는 모습을 시각화할 수 있습니다.

스테이지 뷰 (좌) / 카메라 프레임 표시(우)

2. 카메라 뷰(Camera View)

카메라 뷰(Camera View)는 스테이지 뷰와 매우 비슷합니다. 스테이지 뷰가 커다란 무대라고 한다면, 카메라 뷰는 그 무대 안에서 연기하는 배우들의 얼굴 표정을 담는 카메라 렌즈라고 생각하면 됩니다. 따라서 **최종 결과물로 생성되는 그림은 카메라 뷰에서 표시하는 그림입니다.**

카메라 뷰(좌) / 스테이지 뷰(우)

위 그림을 보면 왼쪽이 카메라 뷰이고 오른쪽이 스테이지 뷰입니다. 같은 그림이지만 서로 다르게 표시하는 것을 알 수 있습니다. 스테이지 뷰에서는 카메라가 이동하는 경로를 볼 수 있고, 카메라 뷰에서는 카메라가 움직여서 실제로 보이는 부분이 표시됩니다. 카메라가 움직이는 경로가 표시되는 것이 스테이지 뷰이고, 카메라 렌즈를 통해 나타나는 결과물이 카메라 뷰입니다. 스토리보드를 PDF 파일로 익스포트하거나 동영상으로 익스포트할 때 결과물은 카메라 뷰에서 보이는 그림이라는 것을 꼭 기억하세요(참고: 툰붐 하모니에서는 스테이지 뷰를 드로잉 뷰로 표시합니다).

3. 레이어 패널(Layer Panel)

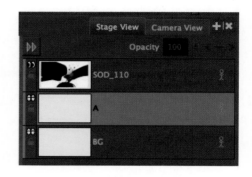

레이어 패널은 스테이지 뷰 및 카메라 뷰 바로 오른쪽 섹션에 표시됩니다. 포토샵의 레이어 구조와 비슷하기 때문에 포토샵 유저라면 큰 어려움 없이 작업이 가능합니다. 레이어 패널은 다음 기능을 가지고 있습니다.

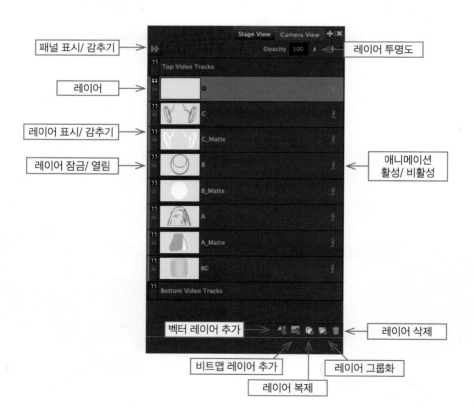

4. 섬네일 뷰(Thumbnails View)

섬네일 뷰(Thumbnails View)는 스토리보드 내의 모든 패널이 사각형 섬네일로 표시되어 작업을 더 원활하게 할 수 있게 도움을 줍니다.

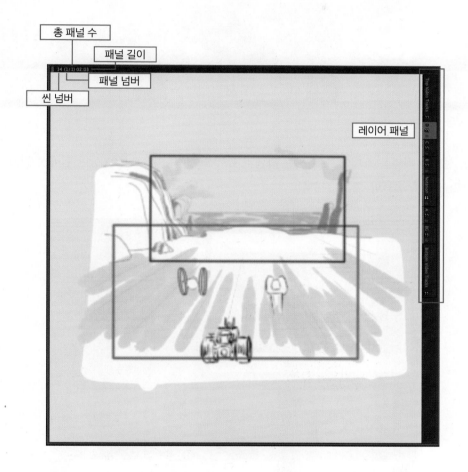

씬의 내용을 썸네일로 표시하기 때문에 특정 씬을 찾는 데도 편리합니다. 이 뷰를 사용하여 씬을 앞뒤로 이동하거나 패널과 컷을 정렬할 수 있습니다.

섬네일 뷰

이곳에서 선택한 패널은 스테이지 뷰 또는 카메라 뷰에 표시됩니다. 오른쪽 상단 탭에서 Thumbnails과 Timeline 뷰를 선택할 수 있습니다.

5. 타임라인 뷰(Timeline View)

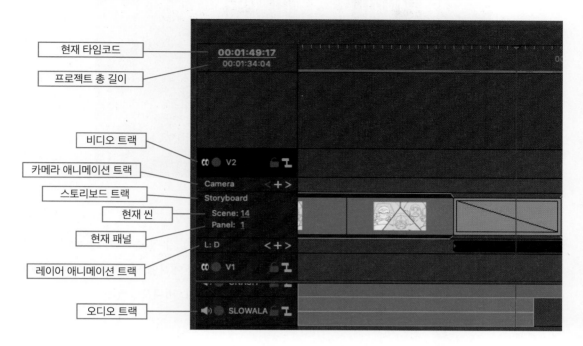

현재 타임코드

프로젝트 총 길이

비디오 트랙

카메라 애니메이션 트랙

스토리보드 트랙

현재 씬

현재 패널

레이어 애니메이션 트랙

오디오 트랙

타임라인 뷰(Timeline View)는 애니메틱 영상을 만들 때 썸네일 뷰 대신 활용하는 뷰입니다. 간단한 트랜지션 효과부터 타이밍 조절까지, 이 뷰의 존재가 스토리보드 프로가 비디오 편집 소프트웨어가 필요 없는 이유이기도 합니다.

애니메틱은 스토리보드를 기반으로 하는 동영상입니다. 동영상은 정지된 이미지 컷이 아니라 시간을 포함한 결과물입니다. 스토리보드 프로의 각 패널은 액션 타이밍을 가지고 있습니다. 애니메틱 영상을 만들기 위해 반드시 필요한 요소입니다.

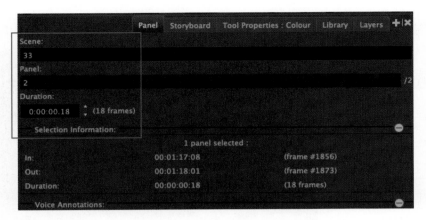

패널의 길이(타이밍)

타임라인 뷰에서도 썸네일 뷰와 마찬가지로 씬과 패널을 만들고 관리할 수 있습니다. 그 밖에도 주요 기능으로 각 컷과 패널에 필요한 타이밍을 설정하거나 카메라 키프레임 애니메이션과 레이어 애니메이션이 가능합니다. 타사 비디오 편집 프로그램처럼 사운드 클립, 이미지, 비디오를 임포트할 수 있습니다.

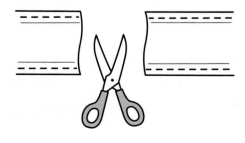

6. 패널 뷰(Panel View)

패널 뷰(Panel View)에는 현재 선택한 패널의 기본 정보가 표시됩니다. 패널 뷰도 스토리보드 프로에서 아주 중요한 인터페이스 중 하나입니다. 완성한 스토리보드를 PDF 파일로 익스포트할 때 패널 뷰에 있는 대사나 액션 노트가 함께 포함되므로 없어서는 안 될 인터페이스입니다. 아티스트는 이곳에서 프로젝트의 모든 대사나 액션을 작성합니다.

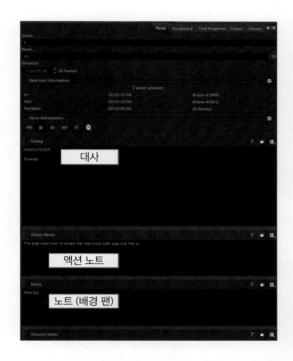

· 캡션 필드

캡션은 패널에 특정한 인디케이션 및 참고 사항을 넣고 편집할 수 있는 텍스트 필드입니다. 캡션 필드 안에는 대사, 액션 노트, 음향 효과 등 여러 지시 사항을 입력합니다. 스토리보드 뷰에서 임포트한 스크립트 파일을 이곳으로 Copy & Paste 방식으로 가져온 뒤, 대사나 지시 사항을 입력합니다.

‣ Dialogue : 대사 입력.

‣ **Action Notes** : 캐릭터의 액션 노트 입력. 씬에서 어떤 행동이 이루어지는지 입력.

‣ **Slugging** : 대사나 대화의 타이밍을 입력.

‣ **Notes** : 현재 패널이 표현하려는 내용을 입력(패널에 필요한 프롭이나 사운드, 배경 팬 등)

7. 스토리보드 뷰(Storyboard View)   📁 실습 파일: Scripts.zip

스토리보드 뷰(Storyboard View)에는 프로젝트의 기본 정보가 표시됩니다. 작품의 스크립트(대본) 파일을 가져와 각각의 씬이나 패널에 편리하게 삽입할 수 있습니다.

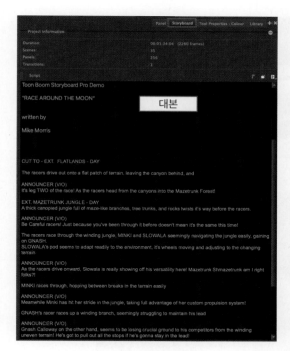

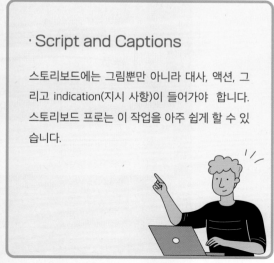

· Script and Captions

스토리보드에는 그림뿐만 아니라 대사, 액션, 그리고 indication(지시 사항)이 들어가야 합니다. 스토리보드 프로는 이 작업을 아주 쉽게 할 수 있습니다.

RACE AROUND THE MOON 대본 (출처: Mike Morris)

파일 형식은 .txt 파일이나 .rtf(reach text format) 형식의 스크립트(대본) 파일이면 됩니다. 각각의 씬이나 패널에 대사를 넣는 일은 아주 귀찮고 힘든 일이지만, 스토리보드 프로에서라면 아주 간단합니다. 임포트한 스크립트 파일에서 Copy & Paste만으로도 필요한 씬에 대사를 편리하게 넣을 수 있습니다. 스토리보드 프로는 Final Draft(.fdx – 영화, 드라마 및 연극 스크립트 작성에 사용되는 프로그램으로 만든 문서 텍스트, 페이지 서식 및 스크립트 노트) 포맷도 지원합니다.

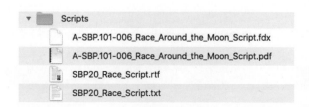

8. 툴 속성 뷰(Tool Properties View)

툴 속성 뷰(Tool Properties View)에는 선택한 툴에 관한 옵션이 있습니다. Tools 툴바에서 툴을 선택하면 툴 속성 뷰에 그에 맞는 옵션이 표시됩니다. 선택한 툴을 조금 더 세밀하게 사용하려면 툴 속성 뷰를 이용하세요.

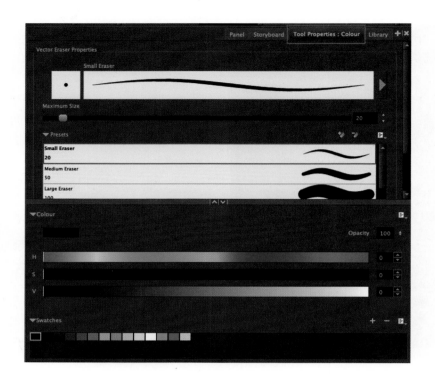

툴바(Toolbar)

스토리보드 프로 인터페이스 중에는 작업에 편리하게 접근할 수 있는 툴바가 있습니다. 유저가 선호하는 작업 스타일에 맞추어 워크스페이스에서 툴바를 추가, 이동, 삭제할 수 있습니다. 가장 중요한 툴바는 도구(Toosl) 툴바, 스토리보드(Storyboard) 툴바, 플레이백(Playback) 툴바입니다.

1. 도구 툴바

도구 툴바에는 스토리보드 프로의 주요 툴이 포함되어 있습니다. 기본적으로 스토리보드 프로를 기동하면 가장 왼쪽에 위치합니다. 선택(), 컨투어 (), 브러시(), 펜슬(), 스탬프(), 지우개(), 텍스트(T), 도형(), 페인트(), 색 선택(), 핸드(), 레이어 트랜스폼(), 카메라

(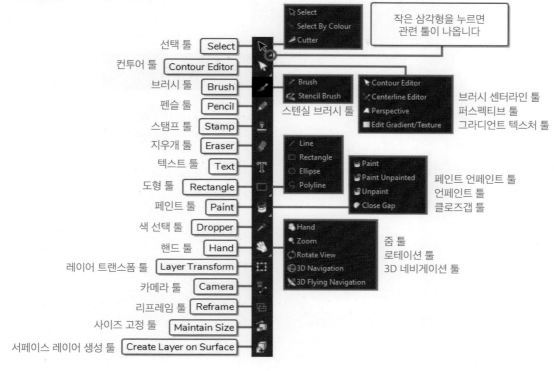), 리프레임( ), 사이즈 고정( ), 서페이스 레이어 생성( ) 등 메인 작업에 필요한 툴이 들어
있습니다.

도구 툴바

작은 삼각형을 누르면
관련 툴이 나옵니다

선택 툴	Select
컨투어 툴	Contour Editor
브러시 툴	Brush
펜슬 툴	Pencil
스탬프 툴	Stamp
지우개 툴	Eraser
텍스트 툴	Text
도형 툴	Rectangle
페인트 툴	Paint
색 선택 툴	Dropper
핸드 툴	Hand
레이어 트랜스폼 툴	Layer Transform
카메라 툴	Camera
리프레임 툴	Reframe
사이즈 고정 툴	Maintain Size
서페이스 레이어 생성 툴	Create Layer on Surface

스텐실 브러시 툴

브러시 센터라인 툴
퍼스펙티브 툴
그라디언트 텍스처 툴

페인트 언페인트 툴
언페인트 툴
클로즈갭 툴

줌 툴
로테이션 툴
3D 네비게이션 툴

2. 스토리보드 툴바

스토리보드 툴바에는 패널, 씬, 트랜지션 추가 및 삭제, 2D, 3D 워크스페이스 전환 아이콘이 포함되어
있습니다. 스토리보드 프로에서 이 툴바는 인터페이스의 맨 위에 있습니다.

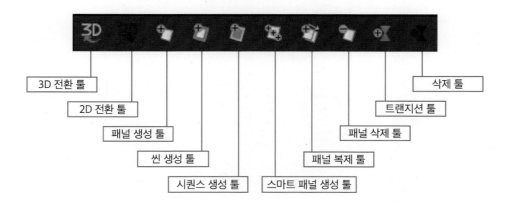

3D 전환 툴

2D 전환 툴

패널 생성 툴

씬 생성 툴

시퀀스 생성 툴

스마트 패널 생성 툴

패널 복제 툴

패널 삭제 툴

트랜지션 툴

삭제 툴

3. 플레이백(Playback) 툴바

플레이백(Playback) 툴바는 작업 중인 스토리보드를 리얼타임으로 확인하고 싶을 때 사용합니다. 트랜지션 효과나 사운드가 있어도 리얼타임 플레이가 가능합니다(컴퓨터 사양에 따라 다를 수도 있습니다).

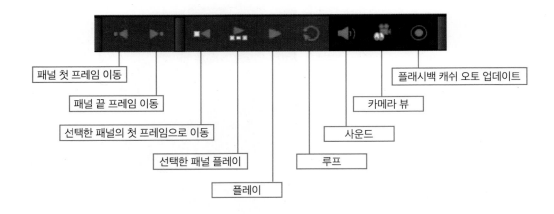

- 패널 첫 프레임 이동
- 패널 끝 프레임 이동
- 선택한 패널의 첫 프레임으로 이동
- 선택한 패널 플레이
- 플레이
- 루프
- 사운드
- 카메라 뷰
- 플래시백 캐쉬 오토 업데이트

 Panel 3 뷰 활용하기

📁 **실습 파일:** workspace.sbpz

뷰는 인터페이스 어디에나 배치할 수 있고, 뷰를 독립적으로 띄워서 사용할 수도 있습니다. 실수로 뷰를 이상한 위치로 가져가 원래대로 복구하고 싶을 때는 Windows → Restore Default Workspace를 선택합니다. 그러면 초기 설정으로 복귀합니다.

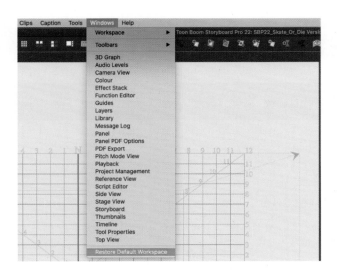

아래 예제는 라이브러리 탭을 드래그하여 원하는 위치로 이동하기입니다. 이렇듯이 모든 뷰를 유저가 원하는 위치로 이동해서 자신만의 작업 공간을 만들 수 있습니다.

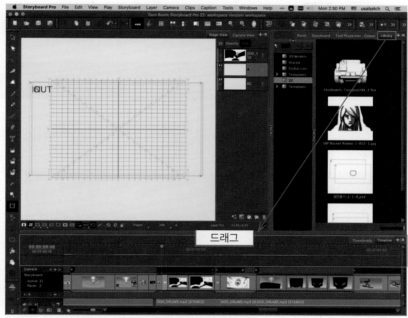

패널 뷰의 라이브러리 탭을 드래그&드롭으로 원하는 위치로 이동

오른쪽 상단에 있던 라이브러리 뷰가 스테이지 뷰 아래로 이동

1. 뷰 닫기

뷰를 이것저것 많이 띄워 놓으면 효율적인 작업이 어렵습니다. 이런 경우 필요 없는 뷰는 닫아주세요.

위 이미지에서 X 버튼을 누르고 사용하지 않는 뷰를 닫습니다. + 버튼은 뷰를 추가합니다.

2. 뷰 이동하기(플로팅 뷰)

뷰를 이동하여 그룹화하거나 플로팅 창을 만들 수도 있고 각각의 개별 영역으로 도킹할 수도 있습니다.

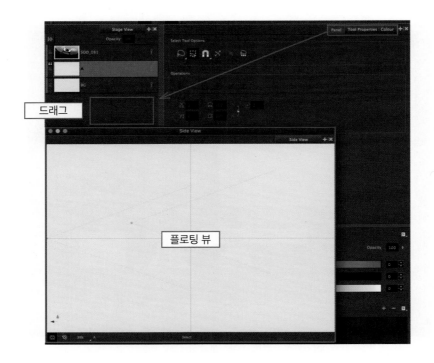

따로 분리해서 뷰를 사용하고 싶은 경우, 위 그림처럼 필요한 탭을 드래그해서 아래 그림처럼 작은 사각형이 나타났을 때 마우스를 떼면 됩니다. 듀얼 모니터를 사용할 때 활용하면 편리합니다. 예제에서는 Side View가 뷰 패널에서 떨어져 독립적으로 사용할 수 있게 되었습니다.

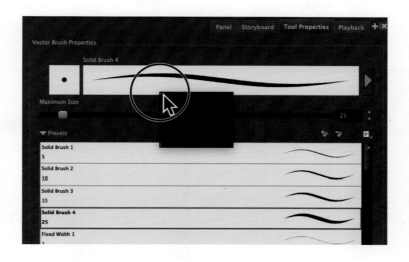

3. 뷰 리사이즈

뷰 크기를 변경하여 워크스페이스를 커스터마이징 할 수 있습니다. 각 뷰의 폭과 높이를 변경할 수 있습니다. 각 뷰의 경계선으로(빨간 선) 마우스를 이동하면 양방향 화살표가 나타납니다. 아래 그림처럼 마우스를 드래그하면 뷰의 크기를 조정할 수 있습니다.

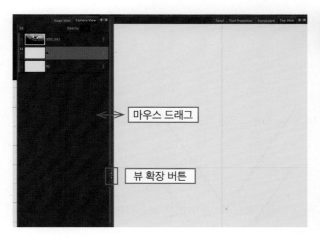

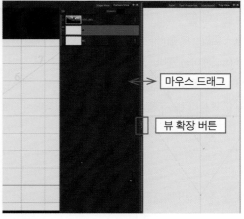

4. 뷰 펼치기 & 접기

뷰를 넓히거나 접어서 작업에 편리하게 워크스페이스를 변경할 수 있습니다. 작은 모니터를 사용한다면 이 기능이 유용합니다. 오른쪽의 뷰 확장 버튼을 누르면 패널 뷰가 접히고 스테이지 뷰가 크게 확장됩니다.

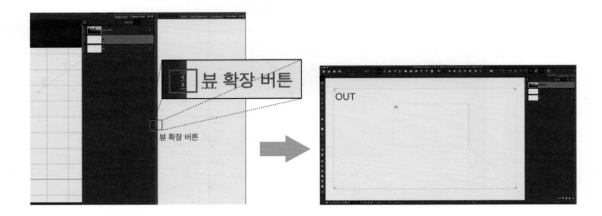

뷰 확장 버튼

 커스터마이징 툴바

유저가 자주 사용하는 툴을 추가하거나 삭제하면서 자신만의 툴바를 만들 수 있습니다. 다음은 커스터마이징이 가능한 툴바입니다.

- 레이어 툴바
- 스토리보드 툴바
- 네비게이션 툴바
- 사운드 툴바
- 도구 툴바 (도구 툴바는 Preference 설정에서 Flat Tools Toolbar 옵션을 체크해야 커스터마이징 작업이 가능)

1. 스토리보드 툴바 커스터마이징

01 아래 그림처럼 스토리보드 툴바 안의 빈 공간에서(아이콘과 아이콘 사이) 마우스 오른쪽 버튼을 클릭합니다.

02 팝업 창에서 Customize를 선택합니다.

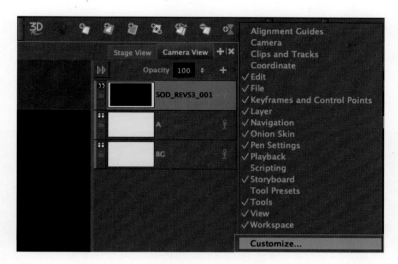

03 스토리보드 툴바 매니저의 왼쪽 항목에서 필요한 아이콘을 선택한 후 중앙의 삼각형 아이콘을 누르면 오른쪽 항목으로 이동합니다.

04 새롭게 추가한 New Scene from Selected Panels 아이콘이 스토리보드 툴바에 추가됐습니다.

2. 커스텀 툴바 프리퍼런스 설정

‣ Windows OS:

메인 메뉴에서 Edit → Preferences 선택. 또는 단축키 Ctrl + U

‣ macOS:

메인 메뉴에서 Storyboard Pro → Preferences 선택. 또는 단축키 ⌘ + U

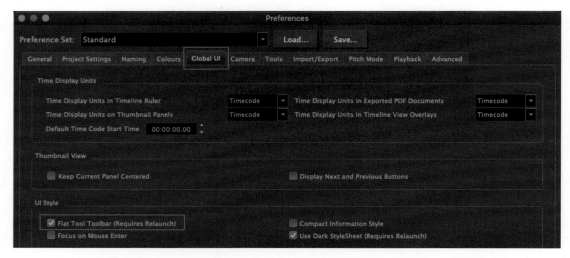

Preferences 팝업창의 Global UI 탭에서 Flat Tool Toolbar(Require Relaunch) 항목을 체크합니다.

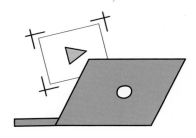

Scene 03 그리기와 칠하기

📁 실습 파일 : sequence2_2.sbpz

스토리보드 프로에서 그리기 툴은 펜슬(✏️)과 브러시(🖌️) 이 두 가지만 알면 끝입니다. 펜슬 툴과 브러시 툴은 어떤 차이가 있는지 살펴보겠습니다. 참고로 애니메이터나 아티스트가 좋아하는 툴은 브러시 툴입니다. 사람에 따라서 다르지만 브러시 툴이 조금 더 부드럽게 그려진다는 이야기를 많이 합니다.

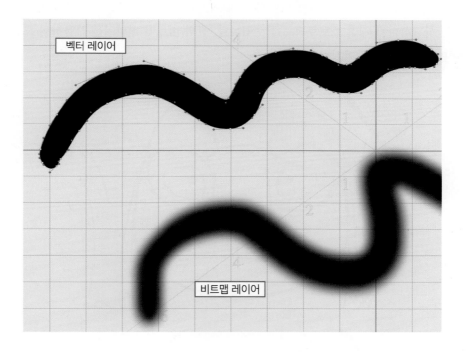

스토리보드 프로의 드로잉 레이어에는 두 종류가 있습니다. **벡터 레이어**와 **비트맵 레이어**입니다. 위 그림에서 벡터 레이어(🗂️)에 그린 라인은 스트로크 포인트가 많아서 그림을 그린 뒤에도 수정이 간편하고 쉽습니다. 반면, 비트맵 레이어(🗂️)에 그린 라인은 스트로크 포인트가 없습니다. 따라서 그림을 수정하기 쉬운 쪽은 벡터 레이어입니다. 펜슬과 브러시의 가장 큰 차이점은 펜슬 툴은 벡터 레이어에만 사용할 수 있다는 점입니다. 비트맵 레이어에는 사용할 수 없다는 점을 기억하세요. 브러시 툴은 벡터와 비트맵 레이어에 모두 사용할 수 있습니다. 브러시 툴을 선택하면 Tool Properties 뷰에서 브러시의 다양한 옵션을 적용할 수 있습니다.

‣ 벡터 레이어 – 펜슬 ✏, 컨투어 ▶, 스탬프 🏷 툴 사용 가능.

‣ 비트맵 레이어 – 펜슬 ✏, 컨투어 ▶, 스탬프 🏷 툴 사용 불가.

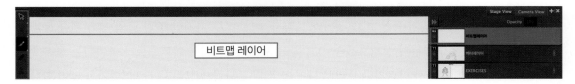

브러시를 사용할 때는 레이어의 종류에 따라서 생성되는 구조가 다릅니다. **브러시 툴로 벡터 레이어에 그리면 라인 하나하나가 개별 스트로크로 작성됩니다. 반면 비트맵 레이어를 사용하면 모든 스트로크 가 하나의 단일 형태로 만들어집니다.**

브러시 툴 사용하기

1. 브러시(🖌) 사용하기

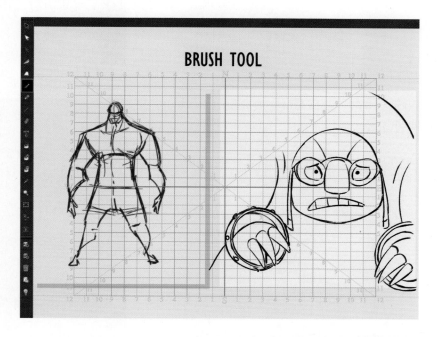

01 다음 중 하나를 실행해 브러시 툴을 선택합니다.

① 메인 메뉴에서 → Tool → Brush를 선택합니다.

② 도구(🖌) 툴바에서 브러시 툴을 선택합니다.

02 브러시 툴 단축키는 [Alt] + [B] 입니다. 하지만 상당히 불편합니다. 그래서 단축키를 [B] 로 바꿔보겠습니다.
• macOS : 메인 메뉴 → Storyboard Pro → Keyboard Shortcuts을 선택합니다.

• Windows : 메인 메뉴 → Edit → Keyboard Shortcuts을 선택합니다.

03 오른쪽 Search By: Name 항목에서 brush를 입력하고 단축키를 검색합니다.

04 Brush Tool을 클릭합니다.

05 오른쪽 Press Shortcut Key 항목에서 Clear 버튼을 누르고 기존 단축키를 지웁니다.

06 새 단축키 B 를 누릅니다.

07 이로써 단축키가 Alt + B 에서 B 로 변경됩니다. 스토리보드 프로에서 기본 제공하는 단축
키가 불편한 유저는 위와 같은 방법으로 자신에게 맞는 설정을 하면 됩니다.

2. 벡터 브러시 설정(Vector Brush Properties)

설정 창에서 브러시의 크기, 모양, 앵글, 투명도, 텍스처 등을 포토샵의 브러시처럼 유저가 원하는 형태로 꾸미기가 가능합니다.

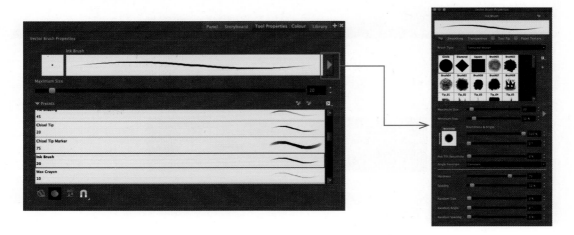

‣ **브러시 모양** : 아래와 같습니다.

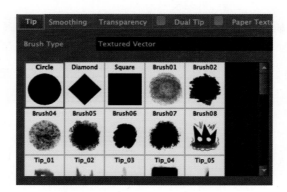

‣ **Smoothing** : 브러시 툴에서는 이 옵션이 가장 중요합니다. 물론 브러시의 모양이나 크기도 중요하지만, 아티스트의 드로잉 실력을 크게 좌지우지하는 것이 Smoothing 옵션입니다.

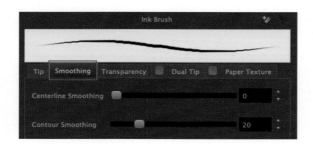

‣ **Centerline Smoothing** : 값이 작을수록 아티스트가 그린 대로 그려집니다. 즉 실제 종이에 연필로 그렸을 때의 느낌 그대로 그려집니다. 값이 크면 브러시 스트로크가 보정됩니다. 드로잉 실력이 부족한 사람은 값을 조금 크게 해서 그리면 편할 때도 있습니다. 하지만 현장에서는 작은 값을 사용합니다. 단, 벡터 포인트가 증가해서 작업이 느려질 수 있습니다(고사양 하드웨어라면 문제없습니다).

‣ **Contour Smoothing** : Centerline Smoothing 값의 보조 옵션입니다. Centerline Smoothing에 작은 값을 사용할 경우 이 값을 올리면 벡터 포인트가 감소합니다. 데이터가 가벼워진다는 뜻입니다.

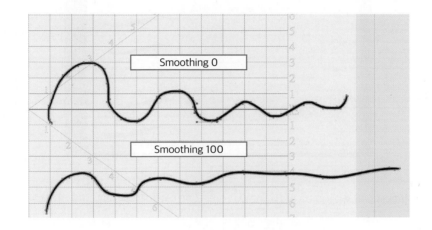

‣ **Transparency** : 브러시 투명도 조절 옵션입니다.

‣ **Dual Tip** : 브러시 끝 모양을 2중으로 사용합니다.

‣ **Paper Texture** : 브러시에 텍스처를 추가합니다.

▸ **Presets** : 스토리보드 프로에서 기본으로 제공하는 브러시 세트. 기본으로 부족하면 유저가 브러시를 만들어서 추가할 수 있습니다.

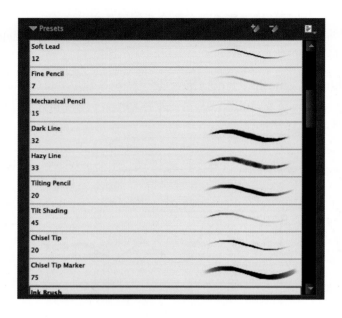

▸ **Draw Behind(⬛)** : 기존에 그려 놓은 브러시 스트로크 아래에 그릴 때 사용합니다. 사전에 그려 놓은 캐릭터 라인 드로잉에 영향을 주지 않고 아래에 추가로 그림자를 그리거나 할 때 유용합니다.

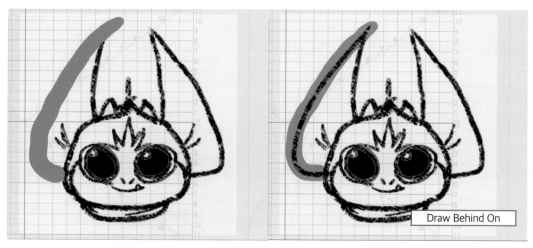

Draw Behind off(좌) / Draw Behind on(우)

▸ **Auto Fill** : 스토리보드 프로에서 그리는 그림은 기본적으로 색이 채워지지 않습니다. 이 옵션을 사용하면 유저가 선택한 컬러로 그림 색깔이 자동으로 채워집니다.

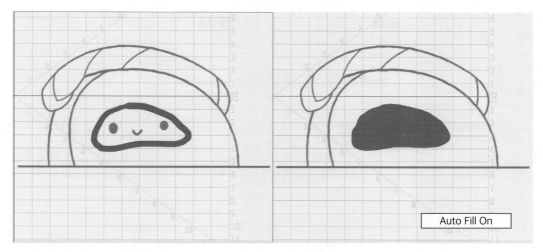

Auto Fill off(좌) / Auto Fill on(우)

▸ **Colour View** : 색깔을 고르거나 팔레트에 컬러를 추가할 때 사용합니다.

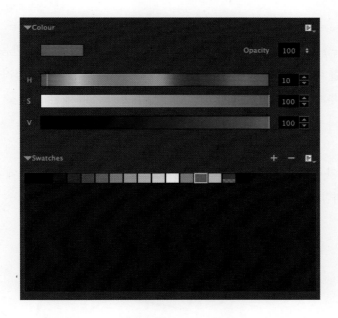

■ TIP! 브러시나 펜슬을 사용할 때 유용한 단축키

1) 브러시나 펜슬 툴 사용시 O 키를 길게 누른 후 마우스 가운데 버튼을 클릭하거나 드래그하면 사이즈를 조정할 수 있습니다.

2) Shift 키를 누르고 그리면 직선이 그려집니다.

3) 그리기 전에 Alt 키를 길게 눌러 기존 라인 부근에서 그리기 시작하면 기존 라인에 정확히 달라붙습니다.

4) 그리면서 Alt 키를 길게 눌러 기존의 라인 부근에서 브러시를 놓으면 자동으로 기존 라인에 들러붙습니다.

Panel 2 스텐실 브러시 사용하기

📁 실습 파일 : sequence2_2.sbpz

스텐실 브러시(Stencil Brush) 툴은 화면에 그림이 없으면 반응하지 않습니다. 즉, 그림이 있어야 사용할 수 있는 브러시입니다. 기존 그림 라인에서 특정 부분의 컬러를 바꾸거나 그림자 또는 하이라이트를 추가할 때 사용하면 편리합니다. 도구 툴 박스에서 브러시(🖌) 툴을 길게 누르면 Stencil Brush(🖌)가 나타납니다.

스텐실 브러시의 두 가지 기능은 다음과 같습니다. 이 브러시를 사용하면 캐릭터에 추가로 그림자를 그려야 할 때 아주 편리합니다.

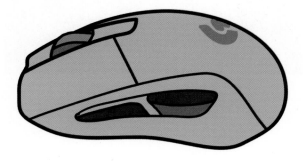

마우스 오리지널 그림

1. Repaint Brush() 모드

특정 부분의 라인 컬러와 칠해진 컬러를 바꿀 때 사용합니다. 이미 색칠한 곳에 컬러를 바꾸고 싶을 때
사용합니다.

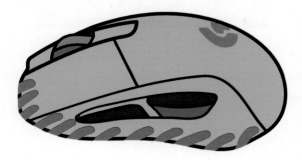

Repaint Brush 모드로 그렸을 때

01 도구 툴바에서 브러시() 툴을 길게 누르고 스텐실 브러시
() 툴을 선택하거나 단축키 [Alt] + [X] 를 사용합니다.

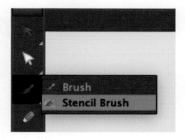

02 Tool Properties 뷰에서 적당한 브러시를 선택합니다. 유저가 원하는 옵션으로 설정할 수 있습니다.

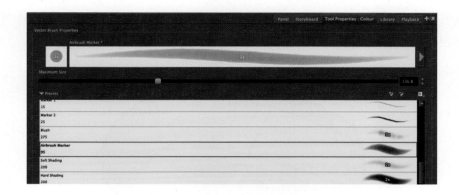

03 Tool Properties 뷰에서 Repaint Brush Mode( ) 아이콘을 클릭합니다.

04 스테이지 뷰 또는 카메라 뷰에서 기존 그림 위에 그립니다. 그림이 있는 부분만 변경되고 그 외 부분은 아무런 변화가 없습니다.

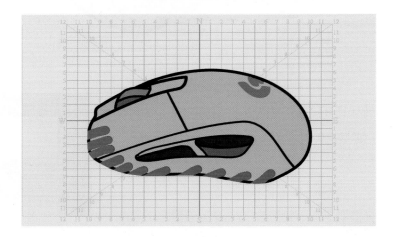

2. Overlay Brush( ) 모드

특정 부분의 라인과 칠해진 컬러 위에 오버레이로 덧칠할 때 사용합니다. 비트맵 레이어를 사용할 때는 스텐실 브러시는 Repaint Brush( ) 모드로 작동합니다.

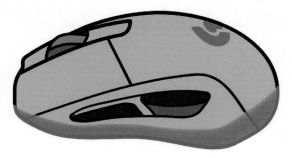

그림자나 하이라이트가 필요할 때는 Overlay Brush를 추천합니다.

01 도구 툴바에서 브러시( ) 툴을 길게 누르고 스텐실 브러시( ) 툴을 선택하거나 단축키 [Alt] + [X] 를 사용합니다.

02 Tool Properties 뷰에서 적당한 브러시를 선택합니다. 유저가 원하는 옵션으로 설정할 수 있습니다.

03 Tool Properties 뷰에서 Overlay Brush Mode( ) 아이콘을 클릭합니다.

04 스테이지 뷰 또는 카메라 뷰에서 기존 그림 위에 그립니다. 그림이 있는 부분만 변경되고 그 외 부분은 아무런 변화가 없습니다. 위의 Repaint Brush 모드와 가장 큰 차이는 별도의 스트로크로 생성된다는 점입니다.

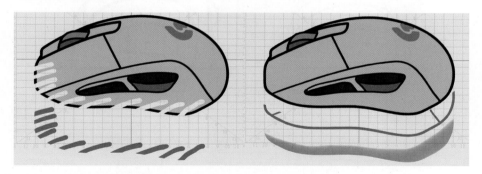

Repaint Brush Mode(좌) / Overlay Brush Mode(우)

펜슬(✏️) 툴은 브러시(🖌️)툴보다 가볍습니다. 스트로크를 형성하는 포인트가 적기 때문에 라인이 많아도 가볍게 움직이는 장점이 있습니다. 또한 컨투어 에디터(Contour Editor, ▶️) 툴이나 퍼스펙티브 (Perspective, △) 툴로 라인을 수정하기 쉽고, 이미 그려진 라인의 두께 조절도 쉽게 할 수 있습니다. 애니메이션에서 깨끗한 캐릭터 라인을 만들기 위해서는 반드시 펜슬 툴을 사용하는 것이 좋습니다. 그 외의 드라마, 영화, CF의 스토리보드 작업에는 브러시든 펜슬이든 유저가 편한 것을 사용하면 됩니다. 단축키는 ⌞Alt⌟ + ⌞9⌟입니다. 단축키 변경을 원하면 80p에서 배운 변경 방법을 활용하길 바랍니다.

펜슬 툴의 사용법은 앞에 설명한 브러시 툴과 똑같습니다. 몇 가지 다른 점을 살펴보겠습니다.

① 드로우 비하인드 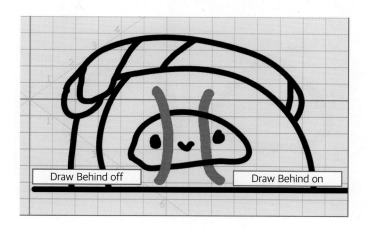 툴은 이미 그린 그림 아래에 그림을 그리고 싶을 때 사용합니다.

Draw Behind off   Draw Behind on

② 오토필 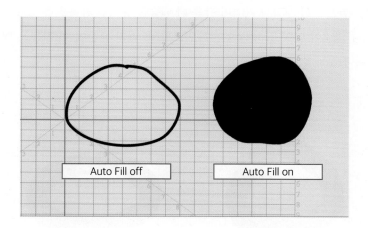 툴은 도형을 그리면 자동으로 색깔이 채워지는 기능입니다.

Auto Fill off   Auto Fill on

③ Trim Extra Lines(⌒)

서로 교차한 라인을 자동으로 잘라 내고 닫힌 도형으로 만드는 기능입니다.

Trim Extra Lines Mode

④ Align Handles after Trim

Trim Extra Lines 옵션 사용 시 교차하는 부분의 각을 매끄럽게 연결합니다.

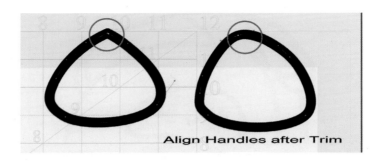

⑤ Auto Close Gap

그림이나 도형에 페인트 툴로 채색하기 편하게 스트로크를 닫아 주는 기능입니다. 예를 들어 원을 그릴 때 화면상에서 시작점과 끝점을 붙게 그렸다고 해도 라인 중앙에 있는 스트로크는 끊어져 있는 경우도 있습니다. 이럴 때 스트로크의 시작점 가까이 갔을 때 펜슬을 놓으면 자동으로 스트로크 라인이 이어지게 합니다. 도형이나 그림이 닫혀 있지 않으면 페인트할 수 없기 때문에 이 기능은 페인트를 편리하게 하기 위한 옵션입니다.

스탬프(Stamp, 🎯) 툴은 주로 어떤 패턴을 그리거나 배경에 나무나 풀을 빽빽하게 그려야 할 때 사용합니다. 밤하늘의 별이나 잔디, 비, 눈 또는 파티클 이펙트 등 반복적인 그림을 랜덤으로 그려야 할 경우는 스탬프 툴을 사용하면 편리합니다.

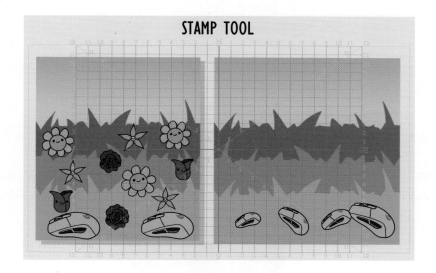

스탬프 브러시를 만들어 보겠습니다.

01 다음 중 하나를 실행해 레이어를 생성합니다.

① 레이어 패널, 레이어 툴바, 또는 레이어 뷰에서 Add Vector Layer(🗔)를 클릭합니다.

② 또는 메인 메뉴 → Layer → New → Vector Layer를 선택합니다(단축키 W).

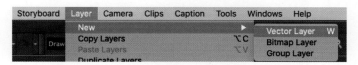

02 스테이지 뷰 또는 카메라 뷰에서 스탬프로 만들 그림을 그립니다. 마우스를 하나 그렸습니다.

03 다음 중 하나를 실행합니다.

① 레이어 전부를 스탬프로 만들고 싶은 경우 레이어 패널, 레이어 뷰 또는 섬네일 뷰(Thumbnails View)에서 레이어를 선택합니다(여기서는 레이어 A를 선택). 선택한 레이어는 푸른색으로 표시됩니다.

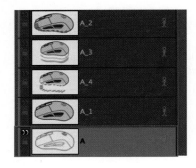

② 레이어 내 일부 그림을 스탬프로 만들고 싶은 경우 도구 툴바에서 선택( ) 툴을 선택한 후, 스탬프로 만들 그림을 선택합니다.

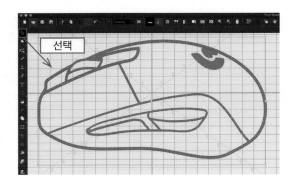

04 도구 툴바에서 스탬프() 툴을 선택합니다.

05 Tool Properties 뷰에서 New Brush 아이콘을 클릭합니다.

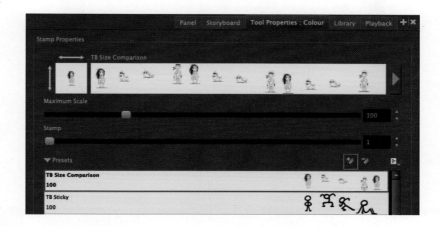

06 New Preset 팝업 창이 나타나면 적당한 이름을 입력하고 OK 버튼을 클릭합니다.

07 Presets 리스트에 새로운 스탬프가 추가됩니다.

08 새로 만든 스탬프 브러시를 스테이지 뷰 또는 카메라 뷰에서 드래그합니다.

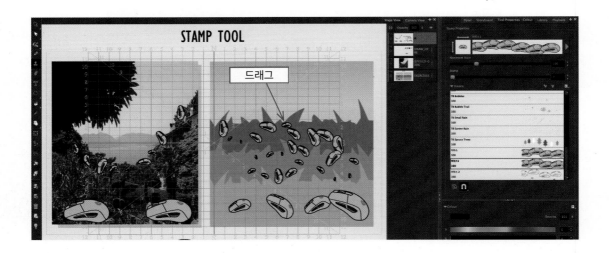

페인트 툴 사용하기

실습 파일 : sequence2_2.sbpz & paint.sbpz

스토리보드 작업에서 페인트, 즉 컬러 칠하기 작업은 복잡하지 않습니다. 애니메이션이나 영화 또는 CF에서 사용하는 스토리보드는 대부분 흰색 또는 회색으로 채우죠. 실제 캐릭터가 가지고 있는 컬러로 표현할 필요가 없기 때문입니다. **가까이 있는 물체를 흰색으로 칠하고 멀리 있는 물체를 회색으로 칠해서 거리감을 표현하는 정도에서 마무리 짓습니다.** 스케줄에 지장이 없다면 오리지널 캐릭터 디자인에 맞춰 채색할 수 있지만, 그럴 필요까지는 없습니다. 이번에는 페인트(Paint,) 툴에 대해서 알아보겠습니다.

(출처 : Mike Morris, Race Around The Moon)

스토리보드 프로에서 페인트( ) 툴로 채색하려면 제일 먼저 도형이 닫혀 있어야 합니다. 즉 라인이 끊어진 곳이 있으면 채색할 수 없다는 뜻입니다. 이것은 아주 사소하지만 중요한 포인트입니다. 분명히 페인트 툴로 클릭했는데 색이 채워지지 않는 경우가 있습니다. 이럴 때는 대부분 라인이 끊어진 문제 때문입니다(물론 라인이 이어지지 않아도 채색할 수 있는 방법도 있습니다).

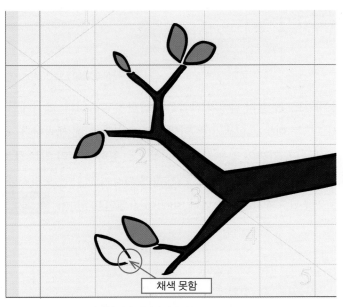

채색 못함

나뭇잎 끝 라인이 이어지지 않아서 채색이 되지 않음

1. Paint 툴로 채색하기

01 다음 중 하나를 실행합니다.

① 도구 툴바에서 페인트(🖌) 툴을 선택합니다.

② 메인 메뉴 → Tools → Paint를 클릭합니다. 또는 단축키 Alt + I 를 누릅니다.

02 Colour 뷰에서 색을 선택합니다. 아래 Swatches에서 컬러를 선택하거나 추가해도 됩니다.

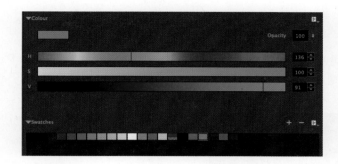

03 스테이지 뷰 또는 카메라 뷰에서 채색할 부분을 클릭합니다. 그림 전체를 채색하려면 마우스로 전체를 둥글게 드래그합니다.

2. Paint Unpainted 툴로 채색하기

01 다음 중 하나를 실행합니다.

① 도구 툴바에서 Paint Unpainted() 툴을 선택합니다.

② 메인 메뉴 → Tools → Paint Unpainted를 클릭합니다. 또는 단축키 [G] 를 누릅니다.

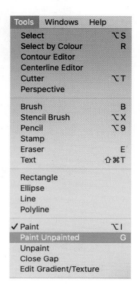

02 Colour 뷰에서 색을 선택합니다. Swatches에서 컬러를 선택해도 됩니다.

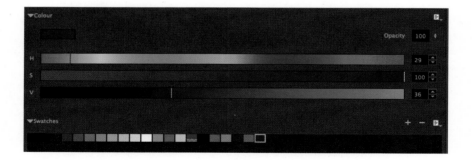

03 스테이지 뷰 또는 카메라 뷰에서 채색하지 않은 빈 공간을 클릭합니다. Paint Unpainted() 툴
은 채색하지 않은 곳을 채색할 때 편리합니다. 이미 칠해진 부분은 실수로 클릭해도 채색이 되지
않기 때문에 편리하게 사용할 수 있습니다.

발 주변을 둥그렇게 드래그

3. 채색이 안 될 경우 - Close Gap

01 Tool Properties 뷰의 Close Gap 옵션 항목 중 적당한 걸 선택합니다.

No Close Gap (좌)와 Close Medium Gap(우)의 차이

02 Close Gap 옵션으로도 색이 채워지지 않을 때는 도구 툴바에서 Close Gap( ) 툴로 뚫린 부분을 이어줍니다. Close Gap 툴로 스트로크를 생성하면 다음과 같은 메시지 창이 나타납니다. 이 스트로크 라인은 눈에 보이지 않기 때문에 작업을 편리하게 하려면 스트로크 라인을 표시해 주세요.

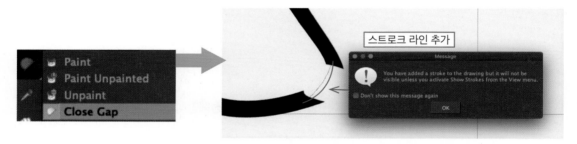

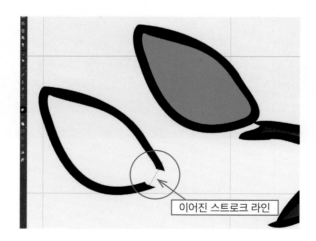

03 메인 메뉴 → View → Extras → Show Strokes를 선택합니다. 이로써 화면에 파란색으로 스트로크 라인이 표시됩니다.

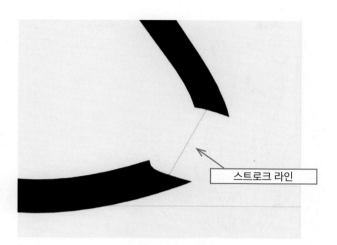

스트로크 라인

Panel 6 · 매트를 활용한 Auto Fill

Generate Auto-Matte(🐾) 기능은 채색의 연장선이라고 생각하면 됩니다. 앞에서도 설명 드렸지만 스토리보드 작업은 완성한 캐릭터 컬러로 채색하지 않습니다. 하지만 씬 안에 있는 그림이 전부 외곽 라인만 있다면, 그것을 보는 사람은 정말 헷갈립니다. 수많은 선이 중첩되어 캐릭터의 동작을 잘 구분하지 못하는 상황이 발생할 수도 있습니다. 예를 들어 배경의 라인이 캐릭터 사이로 보인다든가 하는 시각적으로 어지러운 스토리보드가 되어 버립니다.

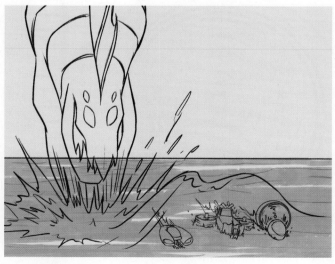

Generate Auto-Matte 적용 전

이럴 때 시간을 절약할 수 있으면서 시각적으로 편안한 스토리보드가 되기 위해서는 쉽게 채색할 수 있는 구조가 필요합니다. 이를 위한 Generate Auto-Matt(🏺) 옵션은 스토리보드 작업에 꼭 필요한 기능입니다.

Generate Auto-Matte 적용 후

1. Generate Auto-Matte 자동 채색하기

01 레이어 뷰 또는 레이어 패널에서 자동 매트를 생성할 라인만 있는 레이어를 선택합니다.

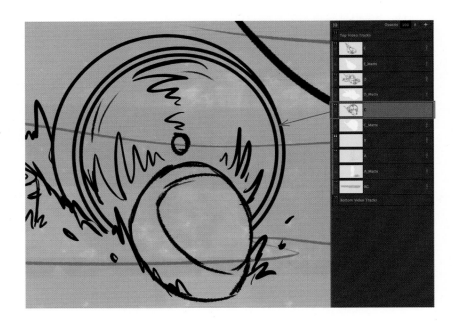

02 원하는 색으로 매트를 칠하고 싶다면 Colour 뷰에서 색상을 선택합니다. 컬러는 나중에 변경할 수 있습니다.

03 다음 중 하나를 실행합니다.

① 메인 메뉴 → Layer → Generate Auto-Matte를 선택합니다.

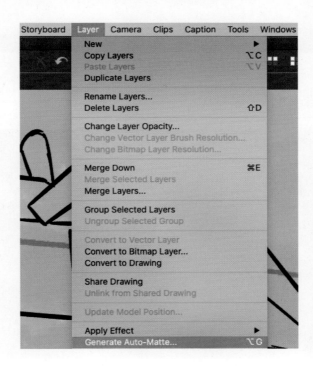

② 선택한 레이어에서 마우스를 오른쪽 클릭한 뒤 Generate Auto-Matte를 선택합니다.

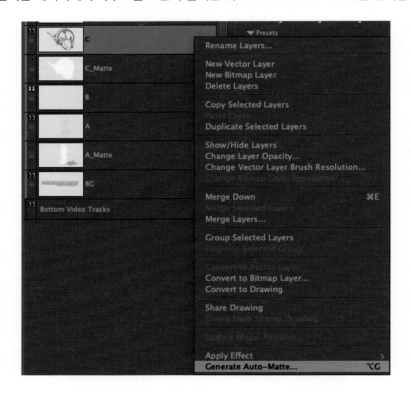

04 Auto-Matte 팝업창이 나타납니다.

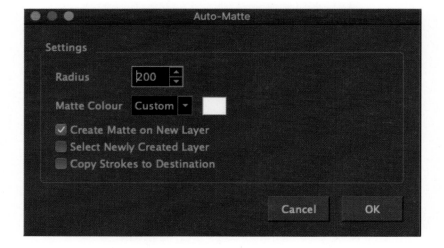

05 Radius 값을 조정해 컬러 매트 크기를 결정합니다. 값에 따라서 채색 범위가 달라집니다.

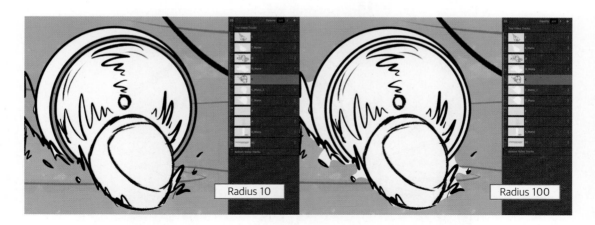

06 Matte Colour에서 컬러를 선택합니다. 일반적으로 하얀색을 사용합니다.

07 새 레이어에 매트를 만들기 위해 Create Matte on New Layer 옵션을 선택합니다. 같은 레이어에 만들 경우엔 이 옵션을 체크하지 않습니다. 캐릭터 라인 레이어 아래에 매트 레이어가 생성됩니다.

08 선택한 캐릭터에 서로 다른 컬러로 채색하고 싶은 경우, Copy Strokes to Destination 옵션을 체크합니다. 이로써 캐릭터의 스트로크 라인이 생성됩니다.

09 Copy Strokes to Destination 옵션을 사용하면 아래 그림처럼 캐릭터에 서로 다른 컬러로 채색할 수 있습니다.

 TIP! GENERATE AUTO-MATTE 단축키 설정

이 기능은 자주 사용하기 때문에 단축키를 만들어 놓는 것을 권장합니다(80p의 단축키 설정 참조).

① 메인 메뉴 → Edit → Keyboard Shortcuts (Windows) 또는 Storyboard Pro → Keyboard Shortcuts (MacOS X)을 선택합니다.

② Search By 항목에서 Name을 선택합니다.

③ 바로 위 입력란에 matte를 입력합니다.

④ 왼쪽 창에 Generate Auto-Matte 항목이 파랗게 표시됩니다.

⑤ Press Shortcut Key 필드를 클릭합니다.

⑥ 단축키로 설정할 키를 입력한 뒤 OK를 클릭합니다.

Scene 04 그림 수정하는 툴 사용하기

📁 실습 파일 : sequence2_2.sbpz

Scene 3에서 그리기와 칠하기에 대해서 다루었습니다. 이번 챕터에서는 그림을 수정하는 툴을 알아보 겠습니다. 그리는 것도 중요하지만 그린 후 수정하는 법도 중요합니다. 스토리보드 작업은 그림을 수정 하는 일이 아주 많습니다. 자신이 그린 그림을 쉽게 고칠 수 있어야 시간이 절약됩니다. 스토리보드 프 로의 대표적인 수정 툴에는 컨투어 에디터(Contour Editor, ▶), 센터라인 에디터(Centerline Editor, ✂), 커터(Cutter, ✏), 퍼스펙티브(Perspective, ◻) 툴이 있습니다.

Panel 1 ▶ 컨투어 에디터(Contour Editor) 툴 사용하기

스토리보드 프로에는 아이콘 모양이 비슷한 두 가지 툴이 있습니다. 첫째는 선택(Select) 툴이고 다른 하나는 컨투어 에디터(Contour Editor) 툴입니다. 선택 툴은 검은색 화살표(▶)이고 컨투어 에디터 (Contour Editor) 툴은 흰색 화살표(▷) 아이콘입니다. 외형이 비슷한 만큼 기능도 닮은 부분이 있지 만 완전히 다른 툴입니다.

아래와 같이 선택 툴로 그림을 선택하면(좌) 그림 바깥으로 사각형 박스가 나타납니다. 반면 컨투어 에 디터 툴로 그림을 선택하면(우) 그림의 벡터 포인트가 선택되어 나타납니다.

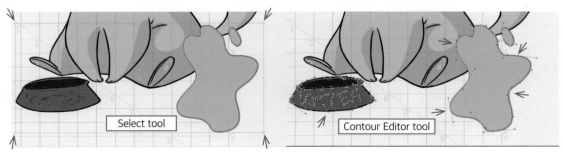

Select tool(좌) / Contour Editor tool(우)

선택(Select) 툴로도 어느 정도까지 그림을 수정할 수 있지만, 선택 툴의 기본은 엘리먼트를 선택하는 것입니다. 그림을 수정하기 위해서는 컨투어 에디터(Contour Editor) 툴을 사용합니다.

스토리보드 프로의 아트웍은 벡터 라인 포맷으로 이루어져 있습니다. 벡터 라인은 포인트, 포인트를 연결하는 선(중앙선), 베지어 핸들로 구성되어 있습니다.

벡터 포인트

베지어 핸들

브러시 툴로 그린 그림을 컨투어 툴로 선택했을 때 - 라인 경계선에 포인트가 위치

컨투어 에디터(Contour Editor) 툴을 사용하면 포인트 선택, 포인트 위치 변경, 포인트 추가와 삭제, 커브 핸들 드래그를 통한 커브 수정을 할 수 있습니다. 특히 펜슬 툴로 그린 라인은 컨투어 에디터 툴로 편집하기 쉽습니다. 대조적으로 브러시 스트로크는 라인 경계선에 포인트가 있어서 컨투어 에디터 툴로 수정하기에는 조금 번거롭습니다.

1. 포인트 이동으로 수정하기

아래 그림처럼 중앙 포인트만 움직여도 그림 전체가 반응해서 그림을 편리하게 수정할 수 있습니다.

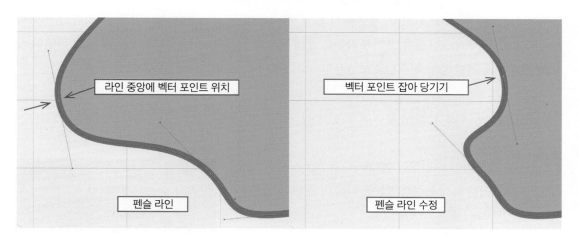

라인 중앙에 벡터 포인트 위치

벡터 포인트 잡아 당기기

펜슬 라인

펜슬 라인 수정

2. 직선을 곡선으로 변형

아래 그림처럼 빨간색 직선으로 그린 라인을 컨투어 에디터 툴을 사용하면 곡선으로 쉽게 변형할 수 있습니다. 따라서 그림 실력이 부족해도 위와 같은 방법으로 간편하게 수정하면 깔끔하고 명확한 그림을 얻을 수 있습니다.

컨투어 에디터 툴 사용 전 (전부 직선)

컨투어 에디터 툴 사용 후 (전부 곡선)

센터라인 에디터(Centerline Editor) 툴 사용하기

컨투어 에디터(Contour Editor,) 툴이 주로 펜슬 라인을 수정하는 툴이라면, 센터라인 에디터 (Centerline Editor,) 툴은 브러시 라인을 수정하는 데 사용합니다. 브러시 라인과 펜슬 라인의 가장 큰 차이점은 라인 중앙의 스트로크 유무입니다.

1. 센터라인 에디터 사용하기

01 도구 툴바에서 컨투어 에디터(Contour Editor,) 아이콘을 길게 눌러서 메뉴를 띄운 다음 센터라인 에디터( ) 툴을 선택합니다.

· 브러시 라인과 펜슬 라인 비교

아래 왼쪽 그림처럼 브러시 라인의 중앙에는 스트로크 라인이 없어서 컨투어 에디터 툴로 수정하기 어렵습니다. 이런 경우는 센터라인 에디터 툴로 수정하면 간편합니다(아래 그림은 컨투어 툴로 선택한 상태입니다.)

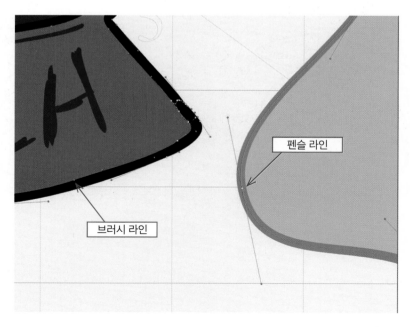

· 센터라인 에디터 툴과 컨투어 에디터 툴로 수정한 경우

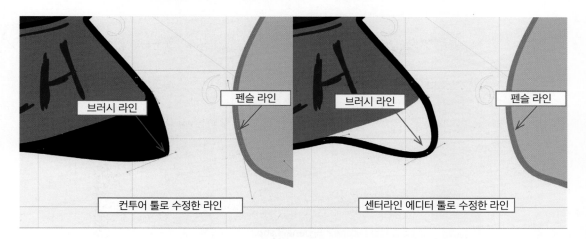

위 그림의 왼쪽이 브러시(🖌) 툴로 그린 라인을 컨투어 에디터(🔾) 툴로 변형했을 경우입니다. 브러시 라인은 라인의 경계선에 포인트가 있기 때문에 포인트를 잡아당기면 선택한 포인트 부분만 변경됩니다. 따라서 그림을 수정하기 어렵습니다.

브러시 툴로 그린 그림을 수정할 경우에는 오른쪽 그림처럼 센터라인 에디터(🖋) 툴을 선택해서 포인트를 잡아당기면 펜슬 라인을 수정하는 것과 같은 효과를 얻을 수 있습니다.

 커터(Cutter) 툴 사용하기

브러시와 펜슬과 더불어 자주 사용하며 편리한 툴이 커터(Cutter, ✏) 툴입니다. 커터 툴은 그림의 일부를 잘라내는 데 사용하며 트랜스폼(Transform, ☐) 툴 기능도 가지고 있습니다. 커터 툴은 돌출된 선의 끝을 자르는 데 아주 편리합니다. 라인이 교차하는 곳은 라인을 지나쳐서 그린 다음 커터 툴로 잘라내면 아주 깔끔한 라인을 얻을 수 있습니다.

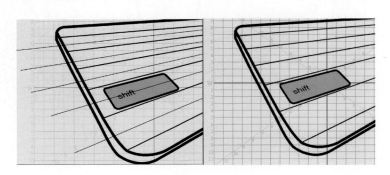

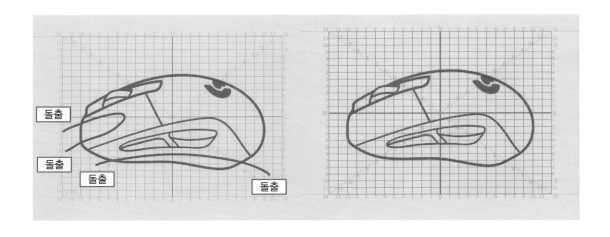

1. 그림 자르기

📁 실습 파일 : scene2_6_panel3.sbpz

01 도구 툴바에서 선택(🖎) 툴을 길게 누르고 커터(Cutter, ✐) 툴을
선택하거나 Alt + T 를 누릅니다.

02 스테이지 뷰 또는 카메라 뷰에서 잘라내고 싶은 부분을 드래그합니다.

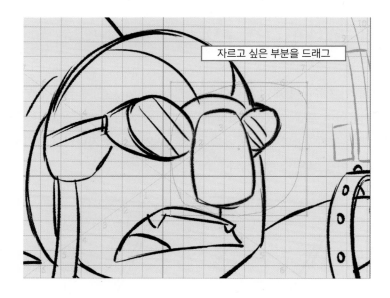

자르고 싶은 부분을 드래그

03 드래그한 부분이 선택됩니다. 선택한 부분을 추가하고 싶을 때는 [Shift] 키를 누르고 드래그합니다. 화면에 보이는 그림 전부를 선택하고 싶다면 [Ctrl] (Windows) 또는 [⌘] (macOS) 키를 누르고 드래그합니다. 모든 레이어의 그림을 한꺼번에 선택할 수 있습니다.

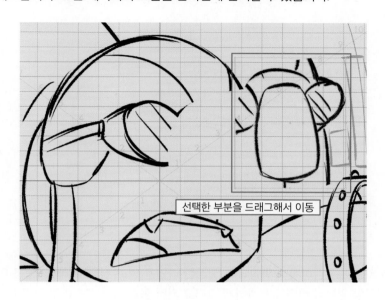

선택한 부분을 드래그해서 이동

2. 돌출된 라인 쉽게 자르기

01 도구 툴바에서 선택(➤) 툴을 길게 누르고 커터(Cutter, ✎) 툴을 선택하거나 [Alt] + [T] 를 누릅니다.

02 Tool Properties 뷰의 Cutter Tool Options에서 Lasso(◯)를 선택합니다. 커터 툴을 선택하면 기본적으로 Lasso가 활성화되지만 한 번 더 확인합니다.

03 스테이지 뷰 또는 카메라 뷰에서 라인이 돌출된 부분을 드래그합니다.

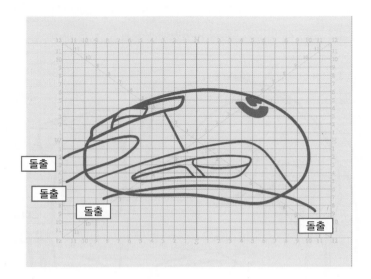

04 돌출된 라인이 깔끔하게 지워집니다. 깔끔한 라인을 얻고 싶을 때, 이 기능은 아주 유용합니다. 위 그림처럼 일부러 라인을 돌출하게 그리고 커터 툴로 잘라내면 아주 말끔한 그림으로 완성할 수 있습니다. 스토리보드 프로의 강력한 기능 중 하나입니다.

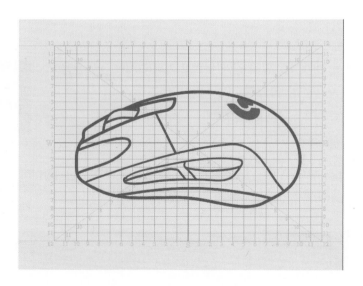

3. 커터 툴 자르기 옵션

‣ Single Line Cutting Gesture : 라인 하나만 자를 때 사용합니다.

‣ Multiple Lines Cutting Gesture : 여러 개의 돌출된 라인을 한 번에 자를 때 사용합니다.

‣ **주의!** 돌출된 라인 자르기는 비트맵 레이어에서는 사용할 수 없습니다.

아래 그림처럼 커터 툴로 돌출된 라인을 간편하게 자를 수 있습니다.

커터 툴 사용 전

커터 툴 사용 후

커터 툴로 자른 라인 (검정색)

퍼스펙티브(Perspective) 툴 사용하기

📁 **실습 파일** : perspective.sbpz

스토리보드 작업 중 퍼스펙티브(Perspective) 툴도 정말 자주 사용하는 툴 중 하나입니다. 이 툴은 그림을 변형시킬 때 사용합니다. 복잡한 그림의 패스가 변경되었을 때, 다시 그릴 필요 없이 퍼스펙티브(△) 툴로 변형시키면 아주 편리합니다. 또한 캐릭터의 그림자를 만들 때 사용하면 편리합니다.

1. 퍼스펙티브 툴로 변형하기

원본 그림은 아래와 같습니다.

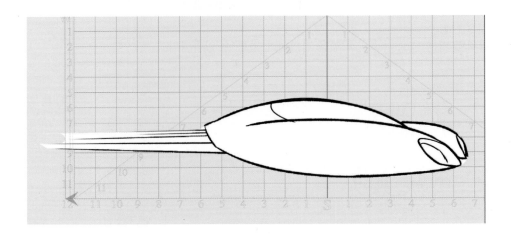

01 도구 툴바에서 퍼스펙티브(Perspective, △) 툴을 선택합니다.

02 스테이지 뷰 또는 카메라 뷰에서 변형하고 싶은 그림을 선택합니다. 파란색 외곽선이 나타납니다.

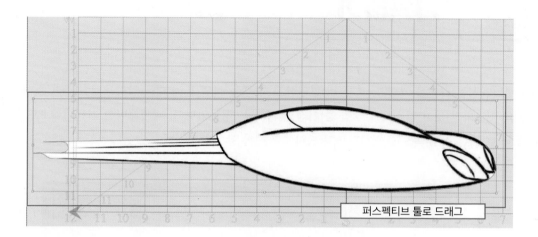

퍼스펙티브 툴로 드래그

03 파란색 외곽선 포인트를 클릭&드래그로 잡아당기면 그림이 변형됩니다.

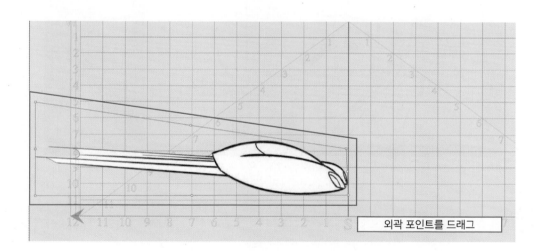

외곽 포인트를 드래그

Scene 05

작업을 편리하게 해 주는 툴 사용하기

이번 챕터에서는 그림을 그릴 때 조금 더 편리하게 해 주는 작업 툴에 대해 알아보겠습니다. 스테이지 뷰의 줌, 팬, 회전 등 아티스트가 작업 중 가장 많이 하는 행동입니다. 네비게이션 기능이라고도 하지요. 조금 더 빠른 작업 속도를 원한다면 반드시 숙지해야 할 기능입니다.

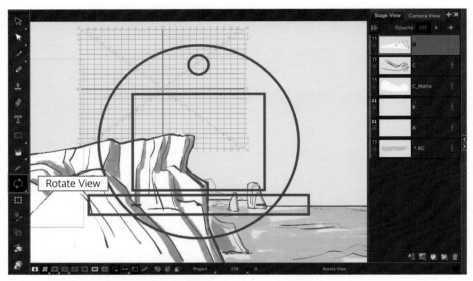

로테이트 뷰 - Ctrl+Alt(Windows) 또는 ⌘+Alt(MacOS)

 Panel 1 ▶ ## 스테이지 뷰(Stage View) 팬(Pan)

📁 실습 파일 : sequence2_7.sbpz

스테이지 뷰 팬은 상하좌우로 화면을 움직이는 것입니다. 마찬가지 카메라 뷰에서도 똑같은 용어를 사용합니다.

1. 스테이지 뷰 이동(Pan)

01 다음 중 하나를 실행합니다.

① 도구 툴바에서 핸드(Hand, ✋) 툴을 클릭합니다. 마우스 커서가 손 모양으로 바뀝니다.

② 메인 메뉴 → Tools → Hand를 선택합니다. 또는 키보드의 스페이스바를 누릅니다.

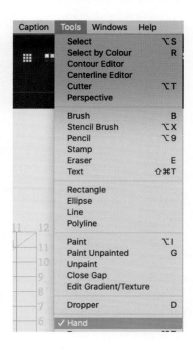

02 스테이지 뷰 또는 카메라 뷰에서 마우스를 상하좌우로 움직입니다. 가장 좋은 선택은 스페이스 바를 누른 상태에서 마우스를 움직이는 것입니다.

2. 원래 위치로 되돌리고 싶을 때

01 다음 중 하나를 실행합니다.

① 메인 메뉴 View → Reset Pan을 선택합니다.

② 단축키 [Shift] + [N] 을 누릅니다(단축키 사용 추천).

 스테이지 뷰(Stage View) 확대 축소

1. 스테이지 뷰 줌 인 & 아웃(Zoom In & Out)

스토리보드 프로에서 뷰의 확대 축소는 정말 많이 하는 동작입니다. 그림을 그릴 때 반드시 수반되는 동작이므로 빠른 작업을 위해서는 단축키 사용이 필수입니다.

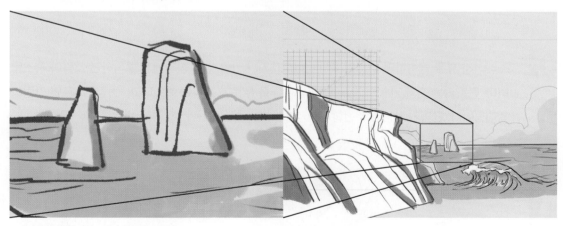

스테이지 뷰 확대(좌) / 스테이지 뷰 축소(우)

01 다음 중 하나를 실행합니다.

① 도구 툴바에서 줌(Zoom, 🔍)툴을 클릭합니다.

② 메인 메뉴 → Tools → Zoom을 선택합니다.

02 스테이지 뷰를 클릭하면 그림이 확대됩니다. [Alt] 키를 누른 상태에서 클릭하면 그림이 축소됩니다. 단축키는 숫자 키 [1] , [2] 입니다. [1] 을 누르면 그림이 축소되고, [2] 를 누르면 그림이 확대됩니다. 단축키 사용을 추천합니다.

2. 원래 위치로 되돌리고 싶을 때

01 다음 중 하나를 실행합니다.

① 메인 메뉴 View → Reset Zoom을 선택합니다.

② 단축키 Shift + Z 을 누릅니다. 이 단축키는 단순히 줌만 리셋시킵니다.

③ 단축키 Shift + M 을 누릅니다. 이 단축키는 스테이지 뷰 사이즈에 맞춰서 리셋시킵니다. 이 방법을 추천합니다.

스테이지 뷰(Stage View) 회전

실제 애니메이션 데스크를 사용할 때처럼 스테이지 뷰를 회전하면 필드 프레임과 탭바가 표시됩니다.

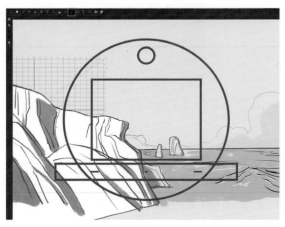 

스토리보드 프로 로테이트 뷰(좌) / 현장에서 사용 중인 애니이션 탭바(우)

01 다음 중 하나를 실행합니다.

① 도구 툴바에서 로테이트 뷰(Rotate View,) 툴을 클릭합니다.

② 메인 메뉴 → Tools → Rotate View를 선택합니다.

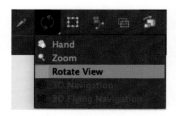

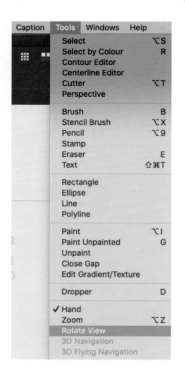

③ 단축키 Ctrl + Alt (Windows) 또는 ⌘ + Alt (macOS)를 누른 상태로 유지합니다.

02 스테이지 뷰 또는 카메라 뷰에서 마우스를 움직입니다.

2. 원래 위치로 되돌리고 싶을 때

01 다음 중 하나를 실행합니다.

① 메인 메뉴 → View → Reset Rotation을 선택합니다.

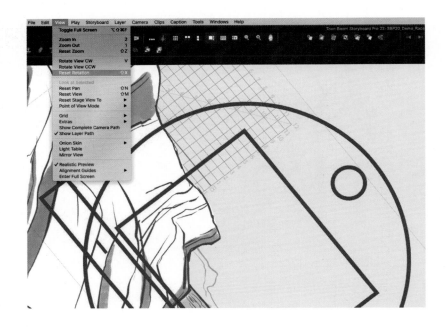

② 단축키 [Shift] + [X] 를 누릅니다. 단순히 회전만 리셋시킵니다.

③ 단축키 [Shift] + [M] 을 누릅니다. 스테이지 뷰 사이즈에 맞춰서 리셋시킵니다. 이 방법을 추천합니다.

그리드 표시

그리드는 씬 내 오브젝트나 캐릭터를 배치하거나 그릴 때 편리한 도구입니다. 그리드는 모든 씬의 균형 잡힌 컴포지션을 만드는 데도 도움이 됩니다. 애니메이션 작업에서는 보통 12필드 그리드를 사용하고 극장용 장편 애니메이션 작업에는 16필드 그리드를 사용합니다.

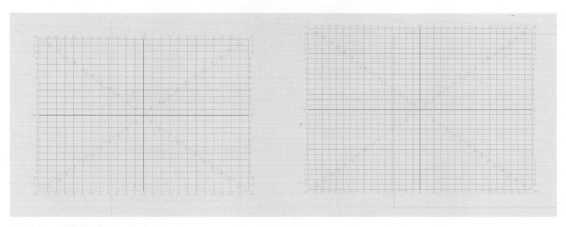

12필드 그리드(좌) / 16필드 그리드(우)

01 다음 중 하나를 실행합니다.

① 스테이지 뷰 또는 카메라 뷰의 하단에 있는 필드 그리드(Field Grid, ⑫) 아이콘을 클릭합니다.

② 메인 메뉴 → View → Grid → Show Grid를 선택합니다.

③ 단축키 Ctrl + G (Windows) 또는 ⌘ + G (macOS)를 누릅니다.

그리드 표시 off(좌) / 그리드 표시 on(우)

라이트 테이블

라이트 테이블은 애니메이션 데스크에 붙어 있는 라이트 테이블과 똑같은 역할을 합니다. 동화지를 중첩해서 라이트를 켜면 아래 동화지의 그림이 불빛에 비쳐 보이므로 그림을 그리는 데 없어서는 안 될 기능입니다.

애니메이션 책상

스토리보드 프로에서도 마찬가지 같은 기능을 가지고 있습니다. 모든 레이어를 투명하게 표시해서 참고하며 그리기 쉽습니다. 예를 들어 배경을 트레이스할 때 사용하면 편리합니다.

라이트 테이블

01 다음 중 하나를 실행합니다.

① 메인 메뉴 → View → Light Table을 선택합니다.

② 레이어 툴바에서 Auto Light Table(💡) 아이콘을 클릭합니다.

02 아래 레이어가 투명하게 표시됩니다.

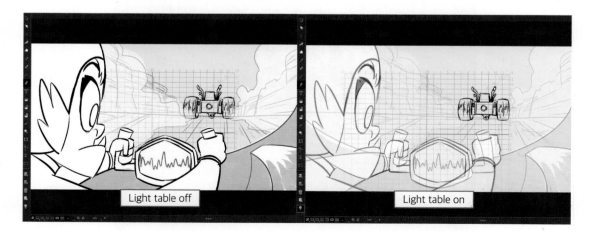

Light table off

Light table on

어니언 스킨 (Onion Skin)

어니언 스킨(Onion Skin,🟤)을 사용하면 이전 패널(빨간색) 또는 다음 패널(녹색)이 현재 패널에 반투명 오버레이로 표시되어 캐릭터의 다음 동작을 그리는 데 가이드라인이 되므로 작업을 편리하게 할 수 있습니다. 어니언 스킨의 최대 패널 표시는 프리퍼런스 설정에서 바꿀 수 있습니다.

녹색이 다음 그림이고 붉은색이 이전 그림을 표시합니다.

1. 어니언 스킨 사용하기

01 다음 중 하나를 실행합니다.

① Onion Skin 툴바에서 어니언 스킨(Onion Skin,🟤) 아이콘을 클릭합니다.

② 메인 메뉴 → View → Onion Skin → Show Onion Skin을 선택합니다.

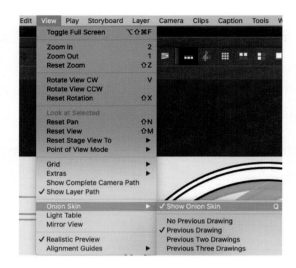

③ 단축키 [Alt] + [O] (Windows) 또는 [⌘] + [Alt] + [O] (macOS)를 누릅니다.

02 기본적으로 앞 패널은 빨간색으로 표시되고 뒤 패널은 녹색으로 표시됩니다. 현재 패널은 검은 색으로 표시됩니다.

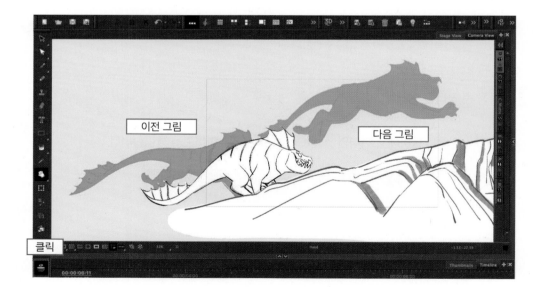

2. 어니언 스킨 패널 표시 수 설정하기

기본적인 어니언 스킨 패널 표시는 앞뒤로 한 패널입니다. 표시하는 패널을 늘리고 싶다면 다음처럼 따라하세요.

01 Onion Skin 툴바에서 Show Previous(⬭) 또는 Show Next(⬭) 아이콘을 클릭하고 표시할 패널 수를 선택합니다.

02 Next Panel (좌)과 Next 3 Panels(우)를 선택했을 때의 차이는 아래 그림과 같습니다.

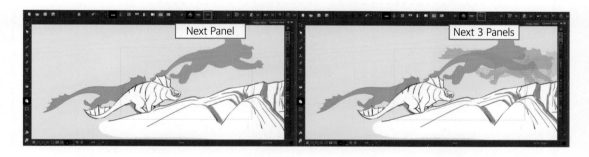

• • • 쉽고 빠르게 그리는 스토리보드

sequence
3

프로젝트
만들기

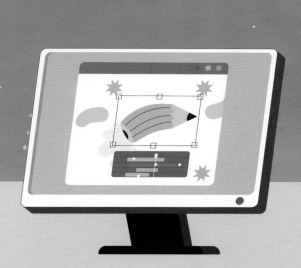

▸ 이 챕터에서는 스토리보드 프로젝트를 만드는 과정을 설명합니다. 스토리보드 프로의 시작은 프로젝트 만들기부터 출발합니다. 배우에게 무대가 있어야 연기를 할 수 있듯이 스토리보드 프로에서 무대를 만드는 작업은 프로젝트를 생성하는 것입니다.

스토리보드 프로의 모든 작업은 프로젝트 파일에서 관리합니다. 프로젝트 폴더를 생성하면 그림, 오디오 등등 작업에 필요한 모든 정보가 한 곳에서 생성되고 관리되는 구조로, 다른 사람에게 전달할 때도 아주 편리합니다. 특히 애니메이션 업계는 여러 국가 사이에 작업이 이루어지는 경우가 많습니다. 따라서 여러 사람들이 작업을 공유하는 구조이기 때문에 파일 관리는 무엇보다 중요합니다. 스토리보드 프로로 만든 프로젝트는 하나의 폴더에 작품에 관련한 모든 정보가 들어 있어 아티스트가 편리하게 작업하는 데 많은 도움이 됩니다. 이것이 스토리보드 프로의 장점이기도 합니다.

▸ 📁 elements		2018/01/30
▸ 📁 environments		2018/01/09
▸ 📁 frames		2018/01/09
▸ 📁 jobs		2018/01/09
▸ 📁 logs		2022/07/08
NEW_SB_01.aux		2018/02/08
NEW_SB_01.aux~		2018/02/07
S NEW_SB_01.sboard		2018/02/08
NEW_SB_01.sboard.thumbnails		2018/02/08
NEW_SB_01.sboard~		2018/02/07
PALETTE_LIST		2018/01/12
PALETTE_LIST~		2018/01/09
▸ 📁 palette-library		2018/01/12
scene.elementTable		2018/02/08
scene.versionTable		2018/02/08

Scene 01 — About 프로젝트

스토리보드 프로는 모든 프로젝트를 하나의 폴더에서 관리합니다. 작업을 시작하기 위해서는 제일 먼저 프로젝트 파일을 만들어야 합니다. 프로젝트는 시작화면, 파일 메뉴, Final Draft Script 또는 Toon Boom Harmony 프로젝트 파일에서 만들 수 있습니다. 이 장에서는 기본적으로 가장 많이 사용하는 시작화면과 파일 메뉴에서 프로젝트를 만드는 법을 알아보겠습니다.

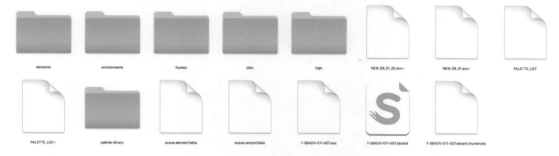

스토리보드 프로 프로젝트 폴더

 시작화면(Welcome Screen)에서 생성

일반적인 프로그램들이 이런 방식으로 첫 시작을 하듯이 스토리보드 프로도 똑같습니다. 스토리보드 프로를 인스톨하면 바탕화면에 프로그램 실행 아이콘이 생성됩니다.

• Windows PC

다음 중 하나를 실행합니다.

① 바탕화면에서 Storyboard Pro 22아이콘(⬛S)을 더블클릭합니다.

② 시작 버튼을 클릭한 후 프로그램 목록에서 Storyboard Pro 22 → Storyboard Pro 22를 선택합니다. 사용자의 환경에 따라서 다르게 보일 수도 있습니다.

쉽고 빠르게 그리는 스토리보드 with 스토리보드 프로

• macOS

다음 중 하나를 실행합니다.

① 독에서 파인더( )아이콘을 클릭해 해당 프로그램이 인스톨된 폴더로 들어갑니다.

② Applications → Toon Boom Storyboard Pro 22 폴더 → Storyboard Pro 22 아이콘을 더블클릭합니다.

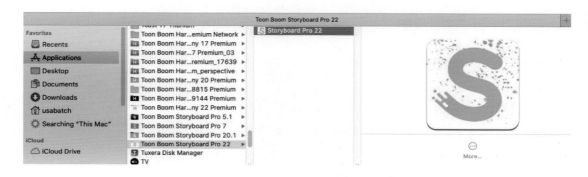

1. 새 프로젝트 만들기

▶ **Project Name** : 프로젝트 이름을 입력합니다. 이 이름은 프로젝트 폴더 및 메인 프로젝트의 파일을 네이밍하기 위해 사용됩니다. Project Name과 Project Title의 차이는 다음과 같습니다.

Project Name은 프로젝트 폴더와 .sboard 또는 .sbpz(스토리보드 프로젝트 파일 확장자) 파일에 이름을 지정하는 반면, Project Title은 PDF 파일로 익스포트했을 때 작품의 제목으로 표시됩니다.

* 프로젝트 파일명

* 스토리보드 PDF 파일의 제목

▶ **Project Directory** : 필드 옆에 있는 Browse 버튼을 클릭하여 프로젝트를 저장할 위치를 설정합니다.

▶ **Project Title** : 프로젝트 제목을 입력합니다. 제목을 입력하지 않으면 기본적으로 이 필드는 Project Name 필드에서 입력한 이름을 따라갑니다.

▶ **Project Subtitle** : 프로젝트에 서브 타이틀이 필요한 경우 입력합니다. 입력하지 않아도 프로젝트는 생성됩니다.

‣ **Colour Space** : 드롭다운 메뉴에서 사용할 색 공간을 선택하거나 특별한 프로젝트가 아닌 이상 기본 sRGB를 사용합니다.

‣ **Camera Size** : 드롭다운 메뉴에서 프로젝트에 사용할 해상도를 선택합니다. Full HD 애니메이션 작업을 한다면 HDTV_1080p24를 선택합니다. 만약 유저가 원하는 해상도가 없을 경우 커스텀 카메라를 만들 수 있습니다.

스토리보드 프로가 이미 열려 있다면 파일(File) 메뉴에서 새 프로젝트를 생성할 수 있습니다.

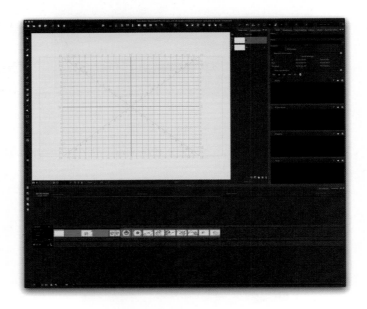

01 다음 중 하나를 실행합니다.

① File 메뉴 → New를 선택합니다.

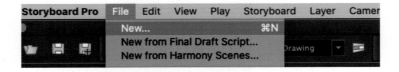

② 파일(File) 툴바에서 New(▫) 아이콘을 클릭합니다.

③ 단축키 [Ctrl] + [N] (Windows) 또는 [⌘] + [N] (macOS) 키를 누릅니다.

커스텀 해상도 조절

Welcome Screen 화면 또는 New Project(신규 프로젝트) 창에서 커스텀 해상도를 설정할 수 있습니다. 유저가 만든 커스텀 해상도는 삭제할 수 있습니다. 단, Storyboard Pro에서 기본으로 제공하는 해상도는 삭제할 수 없습니다.

Welcome Screen 화면 또는 New Project창에서 Camera Size 옆의 + 버튼을 클릭하여 새로운 해상도를 추가합니다.

가로 세로 사이즈를 변경할 때마다 Aspect Ratio는 자동으로 바뀝니다(만약 바뀌지 않으면 옆에 Preset 리스트를 누릅니다). 영화에서 사용하는 아나몰픽 2.35:1 사이즈가 필요하면 가로(Width) 또는 세로 사이즈(Height)를 조정해서 Aspect Ratio 값이 2.35가 나올 때까지 수치를 입력합니다. Frame Rate는 각 프로젝트에 합당한 값을 선택합니다. 보통 애니메이션이나 영화에서는 24를 사용합니다.

프로젝트 파일 열기

📁 실습 파일 : sequence3_1.sbpz

이전에 진행했던 스토리보드 작업을 재진행하려면 기존 작업 파일을 오픈해서 시작합니다. 스토리보드 작업 파일(프로젝트 파일)은 유저가 생성한 프로젝트 폴더 안에 생성되며 '.sboard' 또는 '.sbpz'확장자를 가진 파일입니다.

Storyboard Pro를 시작할 때 시작화면(Welcome Screen)에서 작업한 프로젝트를 열 수 있습니다. 프로젝트가 이미 열려 있는 경우 파일(File) 메뉴에서 다른 프로젝트를 오픈할 수 있습니다.

1. 시작화면(Welcome Screen)에서 오픈하기

01 스토리보드 프로 프로그램을 실행합니다.

02 Welcome Screen 창이 뜨면 닫습니다. 왼쪽 하단 Show this at startup의 체크를 해제하면 다음 실행부터는 이 창이 뜨지 않습니다.

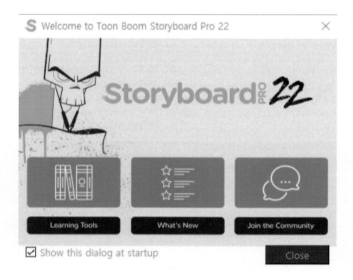

03 최근에 오픈한 프로젝트가 있다면 Recent Projects에 표시됩니다. 그렇지 않을 경우 Open Projects를 클릭해 작업 파일을 오픈합니다.

▶ TIP! **스토리보드 프로의 버전 관리 노하우**

스토리보드 프로의 장점 중 하나가 하나의 폴더에서 프로젝트를 관리한다는 것입니다. 스토리보드 프로로 작업할 때는 프로젝트 파일을 복수 버전으로 저장할 수 있습니다. 예를 들어 take1, take2, take3를 별도의 버전으로 저장한다면(.sboard) 만일의 사태에서 예전 버전으로 되돌리기 쉽습니다.

2. 파일(File) 메뉴에서 오픈하기

01 다음 중 하나를 실행합니다.

① 메인 메뉴 → File → Open을 선택합니다.

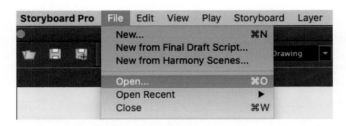

② 파일 툴바에서 Open (📁) 아이콘을 선택합니다.

③ 키보드에서 [Ctrl] + [O] (Windows) 또는 [⌘] + [O] (macOS)를 누릅니다.

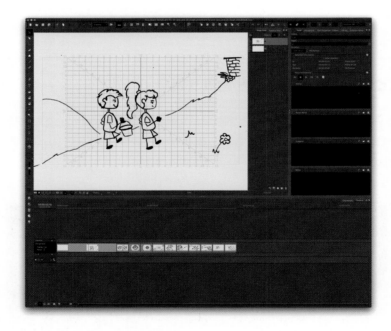

프로젝트 설정 변경(Project Properties)

스토리보드 프로는 처음에 새 프로젝트를 만들 때 이름과 해상도를 결정하고 만듭니다. 그러나 나중에 라도 이러한 초기 설정을 변경할 수 있습니다.

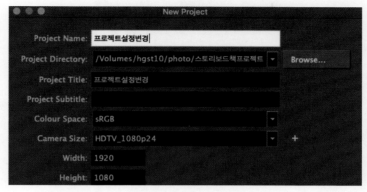

New Project 팝업 창

01 메인 메뉴에서 Storyboard → Properties를 선택합니다.

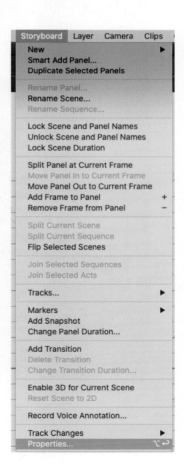

02 프로젝트 세팅 및 해상도를 변경합니다.

프로젝트 이름

필드차트

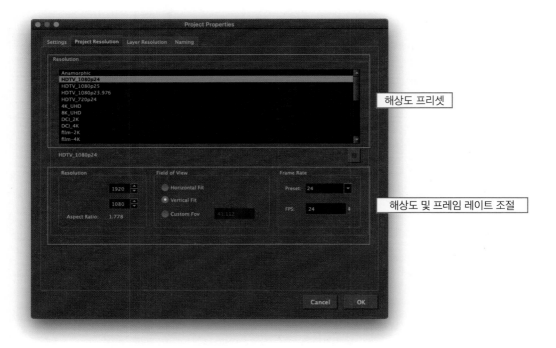

해상도 프리셋

해상도 및 프레임 레이트 조절

쉽고 빠르게 그리는 스토리보드 with 스토리보드 프로

씬(Scene)에 대해서

Scene 02

스토리보드 프로에서 씬(Scene)이란 같은 시간 같은 장소에서 벌어지는 컷(Cut) 또는 패널(Panel)의 집합체입니다. 영화에서는 Shot이라고 부르기도 합니다. 실제 촬영 제작 현장에서는 방에서 거실로, 거실에서 밖으로, 밖에서 거리로 등 장소가 바뀌면 씬의 변경이 생깁니다.

애니메이션의 경우 채색한 배경이 변하거나 카메라 앵글이 변할 때마다(클로즈업 또는 와이드 앵글, 부감 촬영) 캐릭터는 같은 장소에 있다 하더라도 씬이 변경됩니다.

예를 들어 두 캐릭터가 숲속에서 마주보고 이야기하고 있는 장면을 봅시다. 각 캐릭터의 뒤에 나무가 있습니다.

📁 실습 파일 : T-SBANIM-001-006.sbpz

 Panel 1

씬 만들기

📁 **실습 파일 : T-SBANIM-001-006.sbpz**

스토리보드 프로에서 씬(컷)은 여러 개의 패널이 그룹화된 것입니다. 새 씬을 만들면 일반적으로 선택한 씬 뒤에 추가되지만 새 씬을 그 앞으로 오게 할 수도 있습니다. 아래 그림을 보면 하나의 씬에 다섯 개의 패널이 들어 있습니다.

하나의 씬에는 여러 개의 패널이 존재합니다. 작업자에 따라서 씬 하나에 1개의 패널만 있는 경우도 있지만, 보통은 여러 개의 패널이 이어져서 한 개의 씬이 만들어지는 구조입니다. 작업하다가 보면 패널이나 씬의 순서를 바꾸거나 중간에 새로운 씬을 끼워넣어야 하는 경우도 있습니다.

1. 씬 만들기

01 메인 메뉴 → Storyboard → New → New Scene을 선택합니다.

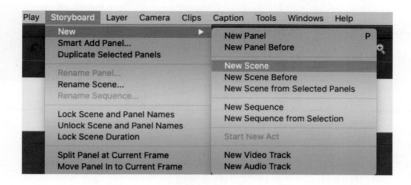

2. 새 씬을 선택한 씬 앞에 만들기

01 메인 메뉴 → Storyboard → New → New Scene Before를 선택합니다.

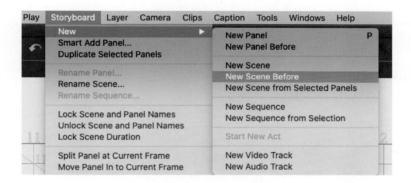

02 지금은 선택한 12번 씬 앞에 새 씬을 만들기 때문에 Rename Scene 창에서 다음과 같이 합니다.
Renaming Rule for Subsequent Scene에서 Renumber Scenes을 선택합니다.

03 씬 12는 11과 13 사이에 생성됩니다.

 Panel 2 씬에 이미지 가져오기 & 자동 임포트

📁 **실습 파일 : sequence-3_2_Files_and_Library.zip**

작업 중 비트맵 이미지가 필요할 때, 패널 내의 레이어로 임포트(import)할 수 있습니다. 보통 배경 이미지를 아래 레이어에 깔고 참고로 사용할 때 유용합니다.

스토리보드 프로에서 지원하는 이미지 포맷은 다음과 같습니다.

- Portable Network Graphics(.png)
- Photoshop(.psd, .psb)
- Truevision Targa Image(.tga)
- TIFF(.tif)
- Bitmap(.bmp)
- Jpeg(.jpg, .jpe, .jpeg)
- Sillicon Graphics Image(.sgi)
- Toon Boom Vector Graphic(.tvg)
- Toon Boom Scan(.scan)
- Toon Boom Optimized Bitmap(.opt)
- Y'UV(.yuv)
- PAL(.pal)

1. 이미지 가져오기

01 메인 메뉴 → File → Import → Image as Layers를 선택합니다.

02 가져올 파일을 선택합니다. 예제에서는 05_SBP20_MultiplaneBG.psd 파일을 선택합니다
(sequence-3_2_Files_and_Library.zip 파일 BG and PSD 폴더 참조).

03 Import Images 화면에서 As Bitmap Layer 항목을 선택합니다.

임포트 옵션
비트맵 레이어
컬러 벡터
그레이 벡터
블랙&화이트 벡터

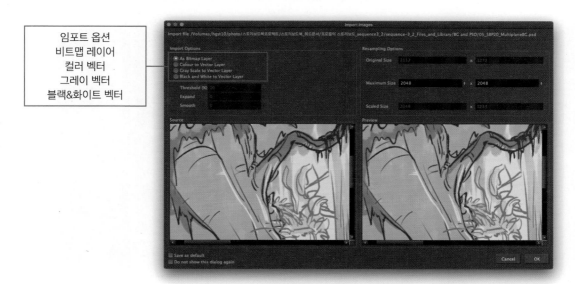

04 포토샵의 PSD파일을 가져올 경우 다음과 같은 창이 나타납니다. 이 창에서는 포토샵의 레이어를 각자 레이어로 가져올지, 하나의 레이어로 합쳐서 가져올지 선택할 수 있습니다.

05 만약 Yes를 선택하고 Apply to all Images 옵션을 선택하면 아래 그림과 같이 각각의 레이어로 임포트됩니다.

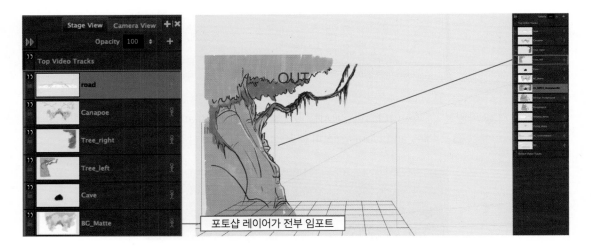

포토샵 레이어가 전부 임포트

06 만약 No를 선택하면 아래 그림과 같이 한 개의 레이어에 전부 임포트됩니다.

씬 삭제

📁 실습 파일 : create_scene2.sbpz

불필요한 씬이 있을 경우, 그것들을 간단히 삭제할 수 있습니다. 단, 씬이 하나만 남아 있을 때는 삭제할 수 없습니다. 스토리보드 프로의 프로젝트에는 최소한 하나의 씬은 있어야 합니다.

1. 씬 삭제하기 – 섬네일 뷰

01 섬네일 뷰에서 삭제할 씬을 선택 후 마우스 우클릭하고 Delete Panels을 선택합니다.

삭제할 씬 선택 후
우클릭

Panel 4 씬 이름 변경하기

📁 실습 파일 : 앞에서 연 파일을 계속 사용

씬이나 패널을 이동할 때는 Rename Scene(씬 이름 변경) 다이얼로그 박스가 자동으로 열려, 이름을 변경하라는 팝업 창이 나타납니다.

작업 중 씬이나 패널을 삭제하면 씬 넘버 또는 패널 이름의 연속성이 틀어지는 경우가 있습니다. 이럴 때 씬 또는 패널의 이름을 변경해 연속성을 유지합니다.

1. Rename Scene(씬 이름 변경)으로 이름을 변경하는 방법

01 이름을 변경할 씬을 선택하고 메인 메뉴 → Storyboard → Rename Scene을 선택합니다.

02 Rename Scene 팝업창이 나타나면 New name 에 새로운 이름(책에서는 1_A)를 입력합니다.

03 씬 1이 씬 1_A로 변경됐습니다.

2. 패널 뷰에서 이름을 변경하는 방법

01 패널 뷰의 Scene 항목에서 변경할 이름(책에서는 1_A)를 입력합니다.

Panel 5 **씬 이름 잠그기**

실수로 씬이나 패널 이름을 변경하지 않도록 잠글 수 있습니다. 작업을 하다 보면 자신도 모르게 씬의 이름이 변경되기도 합니다. 이것을 인지하지 못하고 작업을 이어 나가면 나중에 곤란해지는 경우가 발생합니다.

1. 씬이나 패널 이름 잠그기

메인 메뉴 → Storyboard 메뉴 Lock Scene and Panel Names을 선택합니다.

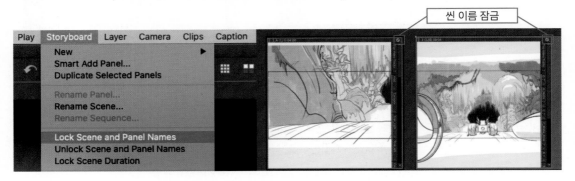

2. 씬이나 패널 이름 잠금 풀기

메인 메뉴 → Storyboard → Unlock Scene and Panel Names를 선택합니다.

Panel 6 씬 분할

📁 **실습 파일 : 앞에서 연 파일을 계속 이용**

현장 애니메이션 작업 중에는 'Creative Retake'라고 하여 씬의 길이가 변경되어 필요 없는 부분을 삭제하는 일이 발생합니다. 이때, 하나의 씬을 2개 또는 3개로 분할할 수 있습니다. 분할한 씬은 기본적으로 선택한 패널의 앞에 생성됩니다. 아래의 씬은 총 8개의 패널로 이루어진 씬입니다.

1. 선택한 씬 분할하기

01 섬네일 뷰(Thumbnails View)에서 분할할 씬을 선택합니다. 최소한 2개 이상의 패널을 포함하고 있어야 합니다. 아래 그림에서는 씬 2의 4번째 패널을 선택했습니다.

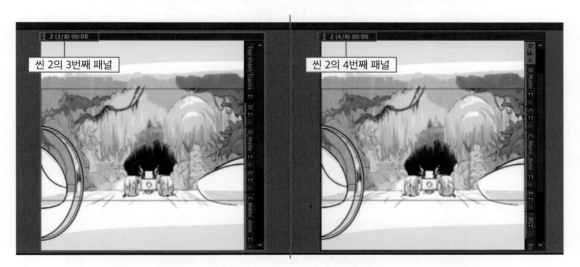

씬 2의 3번째 패널 / 씬 2의 4번째 패널

02 메인 메뉴 → Storyboard → Split Current Scene을 선택합니다.

03 씬 2가 분할되며 새로운 씬 2_A가 생성됩니다.

2. 선택한 씬 아무 데서나 분할하기

01 Preferences 메뉴로 들어갑니다. General 탭의 Scenes 항목에서 Break Scene when performing "Split Current Scene" command 옵션을 선택합니다.
Preferences 창의 단축키는 ⌘ + , (Mac OSX), Ctrl + U (Window)입니다.

쉽고 빠르게 그리는 스토리보드 with 스토리보드 프로

02 섬네일 뷰(Thumbnails View)에서 분할할 씬을 선택합니다. 최소한 2개 이상의 패널을 포함하고 있어야 합니다.

03 메인 메뉴 → Storyboard → Split Current Scene을 선택합니다.

04 씬 2가 분할되며 새로운 씬 2_A가 생성됩니다.

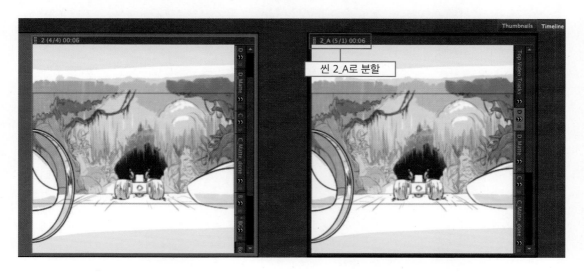

Scene 03
패널(Panel)에 대해서

📁 실습 파일 : sequence3_3a.sbpz, sequence3_3b.sbpz

이 챕터에서는 패널이 무엇인지 배웁니다. **패널은 애니메이션에서 하나의 동작이 마무리되는 최소 단위 용어입니다.** 패널은 애니메이션 제작 과정에서 아주 중요한 요소 중 하나입니다. 스토리보드는 패널의 집합체라고 해도 과언이 아닙니다. 스토리보드 프로에서는 여러 개의 패널이 모여 하나의 씬이 됩니다. 각각의 패널에는 키 그림(원화)에 해당하는 그림이 담겨 있습니다.

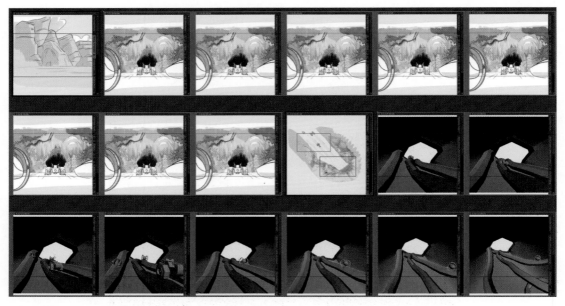

각 씬은 패널로 구성되어 있습니다.

캐릭터의 동작 변화가 일어나면 패널을 추가해 나갑니다. 다시 말해 패널은 하나의 액션입니다. 한 씬에 서로 다른 액션이 필요할 때마다 패널을 추가하면서 작업을 진행합니다. 현재 선택된 패널은 섬네일 뷰에서 빨간색 사각형으로 표시됩니다.

동작의 변화가 생기면 패널을 추가합니다. (실습 파일 : sequence3_3c.sbpz)

 Panel 1 **패널 만들기**

 **실습 파일 : sequence-3_3_p1.sbpz**

신규 패널은 현재 패널 앞뒤에 추가할 수 있습니다. 특히 스토리보드 프로가 자랑하는 스마트 애드 패널(🖼)은 정말 편리합니다. 이 기능은 다른 패널의 엘리먼트(레이어)를 새로운 패널에 포함해 만드는 기능입니다. 예를 들어 똑같은 배경을 사용하는 새로운 패널이 필요할 때 아주 유용합니다.

같은 배경을 사용하는 패널을 만들 때는 Smart Add Panel

1. 씬에 패널을 추가하기   📁 실습 파일 : sequence-3_3_p1_1.sbpz

01   섬네일 뷰(Thumbnails View)에서 신규 패널을 추가할 패널을 선택합니다.

선택한 패널은 빨간색 사각형으로 표시됩니다(위 패널 중 가운데).

02   다음 중 하나를 실행합니다.

① Storyboard 툴바에서 New Panel(🗂) 아이콘을 클릭합니다.

② 메인 메뉴 → Storyboard → New → New Panel을 선택합니다.

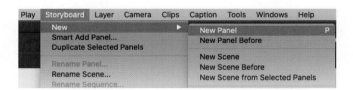

③ 단축키 P 를 누릅니다. 빠른 작업을 위해서는 단축키 사용이 편리합니다.

2. 선택한 패널의 앞에 새 패널 추가하기

01 섬네일 뷰(Thumbnails View)에서 신규 패널을 추가할 패널을 선택합니다.

선택한 패널

02 메인 메뉴 → Storyboard → New → New Panel Before를 선택합니다.

03 선택한 패널 앞에 신규 패널이 추가됩니다.

추가한 패널

선택한 패널

3. 스마트 애드 패널() 추가하기   📁 실습 파일 : sequence-3_3_p1_2.sbpz

새 패널을 추가할 때 앞의 패널과 같은 배경을 넣고 싶은 경우에는 이 기능을 이용합니다.

같은 배경이 필요할 때

01 섬네일 뷰(Thumbnails View)에서 새로운 패널에 복제하고자 하는 엘리먼트가 포함된 패널을 선
택합니다.

패널 선택

02 다음 중 하나를 실행합니다.

① 메인 메뉴 → Storyboard → Smart Add Panel을
선택합니다.

② Storyboard 툴바에서 Smart Add Panel() 아이콘을 클릭합니다.

03 Smart Add Panel 팝업창이 열립니다. 새로운 패널에 복사하고자 하는 엘리먼트가 있는 레이어를 선택합니다(여기서는 BG, D, E 레이어를 선택합니다). Add Default Layer if Missing(기본 레이어가 없는 경우 추가함) 옵션을 선택합니다. 스토리보드에서 기본으로 제공하는 레이어를 생성합니다.

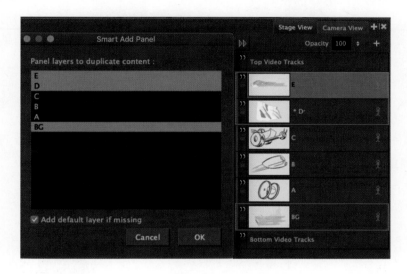

04 선택한 패널 옆에 새로운 패널이 생성됩니다. 모든 레이어가 새로운 패널에 복사됩니다.

05 아래와 같이 필요한 요소만 추가한 새 패널이 생성됩니다.

 패널 삭제

불필요한 패널은 삭제할 수 있습니다. 하지만 스토리보드 프로는 최소한 하나의 패널을 가지고 있어야 합니다. 프로젝트에 패널이 1개만 있다면 지울 수 없다는 뜻입니다.

1. 패널 삭제하기

01 섬네일 뷰(Thumbnails View)에서 삭제할 패널을 선택합니다.

02 다음 중 하나를 실행합니다.

① Storyboard 툴바에서 Delete Panels ()아이콘을 클릭합니다.

② 오른쪽 마우스 클릭 후 Delete Panels를 선택합니다.

③ 삭제할 패널을 선택한 상태에서 단축키 Delete (Windows)나 Backspace (MacOS)를 누릅니다.

03 선택한 패널이 스토리보드에서 삭제됩니다.

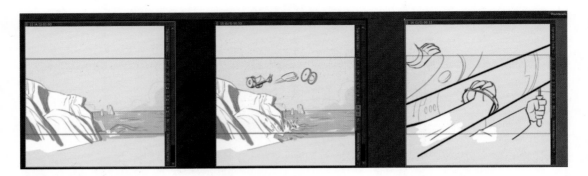

 Panel 3 패널 이름 변경

스토리보드 프로에서는 자동으로 패널의 이름이 숫자로 부여됩니다. 이런 형태의 이름이 마음에 들지 않는다면 패널 뷰(Panel View)를 사용하여 패널 이름을 한 번에 하나씩 변경하거나 Rename Panel 옵션을 사용하여 여러 패널의 이름을 변경할 수 있습니다. 단, 패널 이름을 변경하기 전에는 Preferences(환경설정) 설정을 살짝 변경해야 합니다.

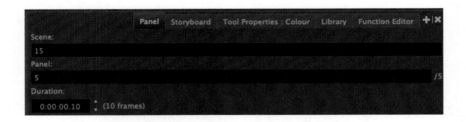

1. 프리퍼런스(Preferences) 설정 변경하기

01 Edit 메뉴 → Preferences(Windows) 또는 메인 메뉴 Storyboard Pro → Preferences(macOS)를 선택합니다. 단축키 ⌘ + , (Mac OX) 및 Ctrl + U (window)를 눌러도 됩니다.

02 Preferences에서 Naming 탭을 선택합니다. Panel 색션에서 Allow Custom Panel Names 옵션을 선택합니다.

2. 패널 이름 변경하기

01 섬네일 뷰(Thumbnails View)에서 변경할 패널을
선택합니다.

02 패널 뷰(Panel View)에서 Panel 필드에 새로운 이름을 입력하고 Enter 키를 누릅니다.

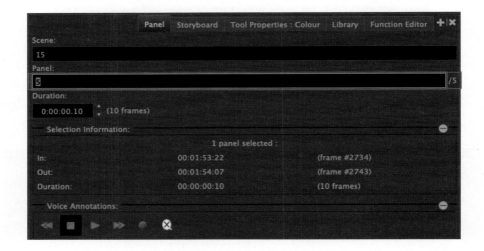

3. 여러 패널 이름을 한 번에 변경하기

📁 실습 파일 : sequence-3_3_p1_3.sbpz

01 섬네일 뷰(Thumbnails View)에서 변경할 패널을 선택합니다.

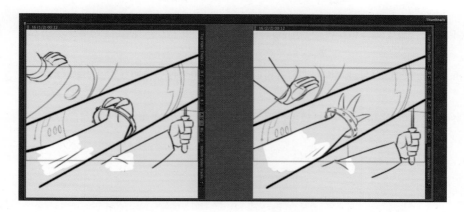

02 메인 메뉴 → Storyboard → Rename Panel을 선택합니다.

03 Rename Panel 팝업창이 나타나면 New name 필드에 새 이름을 입력합니다.

1) Current Panel Only (현재 패널만 해당) : 선택한 패널만 이름을 변경합니다.

2) Renumber Panels (패널 번호 변경) : 현재의 패널과 그 뒤로 이어진 모든 패널의 번호를 변경합니다.

3) Renumber Selected Panels(선택한 패널의 번호 변경) : 선택한 패널들만 번호를 변경합니다.

Renumbered Panel Names 항목에는 변경 전 패널과 변경 후 패널 이름을 표시합니다.

Panel 4 패널 복제

📁 **실습 파일 : sequence-3_3_p1_4.sbpz**

어떤 패널의 똑같은 복사본이 필요할 때는 패널 복제를 이용합니다. 예를 들어서 아래 그림을 복제해야 할 때 이용할 수 있습니다.

1. 패널 복제하기

01 섬네일 뷰(Thumbnails View)에서 복제할 패널을 선택합니다(아래에서는 가운데 패널).

02 다음 중 하나를 실행합니다.

① Storyboard 툴바에서 Duplicate Selected Panels (![icon])아이콘을 클릭합니다.

② 메인 메뉴 → Storyboard → Duplicate Selected Panels을 선택합니다.

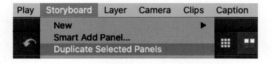

03 씬 19의 6 패널을 복제해서 7 패널이 새로 생성됩니다.

복제한 패널

Panel 5 **패널 이동하기**

__실습 파일 : sequence-3_3_p1_4.sbpz

섬네일 뷰(Thumbnails View) 및 타임라인 뷰(Timeline View)에서는 패널을 이동해서 재정렬하거나 분할 또는 결합할 수 있습니다. 패널을 재정렬하기 위해서는 패널의 좌측 상단 모서리에 있는 ( ) 아이콘을 드래그 앤 드롭하면 됩니다.

패널 하나를 옆으로 드래그하면 빨간 선이 나타나는데, 그때 마우스에서 손을 떼면 패널이 쉽게 이동합니다. 일반적인 비디오 편집 프로그램을 사용해 본 유저라면 적응하는 데 어렵지 않을 것입니다.

TIP! **여러 패널 한 번에 선택하기**

① 섬네일 뷰에서 선택하는 모든 패널을 둘러싸도록 드래그합니다.

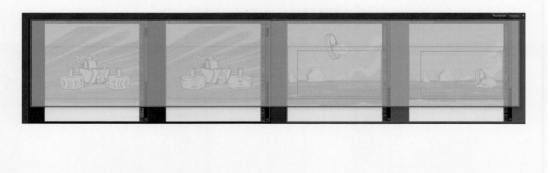

178   쉽고 빠르게 그리는 스토리보드 with 스토리보드 프로

② Shift 키를 누른 상태에서 첫 패널과 마지막 패널을 클릭하면 그 사이에 있는 패널 모두 선택됩니다.

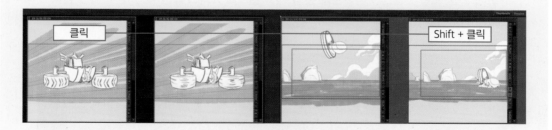

③ Ctrl (윈도우) 또는 ⌘ (macOS)를 누른 상태에서 선택하고 싶은 패널만 추가합니다.

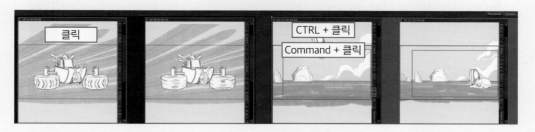

1. 썸네일 뷰에서 패널 이동하기 📁 실습 파일 : sequence-3_3_p1_5.sbpz

01 패널 제일 뒤로 이동하기
모든 패널의 왼쪽 상단부에 작은 사각형 모음(⁞⁞) 아이콘이 있습니다. 이 아이콘을 왼쪽 패널 끝으로 드래그하면 패널 끝에 빨간 선이 나타나고 그때 마우스를 놓습니다.

02 패널 제일 앞으로 이동하기

드래그 앤 드롭 핸들(⋮⋮) 아이콘을 왼쪽 패널 끝으로 드래그하면 패널 끝에 빨간 선이 나타나고 그때 마우스를 놓습니다.

03 패널 이동해 새 씬 만들기

아래 그림처럼 씬 10번과 11번 사이로 패널을 드래그하면 새 씬을 생성할 수 있습니다.

씬 11의 첫 번째 패널을 이동해서 새 씬 11_A가 생성되었습니다.

2. 타임라인 뷰에서 패널 이동하기

타임라인(Timeline) 뷰에서 선택한 패널을 드래그해서 이동하면 녹색 세로줄 또는 녹색 형상이 나타나는데 이때 드롭합니다.

3. 여러 패널을 동시에 이동시키기

여러 패널을 동시에 다른 씬에 포함시킬 수도 있습니다. 2개의 씬 사이에 둥근 녹색 직사각형이 나타나면 드롭합니다.

01 Shift 키를 누르고 패널을 차례대로 클릭합니다.

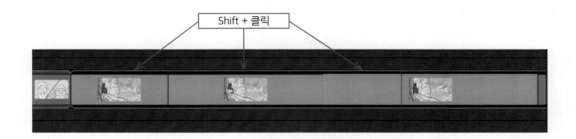

02 선택한 패널을 앞의 씬으로 가져갑니다. 녹색 라인이 나타납니다.

03 오른쪽 3개의 패널이 앞의 씬과 같은 씬으로 변경되었습니다.

쉽고 빠르게 그리는 스토리보드 with 스토리보드 프로

Scene 04 레이어(Layer)에 대해서

📁 실습 파일 : layer.sbpz

영상이나 그래픽을 작업하는 사람들은 포토샵의 레이어에 익숙합니다. 이런 연속성을 유지하기 위해 스토리보드 프로에서도 레이어 작업이 가능합니다.

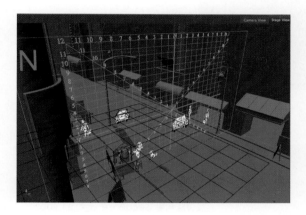 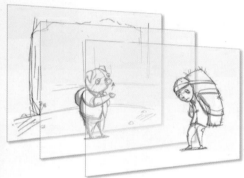

프로젝트의 각 패널에는 자체 레이어 목록이 있으며, 각 레이어의 기능은 포토샵의 레이어와 아주 유사합니다. 이 레이어 기능으로 패널 배경, 캐릭터 및 소품 등 개별 요소를 하나하나 애니메이션화시킬 수 있습니다.

 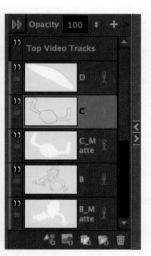

포토샵 레이어(좌) / 스토리보드 프로 레이어(우)

스토리보드 프로에서 새 프로젝트를 만들거나 새로운 씬 및 패널을 프로젝트에 추가하면 기본적으로 레이어(A)와 배경 레이어(BG) 2개의 레이어가 생성됩니다.

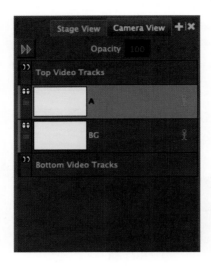

 레이어 리스트 표시

📁 실습 파일 :sequence-3_4_p1.sbpz

스토리보드 프로의 메인 작업 화면은 스테이지 뷰(Stage View) 또는 카메라 뷰(Camera View)입니다. 모든 드로잉 작업은 이곳에서 이루어지기 때문에 레이어 리스트가 가까이 있는 편이 유저에게 여러 이점이 있습니다. 레이어 목록은 바로 이 2개의 뷰 오른쪽에 붙어 있어 일관성 있는 작업을 제공하며 포토샵의 레이어 구조와 많이 닮아 있어 포토샵을 다룰 줄 안다면 낯설지 않을 것입니다.

1. 레이어 뷰에서 레이어 표시

01 뷰 패널에서 ✚ 아이콘을 클릭한 후 Layers를 선택합니다. 또는 Windows 메뉴 → Layers를 선택합니다.

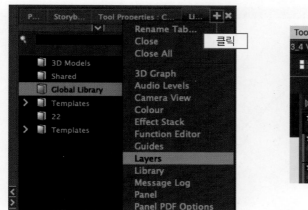

02 뷰 패널에 레이어가 나타납니다.

2. 썸네일 뷰에서 레이어 표시

01 썸네일 뷰(Thumbnails View)를 크게 키우면 각 패널의 오른쪽 끝에 레이어 리스트가 세로로 표시됩니다. 마우스 스크롤로 레이어를 선택할 수 있습니다.

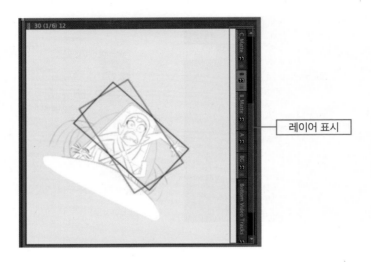

레이어 표시

02 1번 썸네일 뷰에서 선택한 레이어는 스테이지 뷰(Stage View) 또는 카메라 뷰(Camera View)의 레이어 패널에서도 선택된 레이어로 표시됩니다.

03 레이어 패널(Layer Panel)이 표시되어 있는 경우는 좌측 상단 모서리에 있는 Collapse 아이콘을
클릭하면 패널이 접힙니다. Expand 아이콘을 누르면 다시 펼쳐집니다.

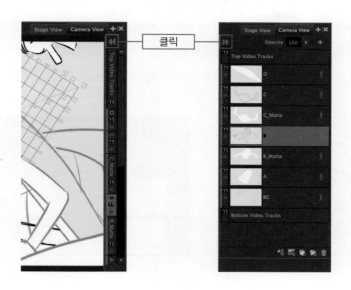

 레이어의 형태

📁 실습 파일 :sequence-3_4_p2.sbpz

스토리보드 프로는 4가지 유형의 레이어를 지원합니다. 벡터 레이어, 비트맵 레이어, 3D 레이어 및 그
룹입니다. 스토리보드 드로잉 작업은 주로 벡터 레이어에서 이루어집니다.

1. 벡터 레이어(Vector Layers)

벡터 형태로 그린 그림은 점과 커브로 구성됩니다. 따라서 포인트를 잡아당기거나 커브를 변형해 쉽게
도형이나 그림을 변경할 수 있습니다. 특히 아무리 확대해도 화질이 깨지지 않는 특성을 가지고 있습니
다. 툰붐 제품의 가장 강력한 특징이기도 합니다.

2. 비트맵 레이어(Bitmap Layers)

일반적인 포토샵의 레이어라고 생각하면 됩니다. 비트맵 레이어에 그리면 각 스트로크가 캔버스에 하나의 오브젝트로 합성되므로, 그림을 지울 수는 있지만 개별 부분을 편집할 수는 없습니다. 기본적으로 비트맵 아트웍의 픽셀 밀도를 100% 이상 확대하면 화질 저하가 발생합니다. 이 부분이 벡터 레이어와 확연히 구분되는 차이입니다. 비트맵 레이어는 레이어 패널에서 파란색으로 표시됩니다.

 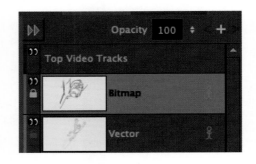

3. 3D 레이어(3D Layers) 　　　📁 실습 파일 : layer.sbpz

라이브러리에서 패널에 3D 오브젝트를 가져올 때 모델은 3D 레이어로 동작하게 됩니다. 단 직접 3D 오브젝트를 생성하지는 못합니다. 3D 레이어는 레이어 패널에서 빨간색으로 표시됩니다.

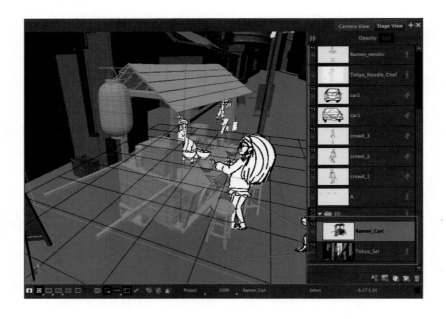

스토리보드 프로에서 사용할 수 있는 3D 포맷은 다음과 같습니다.

- Filmbox (.fbx)
- 3DS Max (.3ds)
- Wavefront OBJ (.obj)
- Alembic (.abc)
- Collada (.dae)

4. 그룹 레이어　　　📁 실습 파일 : sequence-3_4_p2.sbpz

그룹은 모든 유형의 여러 레이어를 함께 묶을 수 있습니다. 레이어를 편집하고 애니메이션화할 수 있는 것처럼 그룹도 편집하고 애니메이션화할 수 있습니다. 필요한 레이어를 선택 후 마우스 우클릭하고 Group Selected Layers를 선택합니다.

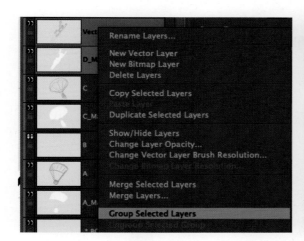

📁 실습 파일 :sequence-3_4_p3.sbpz

스토리보드 프로는 주로 두 가지 레이어를 사용합니다. 벡터 레이어와 비트맵 레이어입니다. 레이어를 추가할 때는 벡터 레이어 또는 비트맵 레이어 중 무엇을 사용할지 결정해야 합니다. 스토리보드 작업 시에는 되도록 벡터 레이어에 그리는 것을 추천합니다. 기본적으로 패널에는 배경(BG) 레이어와 레이어(A)가 설정되어 있습니다.

1. 패널에 레이어 추가하기

01 섬네일 뷰(Thumbnails View) 또는 타임라인 뷰(Timeline View)에서는 신규 레이어를 추가할 패널을 선택합니다.

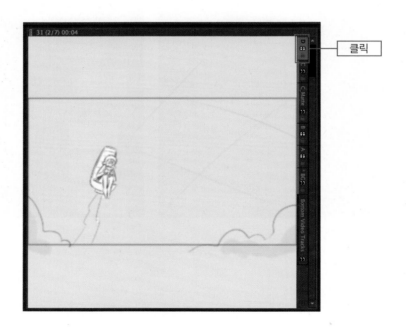

클릭

02 스테이지 뷰 또는 카메라 뷰에서는 다음과 같이 합니다. 레이어 패널, 레이어 뷰(Layers View)에서 신규 레이어를 추가할 패널을 선택합니다.

03 다음 중 하나를 실행합니다.

① Add Vector Layer( ) 또는 Add Bitmap Layer( ) 아이콘을 클릭합니다. 이 아이콘들은 스테이지 뷰 및 카메라 뷰의 레이어 패널 맨 아래, 레이어 뷰 맨 아래 및 레이어 툴바에도 있습니다.

② 메인 메뉴 → Layer → New → Vector Layer 또는 New Bitmap Layer를 선택합니다.

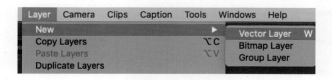

2. 레이어 기본 세팅

새로운 패널을 추가하면 기본적으로 배경(BG) 레이어와 레이어(A)가 만들어진다는 것을 앞에서 배웠습니다. 그런데 작업 중 새 패널을 추가할 때 유저가 지정한 형태로 레이어를 만들 수 있습니다. 자주 사용하는 레이어를 기본 세팅으로 생성할 수 있다면 조금 더 작업이 편리해질 것입니다. 배경 레이어는 어니언 스킨이 적용되지 않게 설정한다든가 이펙트 레이어를 추가하는 등 사용자 입맛에 맞게 꾸밀 수 있습니다.

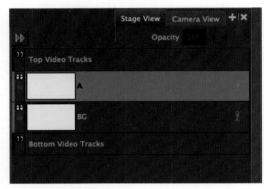

기본 레이어 설정 - BG, A 레이어가 생성됨.

3. 패널에 기본 레이어 세팅하기

01 레이어 패널 또는 레이어 뷰에서 유저가 원하는 레이어로 세팅합니다.

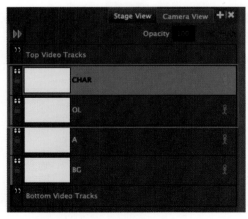

기본 세팅 레이어 추가

기본 레이어에 CHAR, OL 레이어를 추가했습니다.

02 메인 메뉴 → Layer → Set Layer Layout as Default 옵션을 선택합니다.

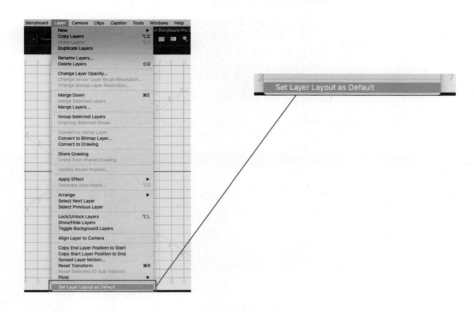

03 새 씬을 추가하면 기본 레이어 세팅대로 패널이 생성됩니다.

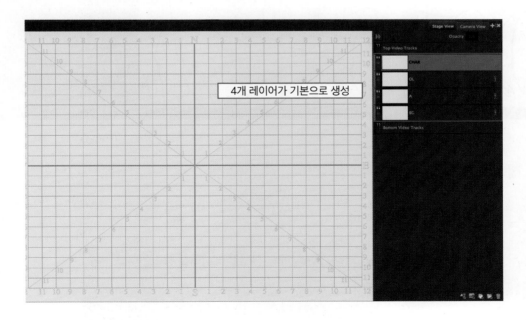

4개 레이어가 기본으로 생성

레이어 선택

📁 **실습 파일 : sequence-3_4_p4.sbpz**

스테이지 뷰의 레이어 패널 또는 섬네일 뷰에서 원하는 레이어를 선택할 수 있습니다. 선택한 레이어는 파란색으로 바뀝니다. 여러 레이어를 선택하고 싶을 때는 Ctrl (Windows) 또는 ⌘ (macOS) 키를 누르고 레이어를 선택합니다.

1. 레이어 선택하기

01 다음 중 하나를 실행합니다.

① 스테이지 뷰의 레이어 패널(Layers)에서 선택할 레이어를 클릭합니다.

② 또는 섬네일 뷰에서 선택할 레이어의 레이어 탭을 클릭합니다.

02 여러 레이어를 선택하려면 Ctrl (윈도우) 또는 ⌘ (macOS)를 누르고 선택할 레이어를 클릭합니다. 또는 Shift 키를 누르고 레이어를 선택하면 사이의 레이어가 모두 선택됩니다.

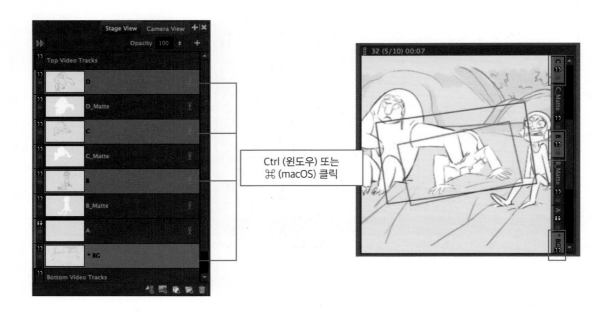

Ctrl (윈도우) 또는
⌘ (macOS) 클릭

Panel 5 레이어 복제

📁 **실습 파일 : 앞에서 연 파일을 계속 이용**

레이어 복제(Duplicate Selected Layers)는 한 번의 조작으로 카피와 페이스트 기능을 수행합니다. 레이어 Copy와 달리 레이어를 다른 패널에 붙여 넣을 수 없습니다. 레이어 복제는 하나의 패널 내에서만 사용 가능합니다.

1. 레이어 복제하기

01 레이어를 선택합니다. 다음 중 하나를 수행합니다.

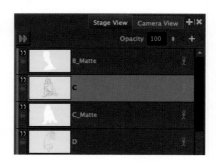

① 선택한 레이어에서 마우스 우클릭하고 Duplicate Selected Layers를 선택합니다.

② 스테이지 뷰의 레이어 패널, 레이어 뷰 또는 레이어 툴바에서 Duplicate Selected Layer( ) 아이콘을 클릭합니다.

레이어 패널(좌) / 레이어 뷰(우)

③ 메인 메뉴 → Layer → Duplicate Layers를 선택합니다.

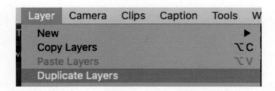

02 위 과정 중 하나를 수행하면 레이어 C가 C_1로 복제됩니다.

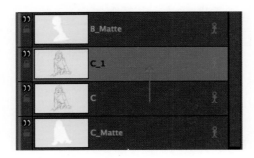

 Panel 6 레이어 이름 변경

📁 **실습 파일 : 앞에서 연 파일을 계속 이용**

레이어 이름을 적절하게 설정해야 작업 속도가 빨라지고 모든 레이어를 관리하기 편해집니다. 무분별한 네이밍은 작업을 더디게 하기 때문입니다. 특히 'untitled' 같은 이름은 작업에 도움이 되지 않습니다.

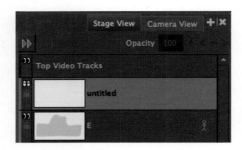

1. 레이어 이름 변경하기

01 레이어를 선택합니다. 레이어 선택에 대해서는 앞에서 설명한 Panel 4를 참고하길 바랍니다.

02 다음 중 하나를 실행합니다.

① 메인 메뉴 → Layer → Rename Layers를 선택합니다.

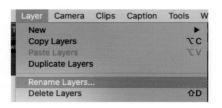

② 선택한 레이어에서 마우스 오른쪽 버튼을 클릭하고 Rename Layers를 선택합니다.

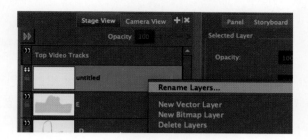

③ 또는 레이어를 더블클릭합니다.

Change Layer Name 팝업창이 나타나면 새로운 이름을 입력합니다.

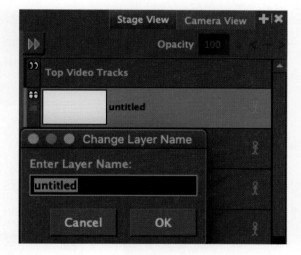

📁 **실습 파일 : 앞에서 연 파일을 계속 이용**

작업 중에 레이어가 많아지면 많아질수록 작업은 불편해집니다. 필요 없는 레이어는 지워 주는 편이 좋습니다. 실제 제작 현장에서는 불필요한 요소를 지우지 않고 그대로 후반 파트로 넘기는 경우가 많은데 이는 문제 발생의 원인이기도 합니다. 필요 없는 레이어는 지우는 습관을 들이기를 추천합니다.

1. 레이어 지우기

01 삭제할 레이어를 선택합니다.

02 다음 중 하나를 실행합니다.

① 스테이지 뷰의 레이어 패널, 레이어 뷰 또는 레이어 툴바에서 Delete Selected Layers(🗑) 아이콘을 클릭합니다.

② 선택한 레이어에서 마우스 우클릭하고 Delete Layers 를 선택합니다.

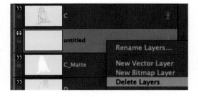

③ 또는 메인 메뉴에서 Layer → Delete Layers를 선택합니다. 단축키는 Shift + D 입니다.

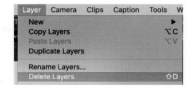

레이어 복사

실습 파일 : sequence-3_4_p4.sbpz , sequence-3_4_p5.sbpz

스토리보드 어느 곳에나 레이어를 복사하거나 그림을 복사해서 재사용이 가능합니다. Panel 5의 레이어 복제와 다른 점은 다른 패널로 붙여넣기가 가능하다는 것입니다.

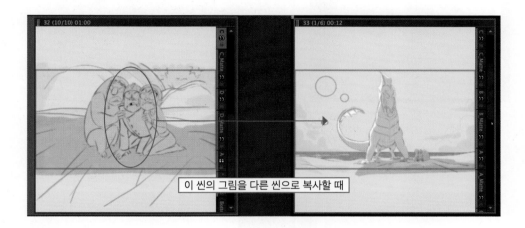

이 씬의 그림을 다른 씬으로 복사할 때

1. 가장 흔한 레이어 복사

01 복사하고자 하는 레이어를 선택합니다. Ctrl (윈도우/Linux) 또는 ⌘ (macOS)를 누른 채 레이어를 클릭하면 다중 선택할 수 있습니다.

레이어 C를 선택합니다.

02 메인 메뉴 → Layer → Copy Layers를 선택합니다.

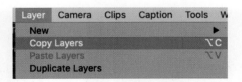

03 붙여 넣을 패널을 선택하고, 메인 메뉴 → Layer → Paste Layers를 선택합니다.

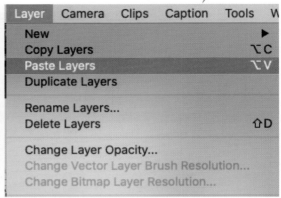

04 앞 씬의 C 레이어가 다음 씬으로 복사됩니다.

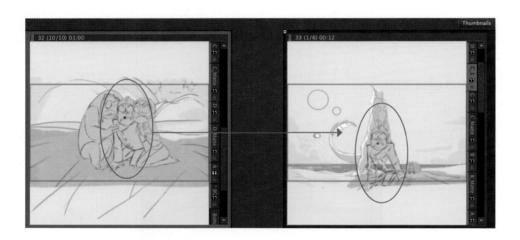

05 또는 복사할 레이어 탭에서 마우스로 우클릭 후 Copy Selected Layers를 선택한 다음, 붙여 넣기 할 패널의 레이어 탭에서 마우스 우클릭하고 Paste Layer를 선택합니다.

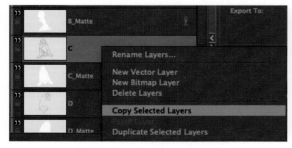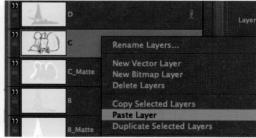

2. 썸네일 뷰에서 마우스 드래그로 복사하기

01 복사하고자 하는 레이어 탭을 선택합니다.

02 Ctrl (윈도우/Linux) 또는 ⌘ (macOS)를 누른 채 선택한 레이어를 붙여 넣기 할 패널의 레이어 탭으로 드래그합니다. 마우스 커서를 원하는 위치로 가져가서 드롭하면 그곳으로 들어갑니다.

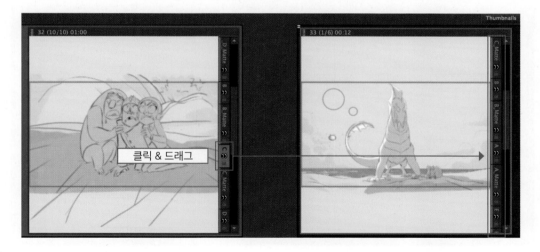

03 붙여 넣기 할 패널에 같은 이름이 레이어가 있는 경우 Layer Name Conflict창이 나타납니다. 적당한 이름을 입력하고 Rename 버튼을 누릅니다.

3. Paste Layer Special(다중 레이어 복사하기)

📁 실습 파일 : sequence-3_4_p4.sbpz

작업 중 특정 패널의 어떤 레이어만 수정하는 경우가 많습니다. 아래 그림처럼 배경만 수정했을 때는 다음 패널에도 수정한 배경을 적용해야 합니다. 이럴 때는 Paste Layer Special(다중 레이어 복사하기) 기능을 사용합니다. 예를 들어 배경이나 특정 캐릭터만 수정한 레이어를 다른 패널의 똑같은 레이어에 적용해야 할 때 아주 유용합니다.

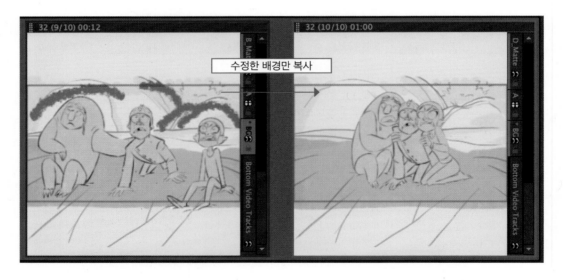

01 레이어 패널 또는 레이어 뷰에서 수정한 레이어를 다중 선택합니다.

02 메인 메뉴 → Layer → Copy Layers를 선택합니다.

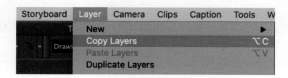

03 섬네일 뷰에서 붙여 넣을 패널을 선택합니다. 다중 선택은 첫 패널을 선택한 후 Shift 키를 누르고 마지막 선택 패널을 클릭합니다(⌘ + 클릭 또는 Ctrl + 클릭을 이용해도 됩니다).

04 메인 메뉴 → Layer → Paste Layer Special 옵션을 선택합니다.

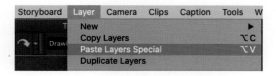

05 Paste Layer Special 팝업창이 나타납니다. Cycle 옵션에서 Once Hold와 Overwrite Existing Layers 옵션을 선택합니다.

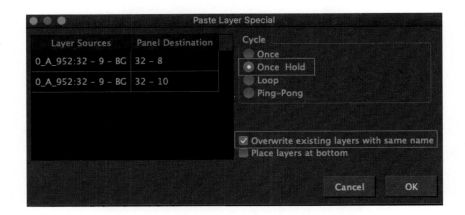

06 다음 그림처럼 선택한 패널의 배경으로 복사가 됩니다.

Panel 9 레이어 투명도 변경

📁 실습 파일 : sequence-3_4_p6.sbpz

레이어 투명도 설정으로 캐릭터가 나타나거나 사라지는 효과를 만들 수 있습니다(Fade In & Fade Out). 단 3D 레이어와 그룹 레이어는 투명도 설정이 불가능합니다.

Opacity 100 불투명

1. 레이어 투명도 조절

01 레이어 패널 상단의 Opacity 슬라이더를 드래그합니다.

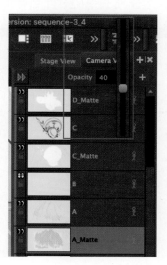

02 Opacity 값을 낮추면 뒤에 있는 배경이 보이기 시작합니다.

Opacity 40 반투명-뒤 배경이 보임.

 여러 레이어 한꺼번에 변경

📁 실습 파일 : sequence-3_4_p7.sbpz

작업을 하다 보면 각 패널에 있는 캐릭터나 그림을 동시에 수정해야 할 때가 있습니다. 패널이 많은 경우 일일이 패널마다 수정하는 번거로움은 컴퓨터 앞에 앉아 있는 시간만 늘어나게 할 뿐입니다. 아래 그림처럼 캐릭터 전부 위치를 바꾸고 싶을 때 아주 간단히 해결하는 방법이 있습니다.

캐릭터 전부 각각의 레이어로 구성

1. 한 번에 수정하기

01 레이어의 선택은 레이어 패널, 레이어 뷰, 썸네일 뷰에서 할 수 있습니다. 아래 예제는 썸네일 뷰에서 다중 패널을 선택한 후 레이어 뷰에서 다중 레이어를 선택해서 수정하는 방법입니다.

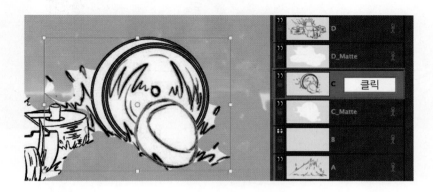

02 다중 선택하기 위해 첫 번째 패널을 선택한 상태에서 `Ctrl` + `Shift` (Windows), `⌘` + `Shift` (macOS) 키를 누른 채 마지막 패널을 클릭합니다.

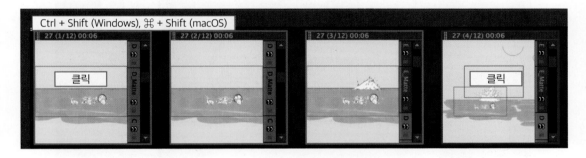

03 도구 툴바에서 선택(Select, ▶) 툴을 선택합니다.

04 스테이지 뷰 또는 카메라 뷰에서 수정할 그림을 선택합니다.

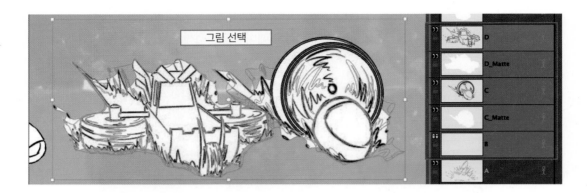

05 선택된 상태에서 크기나 위치를 변경합니다.

06 선택한 그림의 위치와 크기를 변경합니다.

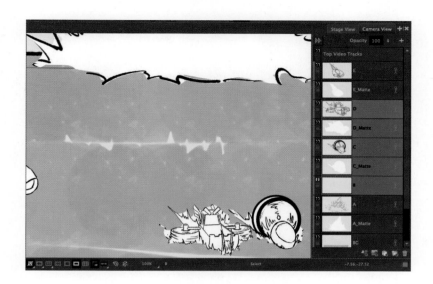

07 섬네일 뷰에서도 확인할 수 있습니다. 선택한 모든 패널에서 그림이 변경됩니다.

• • •쉽고 빠르게 그리는 스토리보드

애니메틱
작업

SCENE 01 비디오 에디팅(TimeLine)

앞 챕터들을 통해 스토리보드 프로의 기본인 프로젝트와 씬, 그리고 패널 만들기를 완성했습니다. 이번 챕터에서는 스토리보드에 시간을 설정해서 움직이는 영상으로 만들기 위한 준비 작업에 관해서 다루겠습니다. 지금부터는 정지된 그림 하나하나에 타임 라인을 생성해 한 편의 작품으로 완성하는 단계입니다. 스토리보드 프로를 사용하는 진정한 목적이 바로 애니메틱 작업입니다.

타임라인 뷰

스토리보드 프로는 스테이지 뷰(Stage View) 또는 카메라 뷰(Camera View)에 그림을 그리는 순간 애니메틱 작업이 시작됩니다.

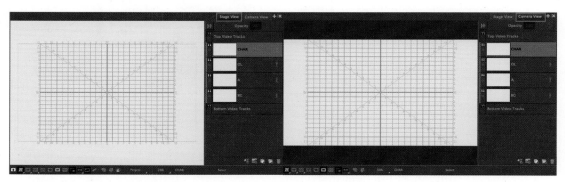

스테이지 뷰(좌) / 카메라 뷰(우)

애니메틱 작업의 첫 단계는 각각의 패널에 그려진 그림과 그 패널이 여러 개 합해진 씬에 적당한 사운드를 입혀 타이밍을 조절해 나가는 것입니다. 스토리보드 프로에서 각 패널은 기본적으로 1초의 시간으로 설정됩니다.

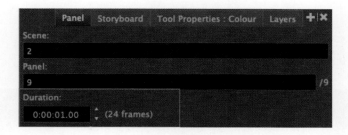

따라서 한 장의 그림일지라도 이미 그 안에는 1초라는 시간이 설정되어 있기 때문에 저절로 타임라인이 만들어지는 구조입니다. 이 타임라인으로 시간을 조정해서 정지된 그림을 애니매틱 영상으로 만들어 나갑니다.

 TIP! 기본 프로젝트의 시간

기본 프로젝트의 시간은 00:00:00:00입니다. 보통 애니메이션 제작사에서는 1로 시작하는 편입니다. 이 시작 시간을 1로 바꾸면 작업이 편리해집니다.

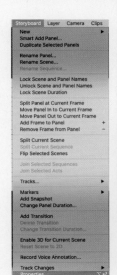

① 메인 메뉴 → Storyboard → Properties → Setting → Project Start Time → 00:00:00:01로 설정

② 또는 Preferences → Global UI → Default Time Code Start Time → 00:00:00:01 로 설정(Preferences 단축키 : ⌘ + , (macOS) / Ctrl + U (windows))

 패널 뷰 & 타임라인 뷰에서 타이밍 조절

📁 실습 파일 : sequence4_1_p1.sbpz

스토리보드 애니메틱 작업에 있어 시간 설정은 아주 중요합니다. 유저가 표현하고자 하는 씬의 길이가 적당한지를 파악한 후 너무 길어서 줄여야 하거나 반대로 늘려야 할 때가 있습니다.

스토리보드 프로에서 패널의 길이 변경은 두 곳에서 가능합니다.

① 패널 뷰(Panel View)에서 정확한 수치 입력으로 패널 길이를 조절
② 타임라인 뷰(Timeline View)에서 마우스 드래그로 패널 길이 변경

둘 중에서 패널의 길이를 정확하게 변경하려면 패널 뷰를 사용하는 것을 권장합니다. 패널 뷰에는 선택한 패널의 정확한 타임 코드 정보가 표시되기 때문입니다.

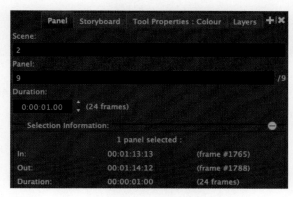

패널 뷰

1. 패널 뷰에서 길이 변경하기

01 타임라인 뷰 또는 섬네일 뷰에서 패널을 선택합니다.

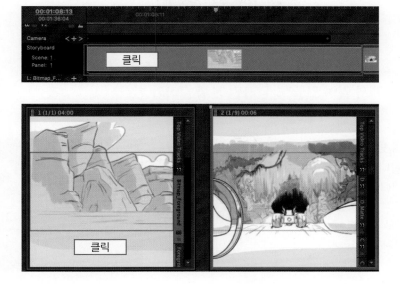

02 다음 중 하나의 방법을 사용합니다.

① 패널 뷰에서 패널의 정확한 길이를 Duration 필드에 입력합니다. 길이를 1프레임씩 변경하려면 Duration 필드 옆의 작은 삼각형 아이콘을 클릭하면서 길이를 변경합니다.

② 메인 메뉴 → Storyboard → Add Frame to Panel 혹은 Remove Frame from Panel 옵션으로 1프레임씩 추가하거나 삭제합니다.

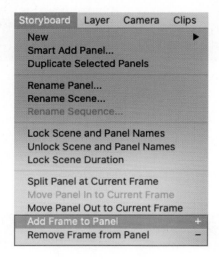

2. 타임라인 뷰에서 길이 조절(타임라인 전체 길이가 변경)

01 길이를 변경할 패널의 오른쪽 끝 근처로 커서를 이동합니다. 노란색 길이 변경 아이콘(핸들)이 나타납니다.

02 핸들을 좌우로 드래그하면서 길이를 조정합니다. 패널에 길이 및 시간과 프레임이 표시되기 때문에 유저가 원하는 길이로 쉽게 조정할 수 있습니다.

3. 전체 길이를 변경하지 않고 인접한 두 패널의 길이만 변경하기

01 Alt 키를 길게 누르고 길이를 변경할 패널의 오른쪽 끝에 마우스 커서를 놓습니다. 크기 변경 아이콘이 나타납니다.

02 Alt 키를 누르면서 클릭한 채 오른쪽 왼쪽으로 드래그하여 확장하거나 축소합니다. 드래그하면 패널의 새로운 길이가 표시됩니다. 아래 그림을 보면 인접한 2개의 씬만 길이가 변경됩니다.

Panel 2 **패널 인포인트 & 아웃포인트로 조절**

📁 실습 파일 : sequence4_1_p1.sbpz

타임라인 뷰의 특정 패널에 인포인트와 아웃포인트를(보통 편집에서는 인점, 아웃점이라고 합니다) 설정함으로써 패널의 길이와 패널이 시작하는 위치를 조정할 수 있습니다.

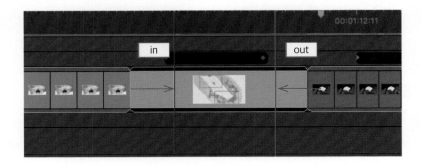

1. Animatic Editing Mode란?

스토리보드 프로에서 타임라인을 잘 다루기 위해서는 Animatic Editing Mode에 관해 잘 이해하고 넘어가야 합니다.

1) 기본 설정

기본 설정에서는 씬과 패널의 길이를 변경할 때마다 이전 또는 이후 씬과 패널이 밀려나면서 타임라인에 빈 공간이 없도록 조절됩니다.

앞 패널이 뒤로 당겨짐

앞 패널이 시간 늘어남

2) Animatic Editing Mode

Animatic Editing Mode를 활성화하면 각 패널의 인포인트와 아웃포인트를 다른 요소에 영향을 주지 않고 이동할 수 있습니다. 즉, 이 모드에서는 패널을 삭제하거나 짧게 만들면 타임라인에 빈 공간이 생겨서 다른 패널을 확장, 이동 또는 새로 생성할 수 있습니다. 또한 패널이나 씬을 삭제하면 이전 요소를 밀어내지 않고 타임라인에 빈 공간을 남길 수도 있습니다.

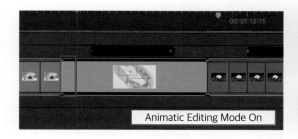 

2. Animatic Editing Mode Off에서 인포인트 설정하기

01 타임라인 뷰에서 패널을 시작하고 싶은 프레임에 타임라인 재생 헤드를 배치합니다.

02 다음 중 하나를 실행합니다.

① 메인 메뉴 → Storyboard → Move Panel In to Current Frame(인포인트를 선택한 프레임으로 이동)을 선택합니다. 반대로 아웃포인트 설정은 바로 아래에 있는 Move Panel Out to Current Frame을 선택합니다.

② 선택한 곳에서 마우스 우클릭한 뒤, Move Panel In to Current Frame(인포인트를 선택한 프레임으로 이동)을 선택합니다.

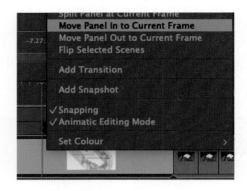

03 선택한 패널의 인포인트가 현재 프레임으로 이동하고 앞 패널이 이 포인트까지 확장됩니다. 다시 말해 앞 패널의 길이가 늘어납니다.

3. Animatic Editing Mode On에서 인포인트 설정하기

01 타임라인 뷰 왼쪽 하단에 있는 Animatic Editing Mode() 아이콘을 클릭합니다.

02 타임라인 뷰에서 패널을 시작하고 싶은 프레임에 타임라인 재생 헤드를 배치합니다.

03 다음 중 하나를 실행합니다.

① 메인 메뉴 → Storyboard → Move Panel In to Current Frame(인포인트를 선택한 프레임으로 이동)을 선택합니다. 반대로 아웃포인트 설정은 바로 아래에 있는 Move Panel Out to Current Frame을 선택합니다.

② 선택한 곳에서 마우스 우클릭하고 Move Panel In to Current Frame(인포인트를 선택한 프레임으로 이동)을 선택합니다.

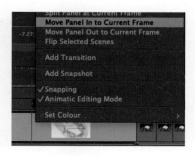

04 선택한 패널의 인포인트가 현재 프레임으로 이동합니다. Animatic Editing Mode Off 모드와 다른 점은 빈 공간이 생긴다는 것입니다.

📁 **실습 파일** : sequence4_1_p2.sbpz

Panel 3 패널 분할

선택한 패널을 2개로 나누고 싶을 때 사용합니다. 패널을 분할하면 레이어를 포함한 모든 엘리먼트가 양쪽 패널에 똑같이 들어갑니다.

1. 선택한 프레임에서 패널 분할하기

01 타임라인 뷰에서 패널을 분할하고 싶은 프레임에 빨간색 플레이 헤드를 이동시킵니다.

02 다음 중 하나를 실행합니다.

① 메인 메뉴 → Storyboard → Split Panel at Current Frame(현재 프레임에서 패널 분할)을 선택합니다.

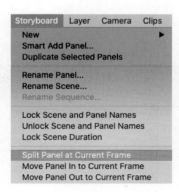

② 타임라인 뷰의 선택한 패널에서 마우스 우클릭하고 Split Panel at Current Frame(현재 프레임에서 패널 분할)을 선택합니다.

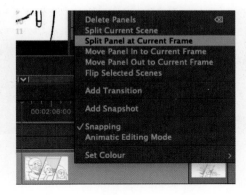

03 빨간색 플레이 헤드가 있는 지점에서 2개로 분할됩니다. 1개였던 패널이 2개로 분할됐습니다.

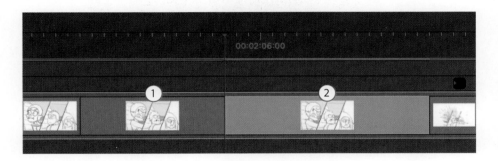

Panel 4 씬 길이 고정(Lock Scene Duration)

실습 파일 : 앞에서 연 파일을 계속 사용

씬 길이를 변경하지 않은 상태에서 패널을 추가, 복사 또는 삭제하고 싶을 때 사용합니다. 기존에 설정한 길이는 그대로 유지합니다.

1. 씬 길이 고정하기

01 타임라인 뷰에서 씬 길이를 고정하고 싶은 패널을 선택합니다. 선택한 씬의 길이는 1초 5프레임 (29프레임)입니다.

02 메인 메뉴 → Storyboard → Lock Scene Duration을 선택합니다.

TIP! 씬 길이를 고정하면 어떤 효과가 있을까?

1) 기본 모드

일반적으로 패널을 추가하면 선택한 패널의 길이는 변함없이 새로운 패널이 바로 뒤에 생성됩니다. 아래 그림처럼 보라색 패널의 길이가 29 프레임이지만, 새 패널을 추가해도 변함없이 29 프레임을 유지합니다.

2) Lock Scene Duration

반면 Lock Scene Duration을 사용한 경우를 살펴봅시다. New Panel (새 패널) 또는 Smart Add Panel(스마트 패널) 옵션을 사용하여 패널을 추가하면 선택한 패널의 길이가 축소되고 새로운 패널이 바로 뒤에 생성됩니다. 아래 그림은 기존 씬(29 프레임짜리)에서 새 패널을 추가했을 경우입니다. 전체 길이는 변함없지만 앞의 패널의 길이가 줄어들었습니다.

이 모드에서는 추가한 패널을 지우더라도 전체 패널의 길이는 변하지 않습니다.

선택한 패널의 길이는 최소한 1프레임 이상이어야 합니다. 패널의 길이가 1프레임밖에 없다면 패널을 삽입할 수 없습니다.

애니메틱 편집 모드

📁 실습 파일 : 앞에서 연 파일을 계속 사용

애니메틱 편집 모드는 애플의 파이널컷 프로, 어도비의 프리미어 프로, 다빈치 리졸브 등 업계의 전형적인 비디오 편집 소프트웨어에서 제공하는 타임라인 기능과 유사합니다.

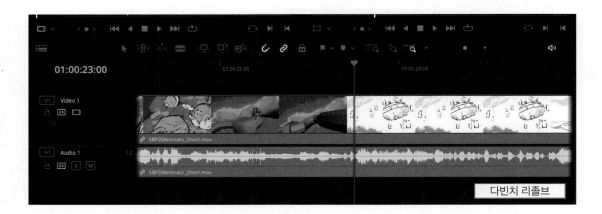

Panel 2에서 설명했듯이 Animatic Editing Mode(⬛)를 사용하면 씬이나 패널을 삭제했을 때, 삭제된 곳이 빈 공간으로 남습니다. 따라서 다른 패널을 가져오거나 새 패널을 만들 수 있습니다.

스토리보드 프로의 기본 모드에서는 씬이나 패널을 삭제하면 바로 뒤에 있는 씬이나 패널이 앞쪽으로 달라붙습니다.

반면 애니메틱 편집 모드(Animatic Editing Mode)를 사용하면 패널에 인포인트 및 아웃포인트를 설정해도 앞뒤 패널에 영향을 주지 않고 재배치시킬 수 있습니다.

앞의 Panel 2(인포인트 아웃포인트), Panel 4(씬 길이 고정)에서 씬이나 패널을 삭제했을 때, 씬에 구멍이 생기지 않도록 뒤에 있는 씬이나 패널이 자동으로 앞으로 이동해 빈 공간을 만들지 않는다는 것을 배웠습니다. 애니메틱 편집 모드()는 그것과 반대되는 모드라고 생각하면 됩니다.

1. Animatic Editing Mode 조금 더 자세히 알아보기 📁 실습 파일 : sequence4_1_p3.sbpz

1) 타임라인 뷰에서 선택한 패널 뒤의 모든 패널 선택하기

01 타임라인 뷰에서 패널을 선택합니다.

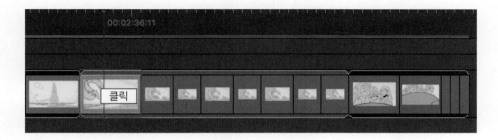

02 Ctrl + Alt + Shift (Windows), ⌘ + Alt (macOS)를 누른 채로 같은 패널을 클릭합니다. 선택된 모든 패널이 밝게 변합니다.

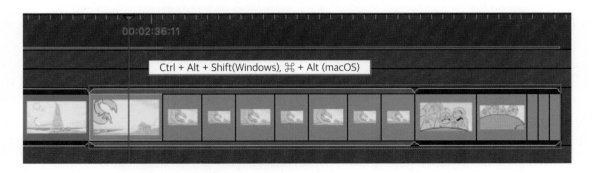

2) 선택된 모든 패널을 오른쪽으로 이동

Animatic Editing Mode가 비활성화되어 있기 때문에 앞 패널의 길이가 따라붙으면서 이동합니다.

2. 애니메틱 편집 모드 전환

01 타임라인 뷰 좌측 하단 모서리에서 애니메틱 편집 모드(Animatic Editing Mode, ⊡) 아이콘을 클릭합니다. 한 번 더 클릭하면 비활성화됩니다.

TIP! 애니메틱 편집 모드를 일시적으로 활성화시키기

애니메틱 편집 모드(Animatic Editing Mode)가 비활성화된 경우 [Ctrl] (윈도우) 또는 [⌘] (macOS) 키를 계속 누르면 '애니메틱 편집 모드'를 일시적으로 활성화하여 애니메틱을 변경할 수 있습니다. 마찬가지로 애니메틱 편집 모드가 유효한 경우 [Ctrl] (윈도우) 또는 [⌘] (macOS) 키를 누르고 있으면 일시적으로 비활성화됩니다.

3. Animatic Editing Mode에서 인포인트 설정하기

01 패널의 왼쪽 끝 근처에 마우스 커서를 놓습니다. 빨간색 사이즈 변경 아이콘이 나타나는데 편집할 패널의 안쪽을 향하고 있습니다.

02 엣지(모서리)를 클릭해 오른쪽으로 드래그하여 인포인트를 앞으로 이동합니다. 드래그하면 패널의 새로운 길이가 표시되고 줄어든 프레임도 표시됩니다. 단 인포인트를 앞의 씬이나 패널로는 이동시키지 못합니다.

4. Animatic Editing Mode에서 특정 포인트에서 모든 패널 이동하기

01 Ctrl + Alt 혹은 Shift (Windows) 또는 ⌘ (macOS) + Alt 키를 길게 누른 상태에서 타임라인 뷰에서 이동시키고자 하는 시작 패널을 클릭합니다. 모든 패널이 선택됩니다.

02 마우스 드래그로 선택된 모든 패널을 이동합니다.

5. Animatic Editing Mode에서 패널 삭제하기

01 타임라인 뷰에서 삭제할 패널을 선택합니다. [Ctrl] (윈도우) 또는 [⌘] (macOS) 키를 누르고 선택하면 다중 선택도 가능합니다.

02 다음 중 하나를 실행합니다.

① 선택한 패널에서 마우스 우클릭하고 Clear Panels를 선택합니다.

② [Delete] 키(Windows) 또는 backspace 키 [⌫] (macOS)
를 누릅니다.

03 이렇게 삭제한 패널은 타임라인 뷰에서 그 자리에 빈 공간으로 남아 있습니다.

6. Animatic Editing Mode에서 패널 빈 공간 삭제하기(Ripple Delete Space 빈 공간을 뒤 패널로 채우기)

01 타임라인 뷰에서 삭제할 빈 공간을 선택합니다.

02 다음 중 하나를 실행합니다.

① 선택한 패널에서 마우스 우클릭하고 Ripple Delete Space를 선택합니다.

② 단축키 Shift + Delete 키(Windows) 또는 Shift + backspace 키 ⌫ (macOS)를 누릅니다.

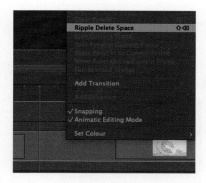

03 빈 공간이었던 곳에 뒤에 있는 패널이 당겨지며 채워집니다.

7. Animatic Editing Mode에서 패널 삭제하기(빈 공간 남기지 않고 뒤 패널로 채우기)

01 모드를 활성화하고 타임라인 뷰에서 삭제할 패널을 선택합니다.

02 다음 중 하나를 실행합니다.

① 선택한 패널에서 마우스 우클릭하고 Ripple Delete Panels를 선택합니다.

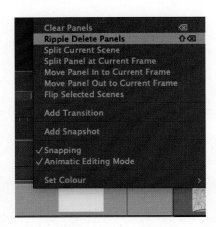

② Shift + Delete 키(Windows) 또는 Shift + backspace 키 ⌫ (macOS)를 누릅니다. 이 단축키는 Animatic Editing Mode 활성화 시에만 작동합니다. 패널이 지워짐과 동시에 그 자리에 뒤 패널이 당겨지며 채워집니다.

Scene 02 카메라

📁 **실습 파일** : sequence4_4.sbpz

스토리보드 프로에는 카메라가 있습니다. 이 카메라를 통해서 스토리보드 작업의 최종 결과물이 생성됩니다. 앞에서 설명했듯이 스토리보드 프로의 주 작업은 스테이지 뷰(Stage View)와 카메라 뷰(Camera View)에서 이루어집니다.

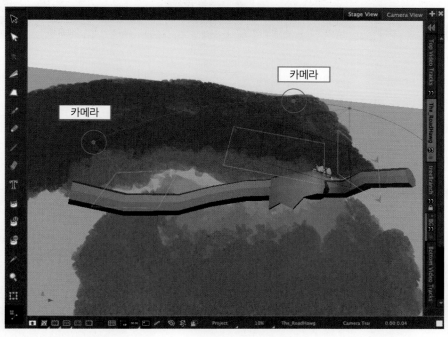

스테이지 뷰에 나타나는 카메라 패스

스테이지 뷰는 그림을 그리거나 조작하는 기본 뷰입니다. 무한한 캔버스라고 생각하면 됩니다. 스테이지 뷰가 카메라의 이동 경로를 보여 준다면, 카메라 뷰는 카메라 렌즈를 통해서 보여지는 최종 이미지를 보여 줍니다.

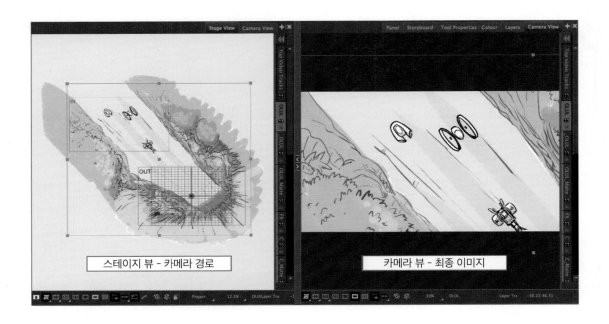

스테이지 뷰 - 카메라 경로

카메라 뷰 - 최종 이미지

다시 말해 카메라 팬으로 애니메이션을 만든 경우, 스테이지 뷰에서는 카메라가 움직이는 경로(path)가 화면에 나타나고, 카메라 뷰에서는 렌즈가 포착한 이미지를 표시합니다. 스토리보드 프로는 카메라로 Pan 또는 Truck In(Zoom In), Truck Out(Zoom Out)이 가능하므로 정적인 스토리보드가 아니라 움직이는 애니메틱 작업이 가능합니다.

스테이지 뷰

카메라 뷰

또한 3D 카메라도 지원하므로 프로젝트에 3D 오브젝트를 가져와 입체적인 연출이 가능합니다. 특히 3D 오브젝트가 사용된 씬에서 정확한 그림을 보기 위해서는 카메라 뷰를 확인해야 합니다.

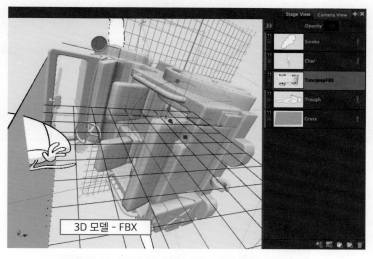

(실습 파일 : 3D_model.sbpz)

Panel 1

카메라 조정하기

📁 **실습 파일 : sequence4_1_p1.sbpz**

카메라() 툴을 사용하면 이동, 팬(Pan), 트럭인&아웃(Truck In & Out) 기능을 이용할 수 있습니다.

1. 카메라 팬(Pan)

카메라가 좌우 또는 상하로 움직이는 것을 팬(Pan)이라고 합니다. 그림에서는 대각으로 움직였지만 이 것 또한 팬이라고 합니다.

01 타임라인 뷰에서 카메라를 이동하고 싶은 패널을 선택합니다.

02 도구 툴바에서 카메라(Camera) 툴을 선택합니다.

03 사각형 블랙박스로 카메라 프레임이 표시됩니다. 카메라 프레임의 중심점으로 커서를 가져가면 드래그 아이콘으로 바뀝니다. 드래그 아이콘 표시가 되면 마우스를 상하좌우로 움직입니다.

04 X축 또는 Y축으로만 이동하려면 Shift 키를 누르고 드래그합니다. 커서가 그림처럼 바뀌고 Shift + 드래그로 이동하면 수직 또는 수평으로 움직입니다.

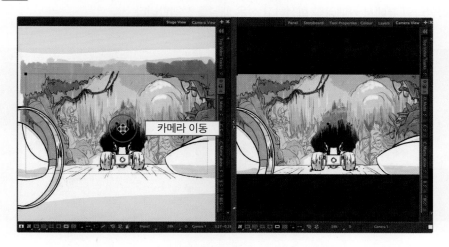

2. 카메라 회전

01 타임라인 뷰에서 카메라를 회전하고 싶은 패널을 선택합니다.

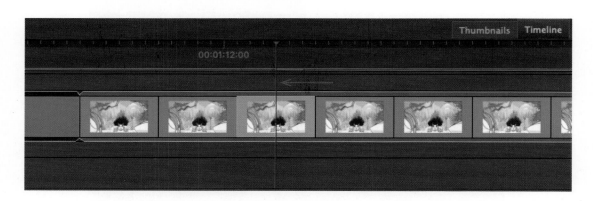

02 도구 툴바에서 카메라(Camera,) 툴을 선택합니다. 사각형 블랙박스로 카메라 프레임이 표시됩니다. 카메라 프레임의 모서리로 커서를 가져가면 회전 아이콘으로 바뀝니다. 회전 아이콘으로 표시가 되면 마우스를 원형으로 드래그하면 카메라가 앵글이 돌아갑니다.

03 15도씩 회전하려면 `Shift` 키를 누르고 드래그합니다.

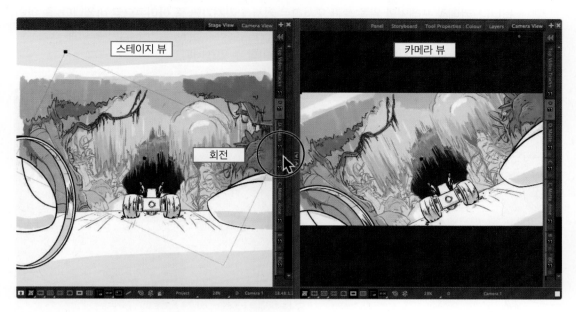

3. 카메라 트럭인 & 아웃

01 타임라인 뷰에서 카메라를 트럭인&아웃하고 싶은 패널을 선택합니다.

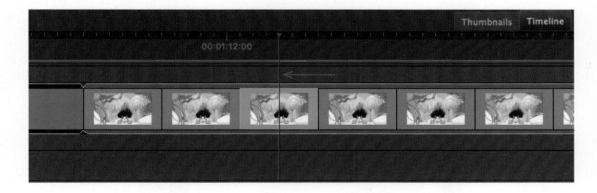

02 도구 툴바에서 카메라(Camera,) 툴을 선택합니다. 사각형 블랙박스로 카메라 프레임이 표시됩니다. 카메라 프레임의 왼쪽 상단 모서리로 커서를 가져가면 줌 아이콘으로 바뀝니다. 줌 아이콘으로 표시가 된 후 마우스를 상하로 드래그하면 카메라가 줌인, 줌아웃 됩니다. 아래 그림처럼 카메라 뷰를 오른쪽 창에 표시하면 바로바로 확인할 수 있습니다.

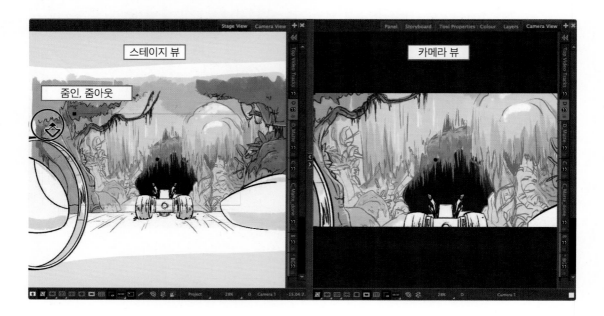

4. 스테이지 뷰 또는 카메라 뷰에서 카메라 키프레임 표시 📁 실습 파일 : camera_key.sbpz

01 작업을 하다 보면 서로 다른 키프레임인데도 카메라 프레임의 위치가 똑같은 위치에 오는 경우가 있습니다. 이럴 때 특정 카메라 프레임을 쉽게 선택할 수 있습니다. 카메라 프레임의 왼쪽 모서리 부분에 네모난 점이 있습니다.

02 각 점을 클릭하면 특정 카메라 프레임을 선택할 수 있습니다.

키프레임 A

키프레임 B

03 2개 이상의 카메라 키 프레임이 같은 위치에 있을 경우에는 가장 왼쪽 점이 제1 카메라 키프레임, 왼쪽에서 2번째 점이 제2 카메라 키프레임입니다.

Panel 2 카메라 애니메이션을 만드는 키프레임

📁 **실습 파일 : camera_key.sbpz**

어떤 오브젝트를 움직이게 하기 위해서는 최소한 2개의 키프레임이 필요합니다. 마찬가지로 카메라도 키프레임을 사용하면 카메라의 위치를 변경하거나 시간이 경과함에 따라 변화시킬 수 있습니다.

카메라에 생성한 키프레임은 특정 프레임상의 카메라 위치를 나타내는 좌표입니다. 따라서 2개의 키프레임을 만들면 그 사이에서 애니메이션이 만들어진다는 뜻입니다. 물론 속도도 제어할 수 있습니다. 타임라인 뷰에서는 키프레임은 회색 마름모 또는 반 마름모 모양으로 표시됩니다.

1. 색으로 구분하는 키프레임

타임라인 뷰에서 패널의 첫 번째 키프레임을 선택하면 스테이지 뷰에서 녹색 사각형 프레임으로 표시됩니다. 마지막 키프레임은 빨간색으로 표시됩니다. 처음과 끝 사이에 선택한 키프레임이 있는 경우에는 파란색으로 표시됩니다.

2. 선택한 프레임에 키프레임 생성하기

01 타임라인 뷰에서 타임라인 커서를 클릭해 카메라 키 프레임을 만들 프레임을 선택합니다.

02 다음 중 하나로 카메라 툴을 선택합니다.

① 도구 툴바에서 카메라(Camera, 🎥) 툴을 선택합니다.

② 메인 메뉴에서 Tools → Camera를 선택합니다(단축키 C).

03 다음 중 하나로 카메라 키프레임을 만듭니다.

① 타임라인 뷰의 카메라(Camera) 트랙 왼쪽에서 작은 Add Keyframe(+) 아이콘을 클릭합니다.

② 메인 메뉴 → Camera → Add Camera Keyframe at Current Frame을 선택합니다.

③ Tool Properties 뷰에서 Camera Transform 패널의 Add Keyframe(KF) 아이콘을 클릭합니다. 타임라인 커서가 있는 곳에 키프레임이 추가됩니다.

3. 선택한 패널의 시작점에 키프레임 생성하기

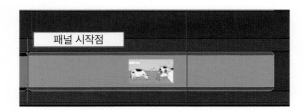

01 타임라인 뷰에서 키프레임을 추가하고 싶은 패널을 선택합니다.

02 다음 중 하나를 실행합니다.

① 도구 툴바에서 카메라(Camera) 툴을 클릭합니다.

② 메인 메뉴 → Tools → Camera를 선택합니다.

03 다음 중 하나를 실행합니다.

① 메인 메뉴 → Camera → Add Camera Keyframe at Beginning을 선택합니다.

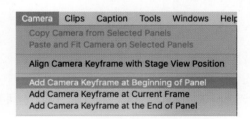

② 선택한 패널 바로 위 카메라 트랙에서 마우스 우클릭으로 Add Camera Keyframe at the Beginning of Panel을 선택합니다.

③ Tool Properties 뷰에서 Add Keyframe at Beginning of Current Panel 아이콘을 클릭합니다.

04 타임라인 뷰에서 선택한 패널의 시작점에 키프레임이 추가됩니다.

4. 카메라 키프레임 복사 & 붙여 넣기

01 다음 중 하나를 실행합니다.

① 타임라인 뷰에서 카메라 키프레임을 클릭하여 선택합니다. 선택한 키프레임은 파란색으로 변합니다.

② 스테이지 뷰에서 카메라(Camera) 툴을 선택한 후 카메라 키프레임을 클릭합니다.

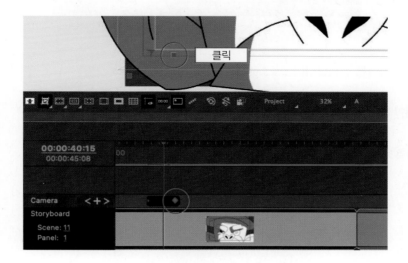

02 다음 중 하나를 실행합니다.

① 메인 메뉴 → Edit → Copy Camera Keyframes를 선택합니다.

② 단축키 [Ctrl] + [C] (Windows) 또는 [⌘] + [C] (macOS)를 누릅니다.

③ Camera 툴을 선택합니다. Tool Properties 뷰에서 Copy Camera from Selected Panels 아이콘을 클릭합니다.

03 키 프레임을 붙여 넣고 싶은 같은 씬 내의 위치로 플레이 헤드를 이동합니다.

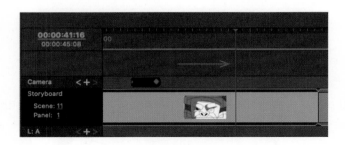

04 다음 중 하나를 실행합니다.

① 메인 메뉴 → Edit → Paste Camera Keyframes를 선택합니다.

② 단축키 [Ctrl] + [V] (Windows) 또는 [⌘] + [V] (macOS)를 누릅니다.

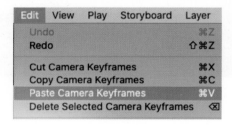

05 복사한 키프레임이 지정한 위치에 붙여 넣기로 생성됩니다.

5. 카메라 키프레임 지우기

01 타임라인 뷰에서 삭제할 키프레임을 선택합니다.

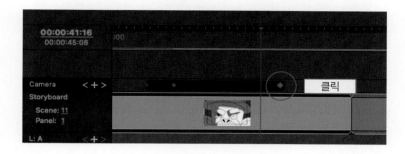

02 다음 중 하나를 실행합니다.

① 메인 메뉴 → Edit → Delete Selected Camera Keyframes를 선택합니다.

② 카메라(Camera,) 툴을 선택하고 Tool Properties 뷰에서 Delete Selected Keyframes( ) 아이콘을 클릭합니다.

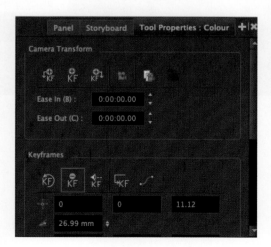

③ 마우스 우클릭하고 Delete Selected Camera Keyframes을 선택합니다.

④ 메인 메뉴에서 Camera → Remove Selected Camera Keyframes를 선택합니다.

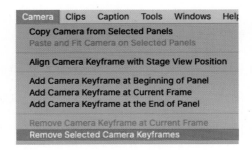

⑤ 단축키 [Delete] (Windows) 또는 Backspace [⌫] (macOS) 키를 누릅니다. 아래 그림처럼 선택한 키프레임이 삭제됩니다.

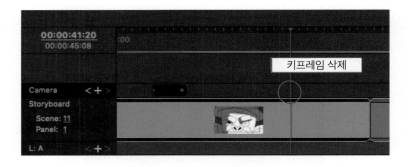

Panel 3 **카메라 키프레임 타이밍 편집**

📁 실습 파일 : camera_keyframe.sbpz

앞에서 카메라 키프레임을 만드는 법에 관해 배웠습니다. 다이내믹한 카메라 연출을 위해 카메라 키프레임은 반드시 필요합니다. 이렇게 생성된 카메라 키프레임을 타임라인 뷰(Timeline View)에서 이동하는 방법과 타이밍을 변경하면서 카메라 워킹이 어떻게 변화하는지 배워 봅시다. 카메라의 키프레임은 같은 씬 내의 새로운 위치로만 이동할 수 있습니다.

1. 타임라인 뷰(Timeline View)에서 키프레임 이동하기

01 타임라인 뷰에서 하나 또는 여러 개의 키프레임을 선택합니다. 키프레임이 파란색으로 바뀝니다.

02 선택한 키프레임을 왼쪽 또는 오른쪽으로 드래그합니다. 현재 씬 안의 새로운 위치로만 드래그할 수 있습니다. 다른 패널로 넘어가지 않습니다.

03 키프레임을 드래그하면 씬에 대한 타임코드 또는 프레임이 블랙박스 내에 표시됩니다.

2. 카메라 키프레임 모션 확장

카메라 키프레임 이동은 필요에 따라서 뒤 패널까지 연장하여 특정 카메라 워킹이 동작하게 만들 수 있습니다. 알버트 맥클레랜드 챕터에서 다룬 레이어 모션 확장(Spread Layer Motion)과 유사한 기능입니다. 레이어 모션 확장이 패널마다 키프레임을 만든다면, 카메라 모션 확장은 키프레임이 이동하는 형태입니다.

01 타임라인 뷰에서 확장하고 싶은 카메라 키프레임을 선택합니다. 아래 그림은 패널 1에만 카메라 키프레임이 적용된 상태입니다.

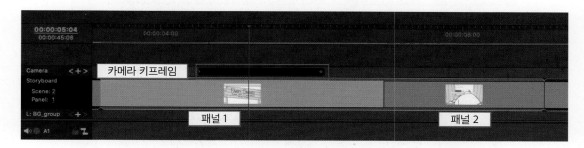

02 다른 패널까지 확장하고 싶은 키프레임을 선택합니다.

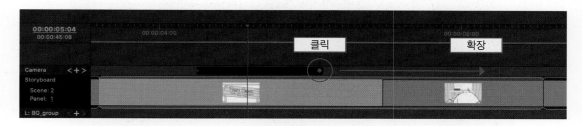

03 선택한 키프레임을 씬 내 다른 패널로 드래그합니다. 키프레임이 확장되면서 카메라 팬 프레임이 늘어났습니다.

04 간단하게 키프레임을 이동하는 것으로 카메라 팬의 전체 길이가 늘어납니다.

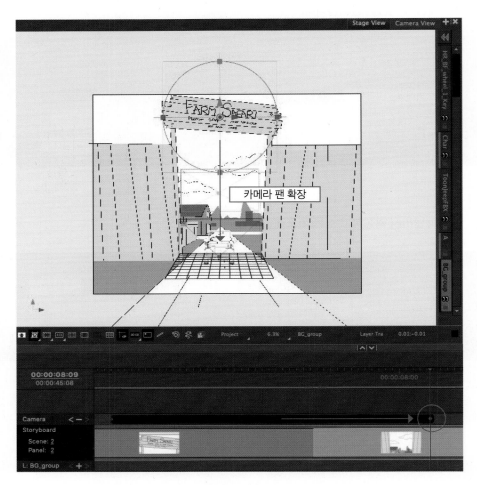

3. 키프레임 싱크(Sync)

카메라 이동이 있는 씬에서 패널의 길이를 변경할 경우, 이미 설정한 카메라 키프레임도 변화가 생깁니다. 기본적으로 패널 길이를 변경하면 해당 패널 내의 카메라 키프레임 위치가 패널의 새 길이에 맞게 조정됩니다. 이 동작을 사용자의 기호에 따라 조정할 수 있습니다.

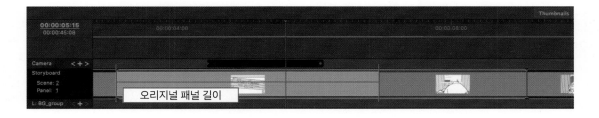

Keyframes Sync Mode는 세 가지 옵션을 제공합니다.

1) None : 패널 또는 씬 길이 조정 시 카메라의 키 프레임은 실제 씬의 길이를 유지합니다. 즉, 그 카메라 키프레임보다 씬 길이를 짧게 하면 마지막 카메라 키프레임의 일부가 잘립니다.

2) Relative to Panels : 스토리보드 프로의 기본 설정입니다.

패널 길이를 조정할 때 이 패널 내 카메라 키프레임의 위치가 패널의 새 길이에 맞도록 조정됩니다. 패널의 길이가 늘어나거나 줄어들면 카메라 키프레임의 길이도 같이 따라갑니다.

3) Relative to Scene : 패널의 길이를 조정할 때 해당 패널이 있는 씬 내의 모든 카메라 키프레임의 위치가 씬의 새 길이에 맞게 조정됩니다.

카메라 움직임이 씬 내에서 패널 1에만 발생하지 않고 패널 2까지 확장합니다. 이로 인해 일부 카메라 키프레임이 원래 있던 패널과 다른 패널에 표시될 수 있습니다.

4. 키프레임 싱크 설정하기

01 다음 중 한 가지를 실행합니다.

① 메인 메뉴 → Camera → Keyframe Sync Mode → None, Relative to Panel 또는 Relative to Scene을 선택합니다.

② 타임라인 뷰의 Camera 트랙 위에서 마우스 우클릭합니다. Keyframes Sync Mode → None, Relative to Panel 또는 Relative to Scene을 선택합니다.

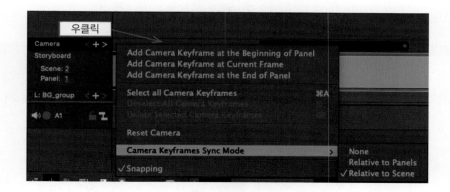

 카메라 리셋

📁 실습 파일 : 앞에서 연 파일을 계속 사용

필요에 따라서 씬 안의 카메라 키프레임을 삭제해야 할 때, 원래 기본 카메라(Static Camera – 아무런 세팅 없이 고정된 카메라) 세팅으로 돌아가 다시 작업할 수 있습니다. 스토리보드 프로의 기본 카메라 크기는 Project Properties 세팅에서 정한 수치를 따라갑니다. 스토리보드 프로에서 카메라의 크기는 '필드'라는 용어로 사용합니다. 기본 카메라의 크기는 12필드로 설정되어 있습니다.

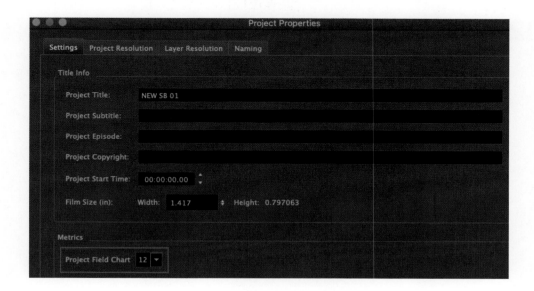

1. 카메라 애니메이션 리셋하기

01 타임라인 뷰에서 카메라 애니메이션을 리셋하고 싶은 씬을 선택합니다.

02 다음 중 하나를 실행합니다.

① 카메라(camera, 🎥) 툴을 선택하고 Tool Properties뷰에서 Reset Camera(🖼) 아이콘을 클릭합니다.

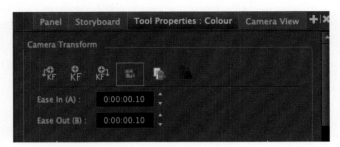

② 메인 메뉴 → Camera → Reset Camera 옵션을 선택합니다.

03 선택한 씬의 모든 카메라 키프레임이 삭제되고 기본 카메라(Static Camera)로 리셋됩니다.

Panel 5 · 카메라 패스(경로)에 대해서

실습 파일 : camera_path.sbpz

카메라에 키프레임을 만들어 움직이면 스테이지 뷰(Stage View)에서 카메라가 이동하는 경로를 볼 수 있습니다. 이 경로를 카메라 패스(Path)라고 부릅니다. 예를 들어 카레라 팬, 트럭인&아웃을 설정했을 때, 키프레임 컨트롤 포인트 옵션의 설정에 따라서 카메라의 움직임이 완전히 달라집니다. Tension, Bias, Continuity 파라미터 설정을 잘못하면 유저가 원하는 대로 카메라가 움직이지 않습니다. 스토리 보드 프로에서 카메라를 생각대로 움직이려면 이 옵션에 관해 정확히 알고 이해해야 합니다.

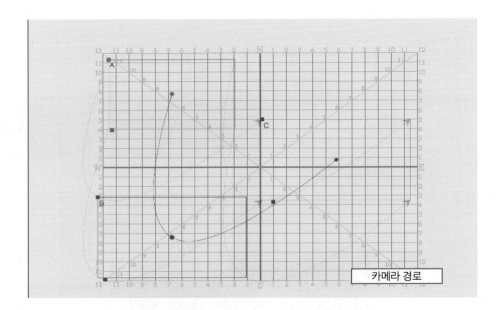

카메라 경로

1. 카메라 Tension, Bias, Continuity

1) Continuity : 값 −1, 1로 제어합니다. 값이 −1일 때는 카메라가 수평 수직으로 이동합니다. 값이 1일 때는 카메라 패스가 곡선으로 바뀝니다. 일반적인 카메라 Pan은 값이 −1 입니다.

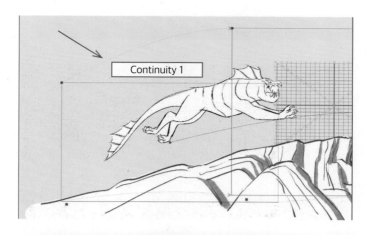

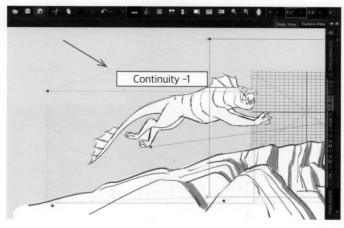

2) Tension : 값 -1, 1로 제어합니다. 카메라가 키프레임을 통과할 때 패스의 휘어지는 정도를 나타냅니다. 값이 -1일 때는 카메라 패스가 곡선으로 바뀝니다. 값이 1일 때는 키프레임 어느 한쪽의 커브가 직선으로 바뀝니다.

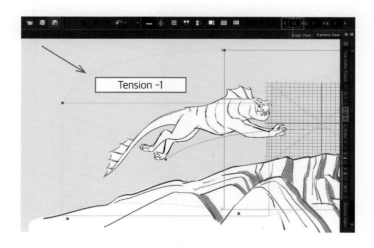

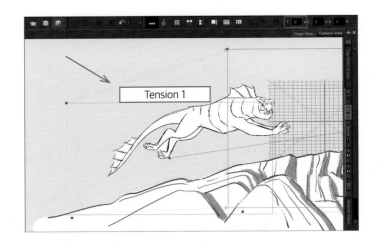

3) **Bias** : 값 -1, 1로 제어합니다. 모션 패스의 포인트가 직선 혹은 곡선으로 만들어집니다. 값이 -1일 때는 키프레임 왼쪽이 직선으로 바뀝니다. 값이 1일 때는 키프레임 오른쪽이 직선으로 바뀝니다.

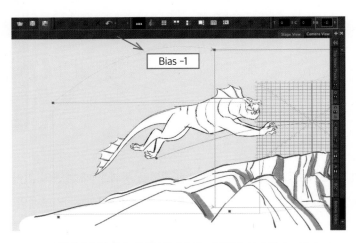

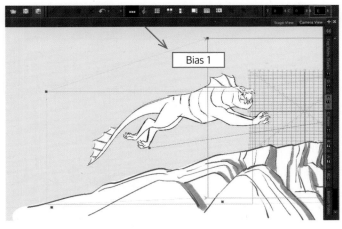

2. 컨트롤 포인트 추가

카메라가 A 지점에서 B 지점으로 이동할 때, 카메라 패스에 컨트롤 포인트를 추가하면 카메라 경로를 바꿀 수 있습니다. 컨트롤 포인트는 언뜻 키프레임처럼 보이지만 키프레임이 아닙니다.

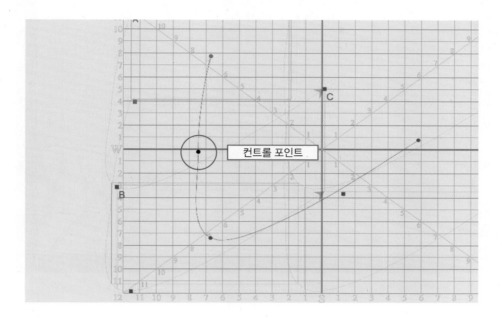

01 타임라인 뷰에서 카메라의 패스를 변경하고 싶은 씬을 선택합니다.

02 도구 툴바 또는 메인 메뉴 → Tools → Camera 툴을 선택합니다.

03 스테이지 뷰에서 두 키 프레임 사이의 패스 위에 커서를 올려놓습니다. 이 🖐 아이콘이 나타났을 때 패스를 클릭해서 드래그하면 경로가 수정되는 것이 보입니다.

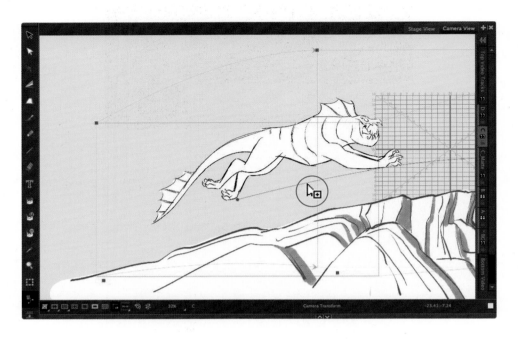

04 마음에 드는 경로로 설정했으면 마우스 버튼을 놓습니다. 이것으로 카메라가 A에서 B로 이동하는 커브 모양이 변경됩니다.

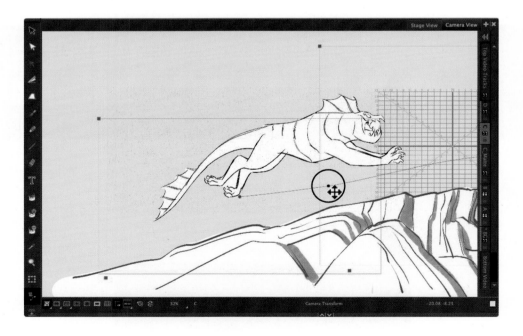

05 타임라인 뷰에도 컨트롤 포인트가 생성됩니다. 카메라 키프레임보다 작은 점으로 표시됩니다.

3. 카메라 패스 곡선 조정

3개 이상의 키프레임으로 카메라 애니메이션을 만들 때 카메라 패스는 키프레임을 통과하면서 곡선으로 움직입니다. 이런 곡선 느낌이 아닌, 직선으로 움직이게 하고 싶을 때 키프레임 및 컨트롤 포인트 툴바를 이용하면 카메라의 패스 모양을 조절할 수 있습니다.

카메라 키프레임을 선택하면 Keyframes and Control Point 툴바에서 해당 키 프레임의 커브 형태를 바꿀 수 있습니다. 3가지 설정 T, C, B 값을 바꿔 보세요. 각 설정은 -1~1 범위의 값을 입력할 수 있습니다. 모든 필드가 0으로 설정되면 곡선은 일정하고 균일한 모양을 나타냅니다.

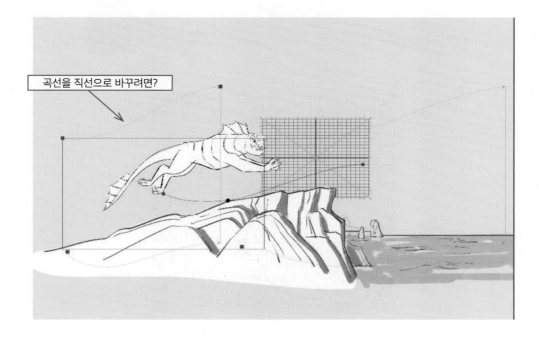

4. T(Tension), C(Continuity), B(Bias) 값 입력하기

01 타임라인 뷰에서 조정하고자 하는 키프레임 또는 컨트롤 포인트를 선택합니다.

02 Keyframes and Control Points 툴바에서 선택한 키프레임의 전후 패 모양이 원하는 대로 될 때까지 Continuity, Tension, Bias 필드에 -1~1 값을 입력합니다.

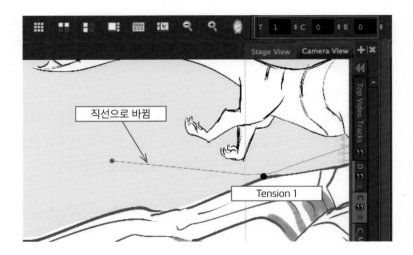

Scene 03 스토리보드 프로에서 3D 모델 다루기

📁 실습 파일 : 3d1.sbpz, 3d2.sbpz, 3d3.sbpz, 3d_xyz.sbpz

이번 챕터에서는 3D 공간에서 2D 레이어를 조작하는 방법과 3D 오브젝트를 가져와서 애니메이션에 활용하는 방법을 배우겠습니다. Autodesk Maya, 3D MAX, Cinema4D 등의 3D 프로그램으로 만든 오브젝트를 스토리보드 작업에 활용하면 입체적인 결과물을 얻을 수 있습니다. 스토리보드 프로에서 3D 공간을 활용하여 할 수 있는 것을 요약하면 다음과 같습니다.

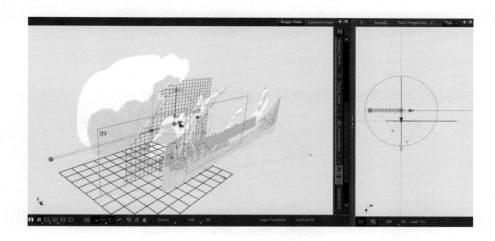

1) 멀티팬 : Top View, Side View활용. 2D 이미지로 3D 공간 연출   📁 실습 파일 : 3d1.sbpz

2) 드로잉 레이어 X, Y, Z축 회전   실습 파일 : 3d_xyz.sbpz

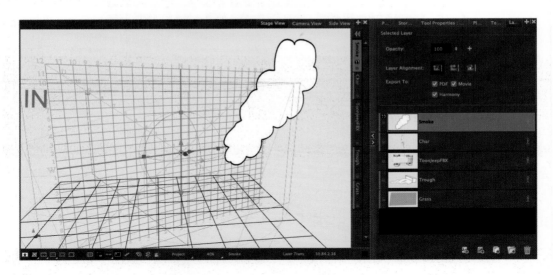

3) 3D 오브젝트 위치, 사이즈, 로테이션 애니메이션

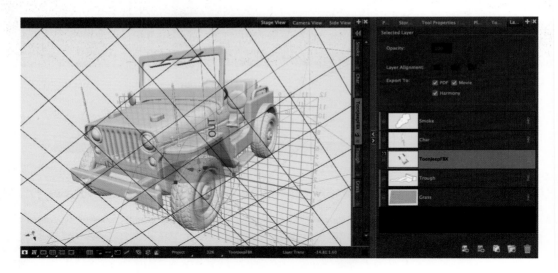

4) 3D 오브젝트와 2D 드로잉 혼합

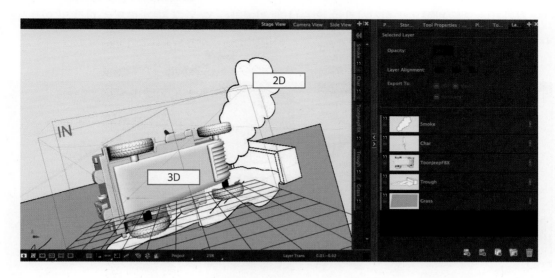

Panel 1 ▶◀

2D 씬을 3D로

스토리보드 프로에서 씬이나 패널을 만들면 기본적으로는 2D 모드가 됩니다. 이 말은 레이어는 모두 Z축으로 같은 위치값을 가진다는 뜻입니다.

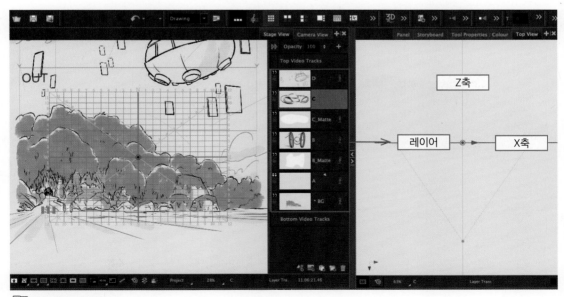

📁 **실습 파일 : 3d2.sbpz**

이런 2D 씬을 3D로 변환하면 다양한 연출이 가능해집니다. 예를 들어 3D 씬에서는 Z축으로 레이어를 이동시키거나 모든 방향으로 회전시킬 수 있습니다. 카메라를 X, Y, Z 축 방향으로 회전 및 이동시킬 수 있습니다.

📁 실습 파일 : 3d3.sbpz

마찬가지로 스테이지 뷰(Stage View)도 모든 각도로 회전, 이동시킬 수 있기 때문에 유저가 원하는 시점을 표시할 수 있습니다.

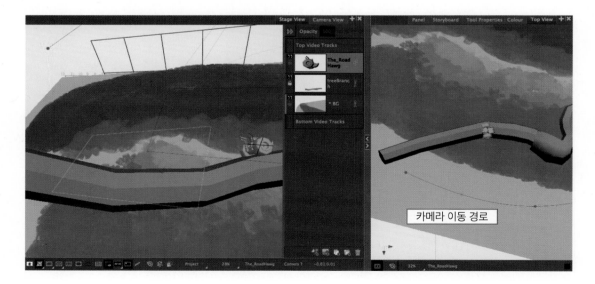

주의! 📁 실습 파일 : 3d2.sbpz

씬을 3D로 변환할 수 있지만 단일 패널은 불가능합니다. 3D 모드로 전환할 경우 현재 씬만 해당되며 프로젝트 전체가 바뀌는 것은 아닙니다.

1. 2D에서 3D 모드 전환하기

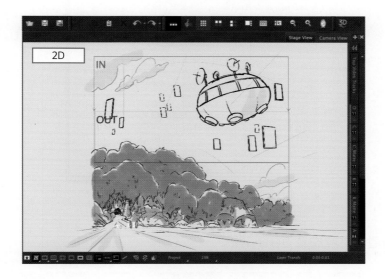

01 섬네일 뷰(Thumbnails View) 또는 타임라인 뷰(Timeline View)에서 3D로 변환할 씬을 선택합니다.

02 다음 중 하나를 실행합니다.

① 스토리보드 툴바에서 Enable 3D(3D) 아이콘을 클릭합니다.

② 메인 메뉴 → Storyboard → Enable 3D for Current Scene을 선택합니다.

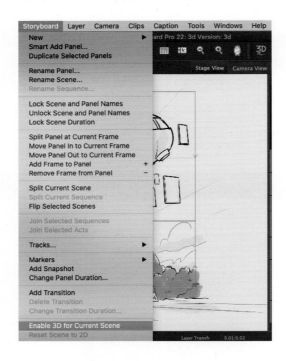

03 다음과 같이 3D 씬으로 전환합니다.

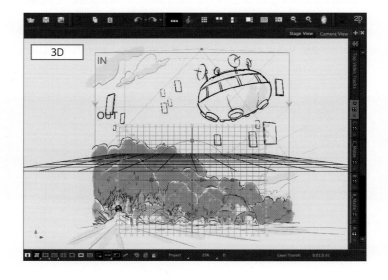

2D 씬과 3D 씬의 차이는 스테이지 뷰에서 쉽게 구분할 수 있습니다. ⌘ + Shift 또는 Ctrl + Shift 키를 누른 상태에서 드래그했을 때 화면이 회전하는지 안 하는지 체크해 보면 됩니다.

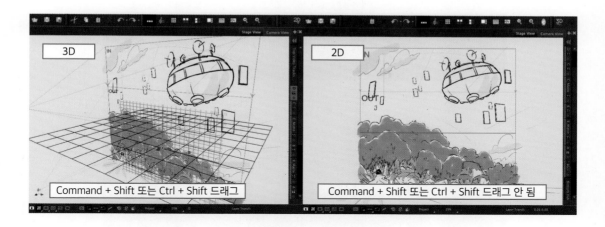

2. 2D 모드 전환 시 주의점   📁 실습 파일 : 3d_xyz.sbpz

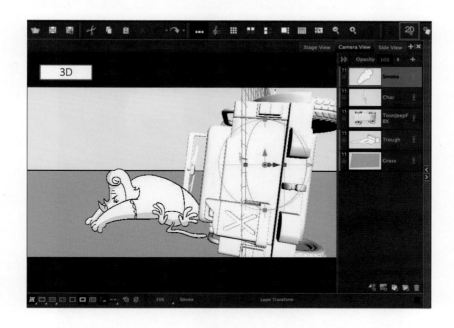

3D 씬을 2D 모드로 전환할 수 있습니다. 다만 다음 사항에 주의해야 합니다.

01 씬에서 3D 오브젝트가 삭제되지만, 라이브러리에는 그대로 남아 있기 때문에 언제든지 재사용할 수 있습니다.

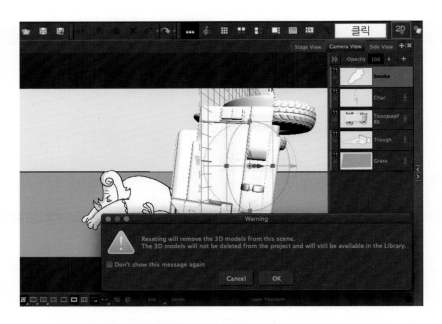

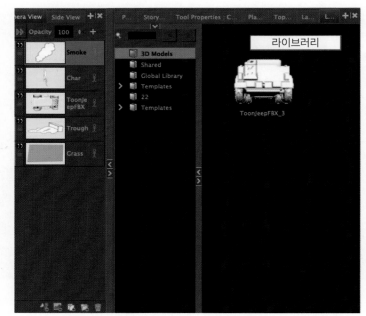

02 3D 카메라는 2D 카메라로 변환되고 Z축 카메라 워킹은 2D 카메라의 줌인 & 아웃으로 바뀝니다.
3D 로테이션은 무시됩니다.

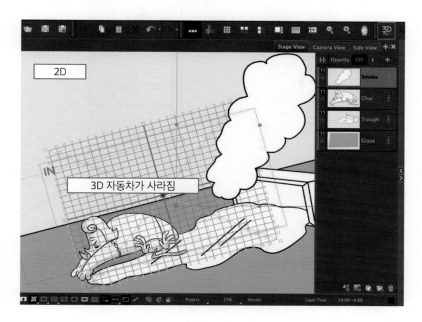

3. 2D 모드로 씬 전환하기

01 다음 중 하나를 실행합니다.

① Storyboard 툴바에서 Reset Scene to 2D(⬇) 아이콘을 클릭합니다.

② 메인 메뉴 → Storyboard → Reset Scene to 2D를 선택합니다.

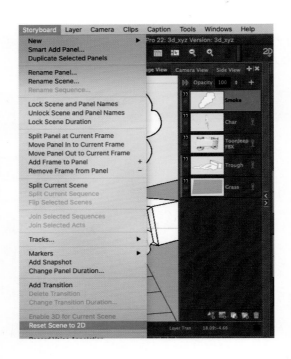

 Panel 2 ▶ **2D 엘리먼트 3D 공간에 배치 & 멀티플레인 카메라**

📁 **실습 파일 : 3d1.sbpz**

3D 공간에서 작업할 때는 스테이지 뷰(Stage View)를 사용하여 모든 시점과 앵글에서 쉽게 화면을 조작할 수 있습니다. 이를 통해 각각의 엘리먼트의 위치를 파악하기도 용이합니다. 또한 Top View와 Side View를 활용하면 엘리먼트의 배치를 쉽게 조정할 수 있습니다. 특히 멀티플레인 카메라 작업을 할 경우에는 반드시 Top View와 Side View를 활용해야 합니다.

1. 2D 엘리먼트를 3D 공간에 배치하기

01 스테이지 뷰 또는 카메라 뷰에서 2D 그림이 있는 레이어를 선택합니다.

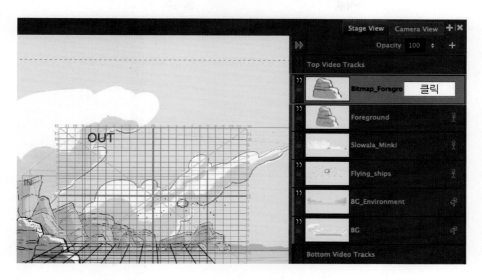

02 도구 툴바에서 Layer Transform( ) 아이콘을 클릭합니다. 컨트롤러가 나타납니다.

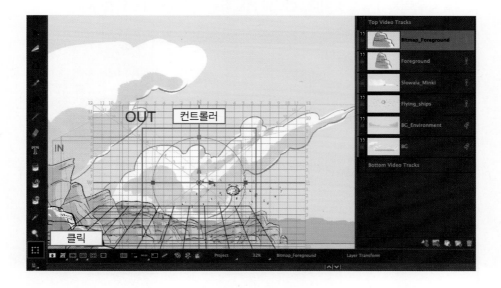

03 다음과 같은 방법으로 컨트롤 핸들을 사용하여 엘리먼트를 조작합니다.

그림을 위아래로(Y축) 축소 및 확대 : 컨트롤 핸들 상하의 녹색 점을 당깁니다.

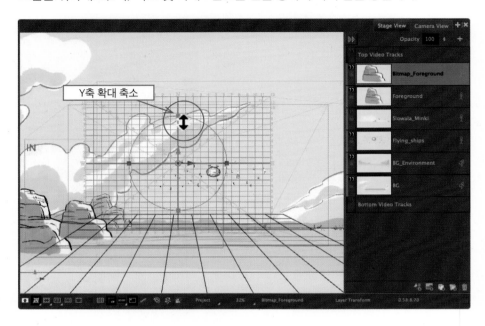

그림을 좌우로(X축) 축소 및 확대 : 컨트롤 핸들 좌우의 빨간색 점을 당깁니다.

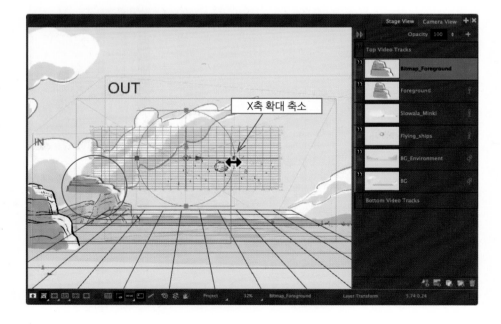

그림을 상하좌우로(XY축) 축소 및 확대 : 검은색 양방향 화살표가 나타나면 드래그합니다.

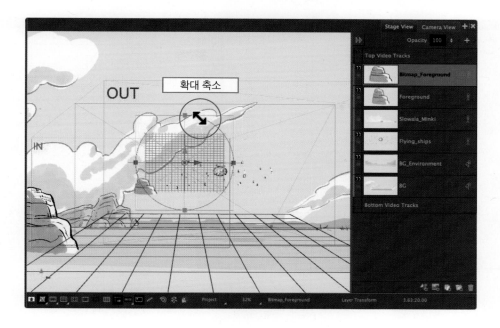

그림을 위아래로(Y축) 이동 : 컨트롤 핸들의 빨간색 화살표를 위아래로 당깁니다.

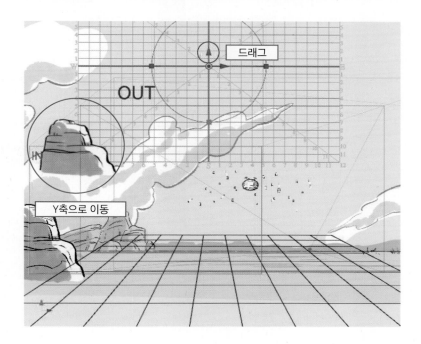

그림을 좌우로(X축) 이동 : 컨트롤 핸들의 빨간색 화살표를 좌우로 당깁니다.

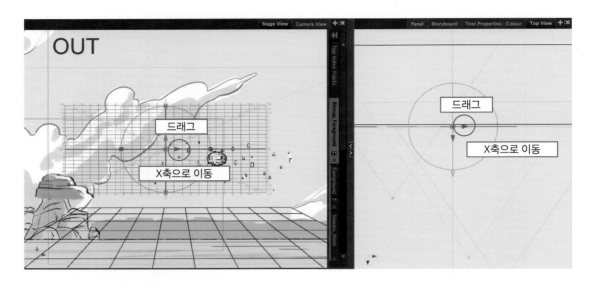

그림을 앞뒤로(Z축) 이동 : Top View 또는 Side View에서 빨간색 화살표를 당깁니다.

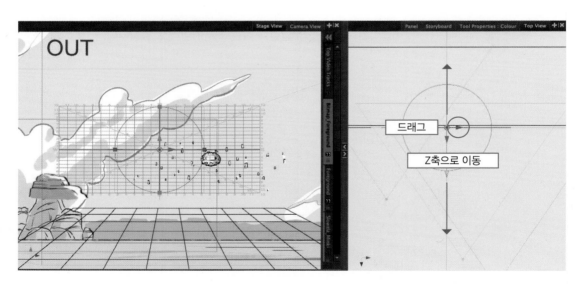

그림을 X축으로 회전: 마우스 커서를 피봇 포인트에서 위아래로 이동하면 X축 회전 툴로 아이콘이 변할 때, 상하로 마우스를 움직입니다.

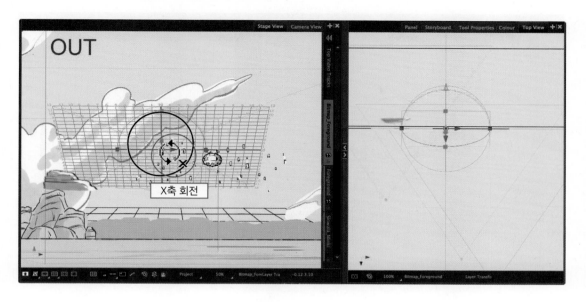

그림을 Y축으로 회전: 마우스 커서를 피봇 포인트에서 좌우로 이동하면 Y축 회전 툴로 아이콘이 변할 때, 좌우로 마우스를 움직입니다.

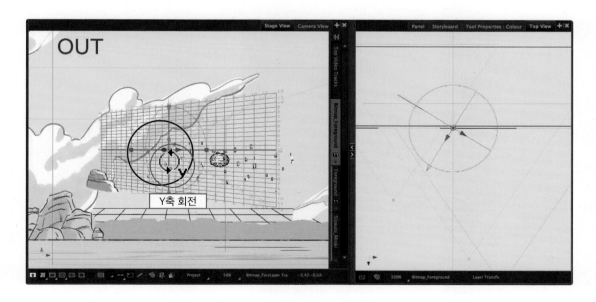

그림을 Z축으로 회전: 마우스 커서를 컨트롤 핸들 원 둘레로 이동하면 Z축 회전 툴로 아이콘이 변할 때, 마우스를 회전합니다.

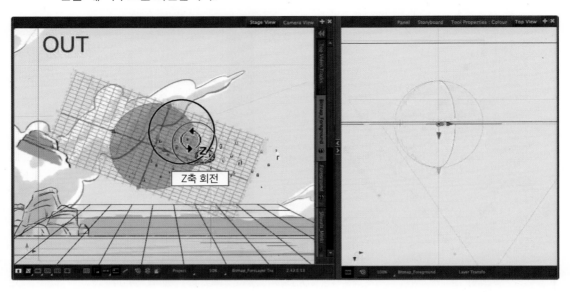

04 스테이지 뷰에서 Ctrl + Shift (Windows) 또는 ⌘ + Shift (macOS) 키를 누르고 마우스를 돌리면 화면이 돌아갑니다.

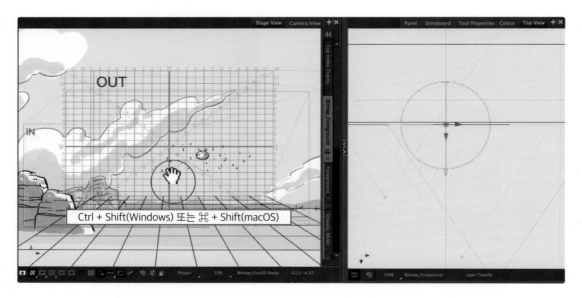

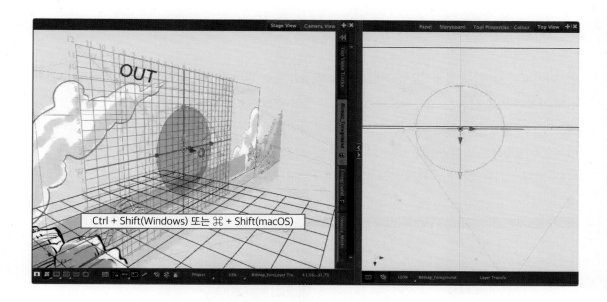

Ctrl + Shift(Windows) 또는 ⌘ + Shift(macOS)

05 화면을 원래 위치로 되돌리고 싶을 때는 Shift + M 키를 누릅니다.

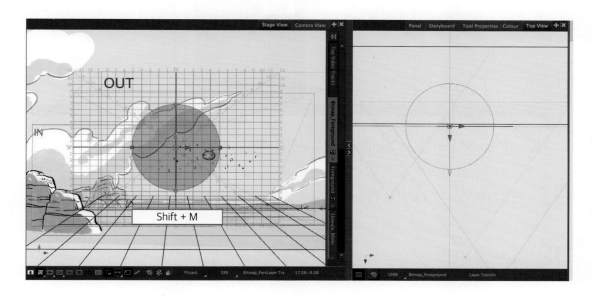

Shift + M

2. 멀티플레인 카메라(Maintain Size)

2D 이미지로 3D 같은 입체적인 움직임을 만들고 싶을 때는 멀티플레인 카메라 기법을 이용합니다. 예컨대 가까이 있는 사물은 크고 빠르게 움직이고, 멀리 있는 사물은 작고 느리게 움직이게 만들면 씬이 입체적으로 보입니다. 이런 효과를 만들기 위해서 엘리먼트를 배치할 때는 Side View 또는 Top View에서 Z축 방향으로 엘리먼트를 이동시킵니다. 상식적으로 카메라 렌즈에서 멀어지면 사물은 작게 보입니다. 반대로 카메라에 가까워지면 크게 보입니다.

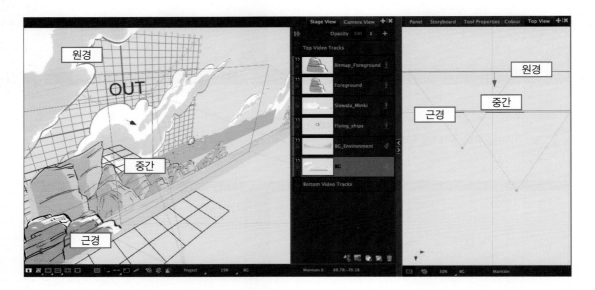

위 그림과 같이 Side View 또는 Top View를 활용해서 레이어의 위치를 Z 축으로 배치합니다.

01 근경의 바위는 제일 앞으로 위치시킵니다.

02 중간의 암석 바위는 Z 축으로 조금 더 뒤쪽으로 가게 합니다.

03 원경의 배경 레이어는 Z 축 제일 뒤로 자리 잡습니다.

04 이 상태에서 카메라가 오른쪽으로 이동하면 장면이 입체적으로 보입니다.

05 카메라 툴을 선택하고 키프레임을 만들어서 카메라를 이동하면 레이어가 입체적으로 움직입니다. 근경의 바위가 제일 빠른 속도로 움직인다는 것을 알 수 있습니다.

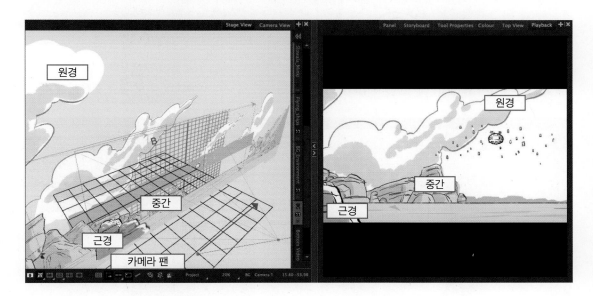

3. 3D 공간에서 2D 레이어의 드로잉 수정하기 📁 실습 파일 : 3d_xyz.sbpz

3D 오브젝트가 있는 씬에 2D 레이어가 있는 경우, 레이어를 회전시키거나 스테이지 뷰를 회전하면 그
2D 레이어를 더 이상 수정할 수 없습니다. 그런 경우 이 옵션을 사용하면 스테이지 뷰에서 해당 2D 레
이어를 수정할 수 있습니다.

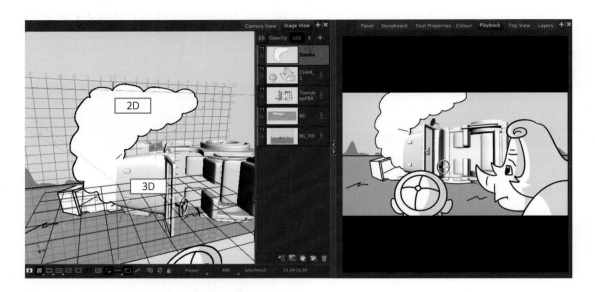

01 스테이지 뷰에서 [Ctrl] + [Shift] (Windows) 또는 [⌘] + [Shift] (macOS) 키로 뷰를 회전시킵니다.

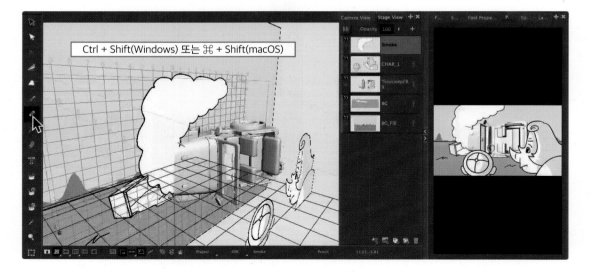

02 스테이지 뷰가 바뀌면 다음 이미지처럼 펜슬 툴을 선택해도 Smoke 레이어의 드로잉을 수정할
수 없습니다.

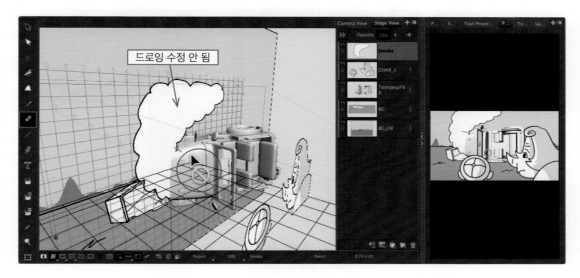

03 스테이지 뷰의 레이어 패널에서 레이어를 선택합니다.

04 스테이지 뷰 하단의 상태바에서 Look At Selected( ) 아이콘을 클릭합니다.

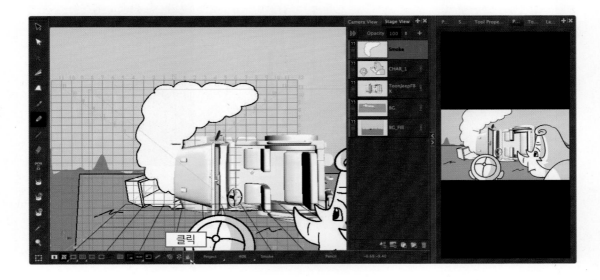

05 뷰가 전환하면서 해당 2D 레이어는 스테이지 뷰에서 그릴 수 있는 조건으로 변경됩니다.

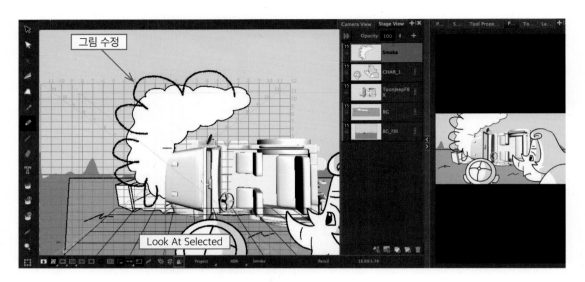

4. 스테이지 뷰 회전 단축키 모음

01 `Ctrl` + `Alt` (Windows) 또는 `⌘` + `Alt` (macOS) 마우스 드래그 : 라이트 테이블 회전

02 ⎡Ctrl⎤ + ⎡Shift⎤ (Windows) 또는 ⎡⌘⎤ + ⎡Shift⎤ (macOS) 마우스 왼쪽 버튼 드래그 : 스테이지 뷰 회전

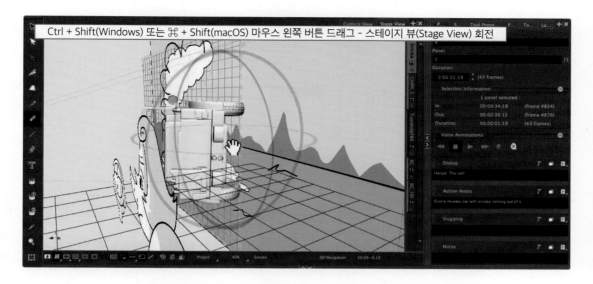

03 ⎡Ctrl⎤ + ⎡Shift⎤ (Windows) 또는 ⎡⌘⎤ + ⎡Shift⎤ (macOS) 마우스 가운데 버튼 드래그 : 스테이지 뷰 이동

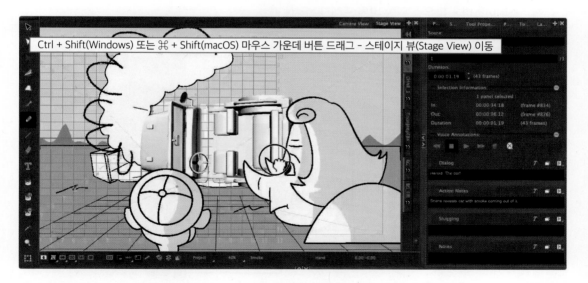

04 ⌃Ctrl + ⇧Shift (Windows) 또는 ⌘ + ⇧Shift (macOS) 마우스 오른쪽 버튼 드래그 : 스테이지 뷰 Z축 이동

05 스페이스바 + 마우스 왼쪽 버튼 드래그 : PAN

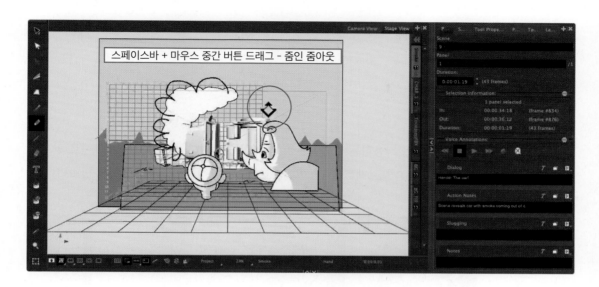

 Panel 3 ## 3D 모델 임포트

📁 **실습 파일 : 3d_import.sbpz, 3d_xyz.sbpz**

스토리보드 프로에서 3D 모델을 사용하려면 라이브러리에 임포트해야 합니다.

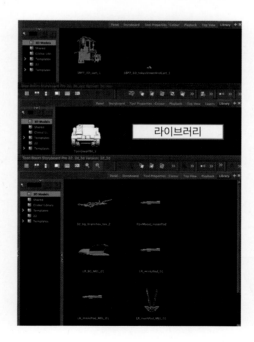

스토리보드 프로에서는 다음 유형의 3D 모델 포맷이 지원됩니다.

- Filmbox(.fbx) - 주로 사용하는 포맷
- 3DS Max(.3ds)
- Wavefront OBJ(.obj)
- Alembic(.abc)
- Collada(.dae)

스토리보드 프로에서 3D 모델을 사용하는 방법에는 두 가지가 있습니다. 3D 오브젝트 그대로 임포트 해서 3D처럼 사용하는 방법과 3D 오브젝트를 2D 이미지로 변환해서 2D 형태로 사용하는 방법입니다.

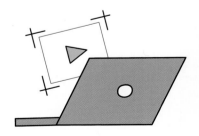

1. 배경을 3D 오브젝트로 사용

프로젝트에 주로 사용하는 3D 오브젝트는 배경 모델과 메카닉(자동차, 비행기, 로봇 등) 모델입니다. 손으로 그리기 어려운 것을 3D로 제작해 사용하면 패널에 캐릭터나 배경을 그릴 필요가 없으므로 시간을 절약할 수 있을 뿐만 아니라 그것들이 스토리보드에 정확하고 일관성 있게 표시되기 때문에 작업의 효율성이 올라갑니다. 아래 그림처럼 배경으로 3D를 사용하면 장면별로 배경을 따로 그리지 않고 회전하는 것만으로도 다양한 각도를 연출할 수 있습니다.

2. 3D 오브젝트로 가져오기

라이브러리에 추가한 3D 모델을 스테이지 뷰 또는 카메라 뷰에 드래그 앤 드롭하면 됩니다. 스테이지로 들어온 3D 오브젝트는 패널의 레이어로 작동합니다. 따라서 오브젝트 이동, 회전, 크기 변경 외에 애니메이션을 만들거나 3D 모델 안의 서브 그룹도 숨김, 표시, 분리할 수 있습니다.

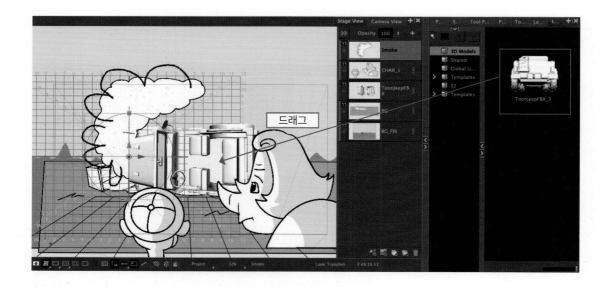

01 라이브러리 뷰의 3D Models 라이브러리 폴더를 마우스 우클릭하여 Import Files를 선택합니다. 또는 오른쪽 공간에서 마우스 우클릭해도 됩니다. 브라우저 창이 열립니다.

02 임포트할 3D 파일을 찾아서 선택한 후 Open을 클릭합니다. 팝업창이 나타납니다.

📁 **실습 파일 : 3D Models.zip**

03 임포트하는 모델이 .fbx 포맷이면 Convert to FBX format 옵션을 선택하지 않아도 됩니다.

04 라이브러리 안으로 임포트한 모델이 들어옵니다.

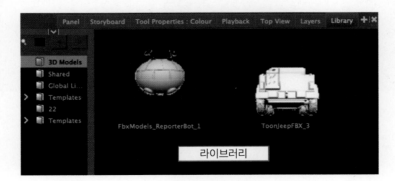

05 섬네일 뷰 또는 타임라인 뷰에서 3D 모델을 추가할 패널을 선택합니다.

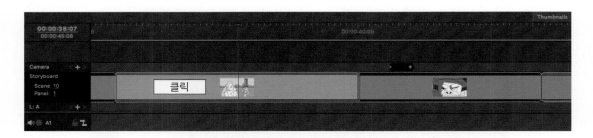

06 라이브러리 뷰에서 3D 모델을 선택합니다. 3D Models 폴더 아니면 유저가 만든 폴더에 있습니다.

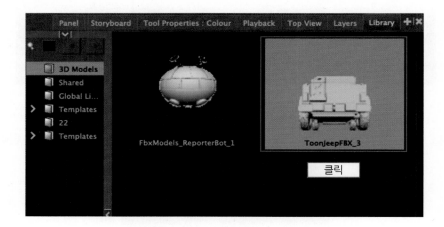

07 스테이지 뷰 또는 카메라 뷰로 드래그합니다. 씬이 2D 모드이면 다음 팝업창이 나타납니다.

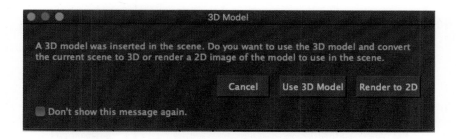

08 Use 3D Model을 클릭합니다. 3D 모델은 오리지널 사이즈로 패널에 들어오고 스테이지 중앙에 배치됩니다.

09 이로써 씬은 3D 공간으로 전환합니다.

10 top view와 side view를 이용해서 자동차의 크기와 위치 및 앵글을 조정합니다.

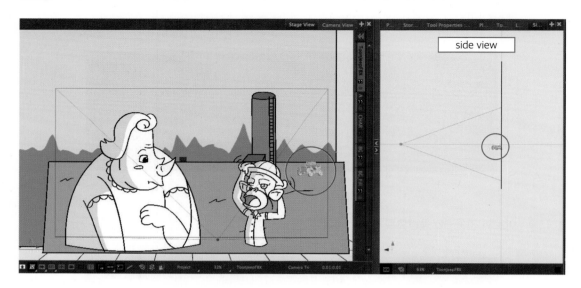

3. 3D 오브젝트를 2D 이미지로 가져오기

이 방법은 3D 모델을 그대로 사용하는 것보다 간편하지만 더 리얼한 스토리보드를 만들고 싶다면 3D 모델 그대로 가져오는 것이 좋습니다. 3D 모델을 참고용으로 사용하거나 정적인 배경이 필요할 때 유용합니다.

아래의 두 씬을 비교해 보면 이해하기 쉽습니다. 포장마차 3D 모델이 어떻게 활용되는지 알 수 있습니다.

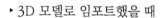

‣ 3D 모델로 임포트했을 때

‣ 2D 이미지로 변경해서 임포트했을 때

위 그림에서 3D 모델로 임포트한 포장마차와 2D 이미지로 임포트한 엘리먼트는 컨트롤 포인트도 서로 다르게 표시됩니다. 모델을 임포트하고 앵글을 회전시켜 보세요. 그 차이점을 명확하게 알 수 있습니다.

4. Render to 2D 형태로 임포트하기

3D 모델을 2D 이미지로 임포트하기 전에 씬에 맞는 각도, 위치를 조정할 수 있는 옵션을 제공합니다. 이 방식으로 임포트한 3D 오브젝트는 비트맵 레이어로 씬에 추가됩니다. 따라서 이 시점부터는 3D 모델이 아니라 비트맵 레이어로 전환된다는 뜻입니다.

01 섬네일 뷰 또는 타임라인 뷰에서 3D 모델을 추가할 패널을 선택합니다.

02 라이브러리 뷰에서 3D Models 라이브러리를 선택합니다. 또는 유저가 만든 라이브러리 폴더에서 3D 모델을 선택합니다.

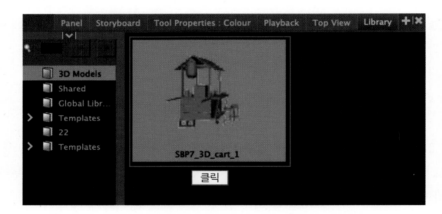

03 3D 모델을 스테이지 뷰 또는 카메라 뷰로 드래그&드롭 합니다.

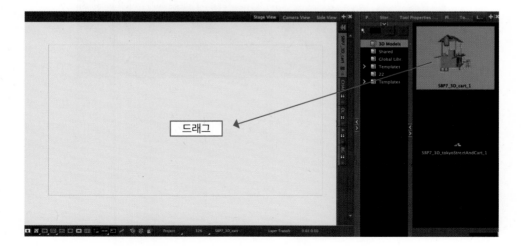

04 팝업창이 나타나면 Render to 2D를 클릭합니다.

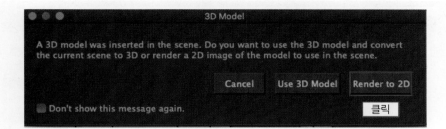

05 Render 3D Model 팝업창이 나타납니다.

06 카메라 필드 사이즈에 딱 맞추고 싶은 경우 Fit Model to View 버튼을 클릭합니다.

07 미리보기에서 3D 모델의 사이즈 및 앵글을 조정합니다.
모델의 크기는 수직 슬라이더를 드래그해서 조절합니다. 또는 마우스 휠을 위아래로 스크롤합니다.

08 카메라를 회전시키려면 $\boxed{\text{Ctrl}}$ + $\boxed{\text{Shift}}$ (Windows) 또는 $\boxed{\text{Shift}}$ + $\boxed{\text{⌘}}$ (macOS)를 누른 채 미리보기 영역을 클릭&드래그합니다.

09 스페이스바를 누른 채 미리보기 영역을 클릭&드래그하면 화면 이동합니다.

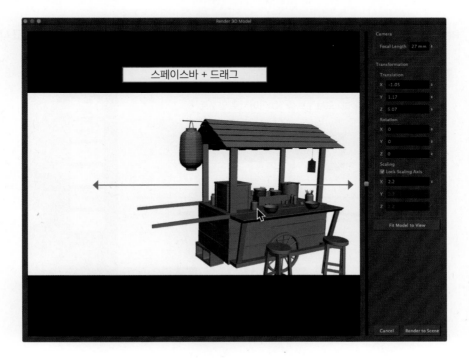

10 팝업창 옵션 중 Focal Length 에서는 카메라 렌즈 종류를 선택할 수 있습니다.

11 Transformation 옵션에서 수치를 입력해 모델의 위치, 사이즈, 회전을 정합니다.

12 Render to Scene 버튼을 누르면 비트맵 이미지로 들어오고 레이어 패널에 보라색으로 표시됩니다.

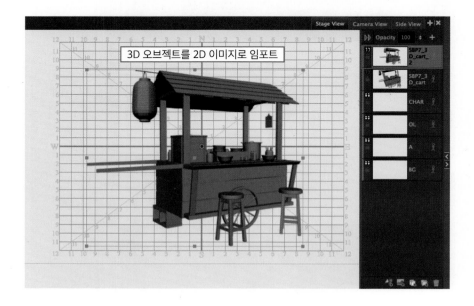

TIP! 임포트하지 않고 이미지 업데이트

만약에 같은 3D 모델에서 다른 시점의 이미지가 필요할 때, 3D 모델을 다시 임포트하지 않은 상태에서도 이미지를 업데이트할 수 있습니다.

① 방금 임포트한 3D 모델 이미지 레이어를 선택합니다.

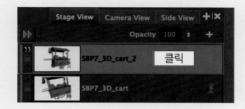

② 다음 중 하나를 실행합니다.
• 선택한 레이어에서 마우스 우클릭하고 Update Model Position을 선택합니다.

- 메인 메뉴 → Layer → Update Model Position을 선택합니다.

③ Render 3D Model 팝업창이 나타나면 앞에서 한 것과 같은 방법으로 임포트하면 됩니다.
단, 기존 임포트한 3D 이미지가 수정된 경우에는 오버라이트가 되니 주의해 주세요.

④ 수정한 각도로 3D 오브젝트가 임포트됩니다.

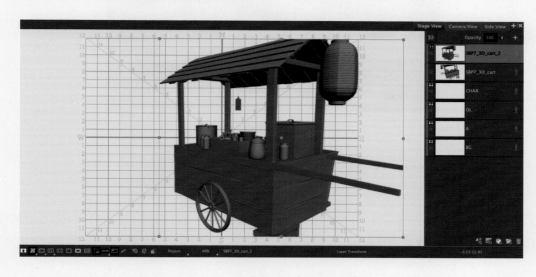

 3D 오브젝트 움직이기

3D 오브젝트 애니메이션은 드로잉 레이어를 애니메이션하는 것과 매우 비슷합니다. 3D 레이어의 애니메이션을 활성화한 다음 원하는 프레임에 키프레임을 만들고 위치, 각도 및 크기를 수정하면 됩니다.

2D든 3D든 시작 키프레임과 끝 키프레임을 만들어 오브젝트를 이동하거나 크기나 앵글을 변형시키는 작업입니다.

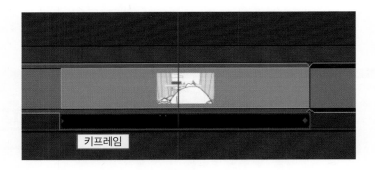

키프레임

1. 3D 공간에서 스테이지 뷰 회전

3D 오브젝트는 입체 모델입니다. 따라서 2D 드로잉을 움직이는 것과 차이가 있습니다. 3D 오브젝트로 애니메이션을 만들기 위해서는 3D 오브젝트의 기본적인 컨트롤을 익혀야 합니다.

01 도구 툴바에서 핸드(Hand, ✋) 툴을 길게 누르고 3D Navigation(⊕) 툴을 선택합니다. 스테이지 뷰 안에서 클릭&드래그로 회전합니다.

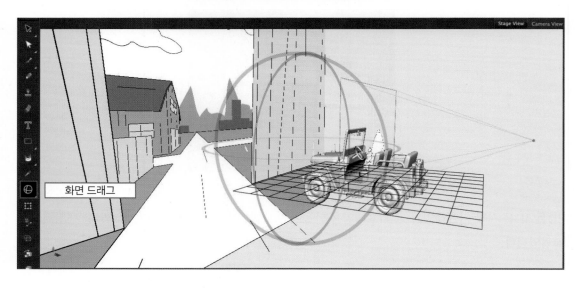

화면 드래그

02 단축키 Ctrl + Shift (Windows) 또는 ⌘ + Shift (macOS) 키를 누르고 드래그하면 화면이 회전합니다.

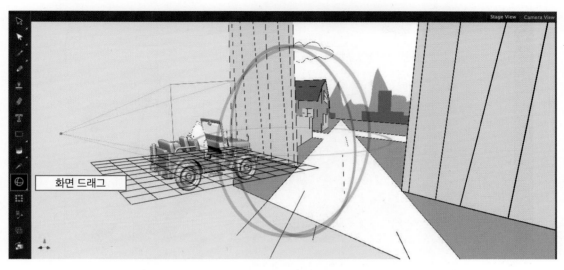

03 Ctrl + Shift (Windows) 또는 ⌘ + Shift (macOS) 키를 누르고 마우스 가운데 버튼을 드래그하면 스테이지 뷰를 이동합니다.

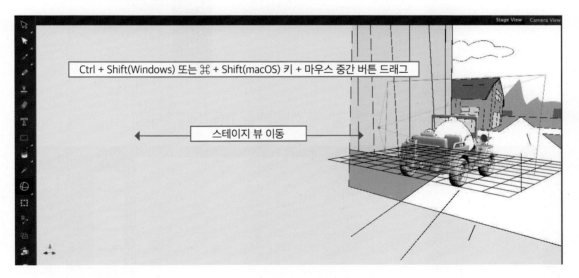

04 Ctrl + Shift (Windows) 또는 ⌘ + Shift (macOS) 키를 누르고 마우스 오른쪽 버튼을 드래그
하면 스테이지 뷰를 확대하거나 축소합니다.

2. 3D 오브젝트 움직이기-이동

01 도구 툴바에서 Layer Transform(▢) 툴을 선택합니다.

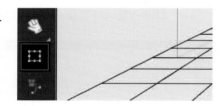

02 스테이지 뷰에서 3D 모델을 선택합니다. 선택은 어느 뷰든 상관없습니다.

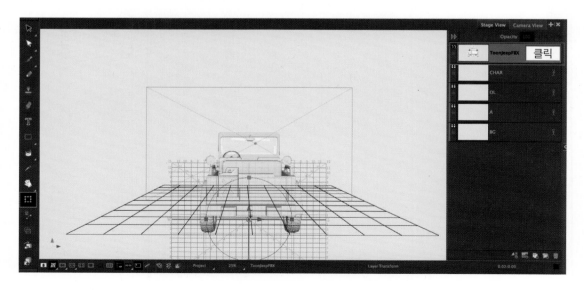

03

스테이지 뷰, 카메라 뷰, Top 뷰 또는 Side 뷰에서 다음 중 하나를 실행합니다.

① X축으로 모델을 이동하려면 X축 방향 화살표를 클릭 & 드래그합니다.

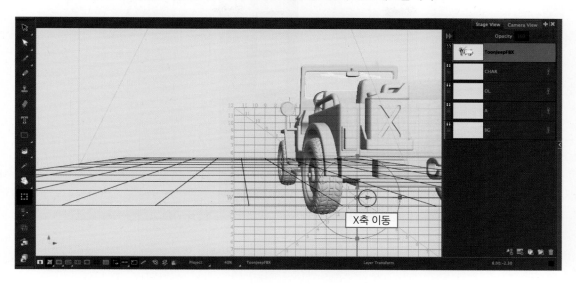

② Y축으로 모델을 이동하려면 Y축 방향 화살표를 클릭 & 드래그합니다.

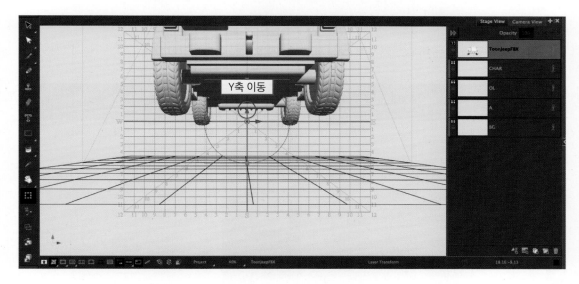

③ Z축으로 모델을 이동하려면 Top View에서 Z축 방향 화살표를 클릭 & 드래그합니다.

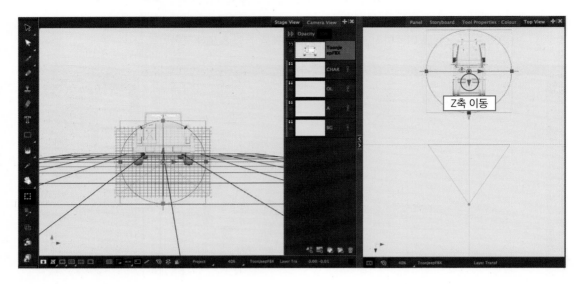

④ 모든 방향으로 이동하려면 모델을 클릭&드래그합니다.

3. 3D 오브젝트 움직이기-회전

01 X축 모델 회전은 마우스 커서에 X가 나타나면 원을 상하로 드래그합니다.

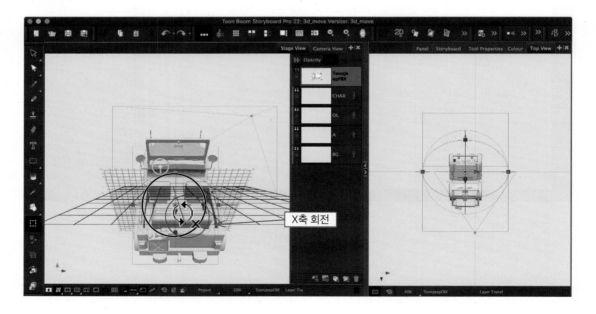

02 Y축 모델 회전은 마우스 커서에 Y가 나타나면 원을 좌우로 드래그합니다.

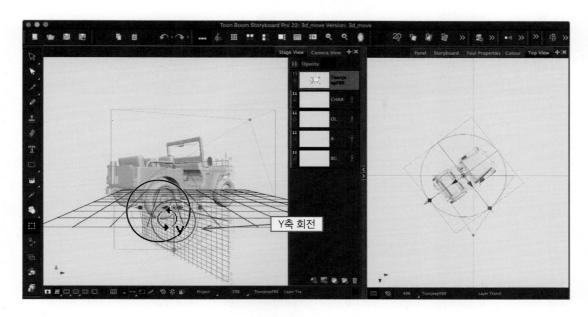

Y축 회전

03 Z축 모델 회전은 마우스 커서에 Z가 나타나면 원을 따라 둥글게 드래그합니다.

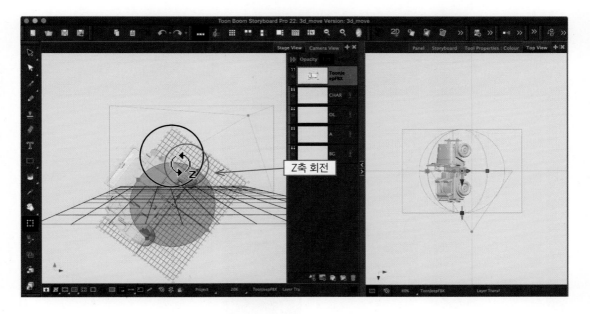

Z축 회전

4. 3D 오브젝트 움직이기- 확대 & 축소

01 X축 모델 확대 축소는 빨간색 점을 클릭 & 드래그합니다.

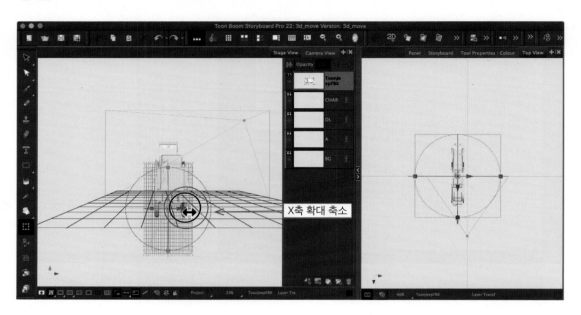

02 Y축 모델 확대 축소는 녹색 점을 클릭&드래그합니다.

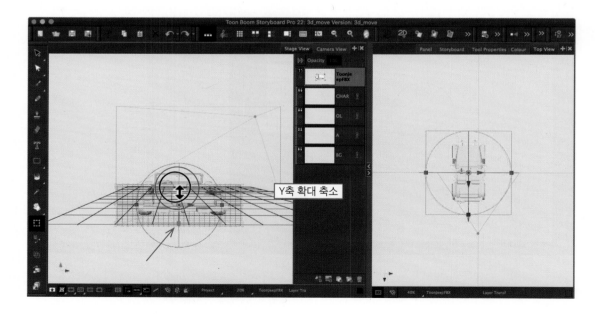

03 Z축 모델 확대 축소는 Top View에서 파란 점을 클릭 & 드래그합니다.

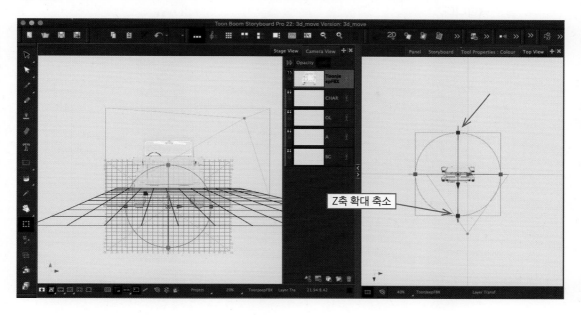

5. 3D 오브젝트 위치 리셋

변경된 3D 오브젝트의 크기, 위치, 회전을 임포트했던 원래 설정으로 되돌리고 싶을 때 사용합니다.

01 스테이지, 카메라, 또는 레이어 뷰에서 리셋하고 싶은 3D 모델을 선택합니다.

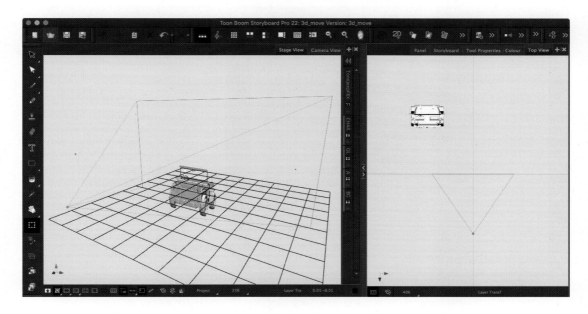

02 레이어를 선택하고 메인 메뉴 → Layer → Reset Transform 을 선택합니다.

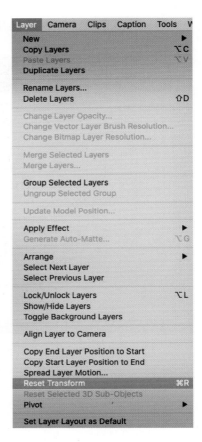

03 3D 자동차가 처음 임포트했을 때 위치로 돌아옵니다.

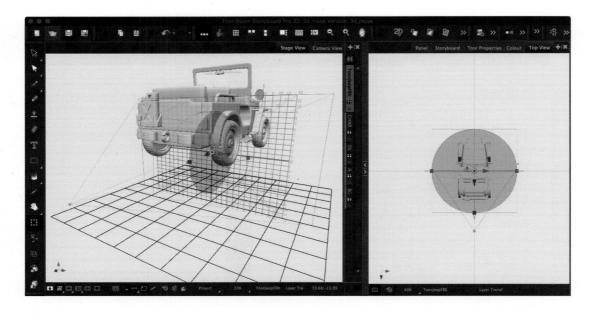

sequence

5

• • • 쉽고 빠르게 그리는 스토리보드

이것이
찐 프로들의
스토리보드

▸ 이 장에서는 현장에서 활발히 활동하는 글로벌 스토리보드 아티스트의 작품을 통해 툰붐 스토리보드 프로의 다양한 활용법을 알아보겠습니다. 이중에는 에미상을 수상한 작가도 있으며 영화, 애니메이션, 게임, 드라마 등등 다양한 분야와 국가에서 오랜 시간 활약하고 있습니다. 13명의 스토리보드 아티스트의 작업 스타일과 노하우를 소개합니다. 또한, 스토리보드 프로 소프트웨어의 사용법을 익히는 것뿐 아니라 아티스트로서의 삶에 대해서도 배울 수 있습니다. 아티스트의 명단은 다음과 같습니다.

- Albert McClelland, Jr.
- David Howard
- Gene Kim(김진기)
- Kaitrin Snodgrass
- Karine Charlebois
- Leo Garcia
- Luisa Cruz
- Matthias De Clercq
- Mike Milo
- Mike Morris
- Nic Parris
- Sam Tung
- Tim Hodge

Scene 01 카린 샤를부아의 스토리보드 프로7 데모

카린 샤를부아 (Karine Charlebois)

카린 샤를부아는 1996년부터 애니메이션 업계에서 일해 왔으며 주로 스토리보드를 전문으로 하고 있습니다. 그녀는 크레파스를 잡을 수 있을 때부터 그림을 그려왔고, 그림으로 이야기를 전달하는 예술적 커리어를 쌓아왔습니다. 2017년부터 카린은 스토리보드 감독, 조감독, 스토리보드 강사로 활동하고 있습니다. 또한 2019년부터 애니메이션 학교에서 스토리보드 교사로 일하고 있습니다.

그녀는 주로 2D 애니메이션 TV 시리즈에서 경력을 쌓았으며, 영화를 포함한 다수의 3D 애니메이션 스토리보드 작업 경력도 가지고 있습니다.

참여 작품
- 「내 친구 아서(Arthur)」 (스토리보드 아티스트)
- 「중국 샴 고양이 사그(Sagwa the Chinese Siamese Cat)」 (스토리보드 아티스트)
- 「말하는 강아지 마사(Martha Speaks)」 (스토리보드 아티스트)
- 「마이 리틀 포니: 우정은 마법(My Little Pony: Friendship Is Magic)」 (스토리보드 아티스트)
- 「그때 그 시절 패밀리(F is for Family)」 (스토리보드 아티스트)
- 「형사 가제트(Inspector Gadget)」 (스토리보드 아티스트)
- 만화 「가고일즈 (Gargoyles: Bad Guys)」 (아티스트)

작가 홈페이지
https://kantharadraws.com

카린의 일상

 Panel 1 카린 샤를부아(Karine Charlebois)의 스토리보드 노하우 QnA

이번 챕터에서는 카린 샤를부아의 「툰붐 스토리보드 프로 7 데모」 작업에 대한 이야기를 소개합니다.

Q 이 작품을 만든 목적이 무엇인가요?

A 이 작품은 툰붐의 스토리보드 프로 7 제품 출시를 위해 만든 데모 영상입니다. 이 작품에서 저는 다양한 애니메이션 스타일을 통해 전 세계 애니메이션 스튜디오가 다양한 용도로 스토리보드 프로를 사용할 수 있다는 것을 보여주고자 했습니다. 특히 이 데모를 만들 때 레이어 애니메이션을 활용해 더 나은 애니메틱을 만드는 기능에 포커스를 맞췄습니다. 이 데모를 통해 레이어 애니메이션, pin 카메라, 멀티플레인 카메라, 퍼스펙티브 가이드 활용 등을 볼 수 있습니다.

Panel 2 아티스트의 노하우 살펴보기

스토리보드 프로의 주요 기능인 레이어 애니메이션, 카메라, 대사, 가이드의 사용법을 알아봅시다.

1. 캡션 및 대사 넣기　📁 **실습 파일 : Karine_Charlebois_caption.sbpz**

스토리보드 프로에서 대사나 캡션을 넣는 작업을 위해 먼저 워크스페이스를 전환하는 것을 추천합니다. 기본 워크스페이스를 사용해도 되지만, 많은 대사를 처리할 때는 버티컬 워크스페이스(Vertical Workspace)로 전환하는 것이 좋습니다.

1) 워크스페이스 전환

01 아래 그림은 기본 워크스페이스입니다. Vertical Workspace로 전환하는 방법은 아래 두 가지 중 하나를 선택하면 됩니다.

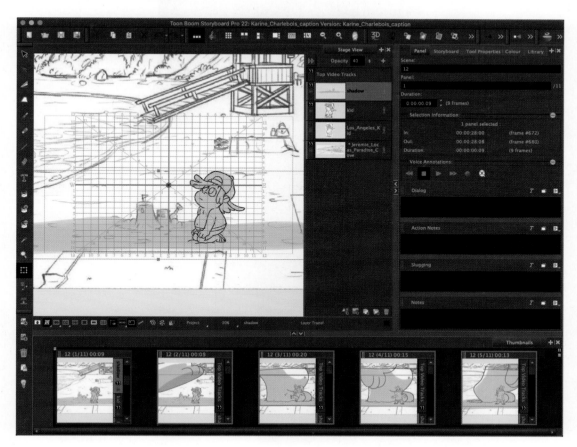

02 다음 중 하나를 실행합니다.

① 뷰 메뉴 바에서 Vertical Workspace() 아이콘을 클릭합니다.

② 또는 뷰 메뉴 바 위에서 마우스 오른쪽 버튼을 클릭하고 Workspace 메뉴를 꺼냅니다.

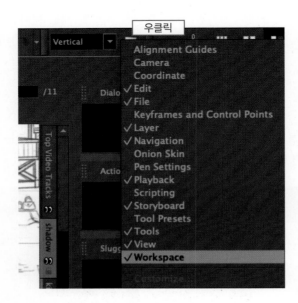

03 Workspace 메뉴 바가 나타나면 아래를 향하는 삼각형 아이콘을 클릭해서 Vertical을 선택합니다.

04 기본 워크스페이스에서 Vertical Workspace로 전환됩니다. 이렇게 하면 대사 및 액션 노트를 작업하기가 편리해집니다.

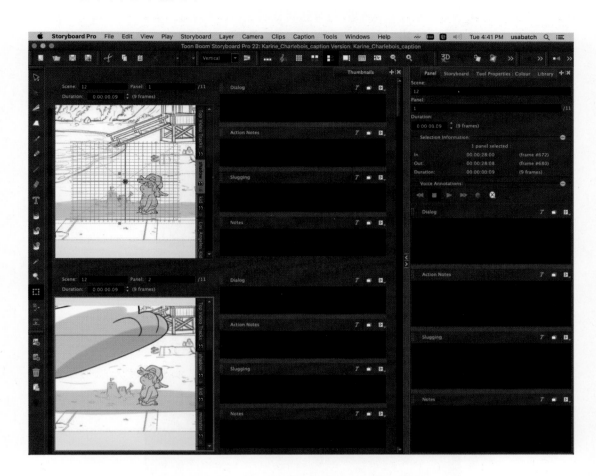

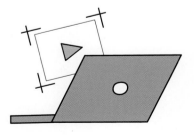

2) 대사 집어넣기   📁 실습 파일 : caption_demo.rtf

대사는 Dialog 창에 직접 입력해도 되지만, 완성된 대사 파일을 가져와서 작업하면 시간을 더 절약할
수 있습니다.

01 스테이지 뷰의 오른쪽 패널 뷰에서 Storyboard 탭을 선택합니다. 탭이 보이지 않으면 오른쪽 끝
부분의 (➕)아이콘을 클릭하고 Storyboard를 선택하면 됩니다.

02 아래 Script 항목에서 오른쪽 끝 도큐멘트(Document, 📄) 아이콘을 클릭하고 Import Caption
옵션으로 작성한 대사 파일을 가져옵니다. 스토리보드 프로는 .txt 또는 .rtf 파일 포맷을 지원합
니다. (실습 파일 caption_demo.rtf를 가져옵니다.)

03 Script 항목에 임포트한 대사 파일이 들어옵니다.

04 씬에 넣을 대사를 드래그합니다. 선택한 대사는 파란색으로 표시됩니다.

05 선택한 대사나 액션 노트를 클릭&드래그하여 왼쪽 Dialog 항목으로 옮깁니다.

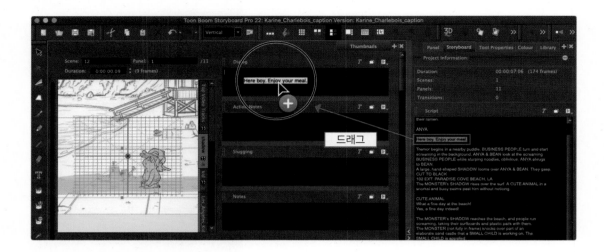

06 대사가 Dialog 항목에 들어갑니다. 이와 같이 대사 작업은 스토리보드 작업이 다 끝난 뒤에 대사 파일을 임포트한 후 한 번에 작업하는 것이 편리합니다.

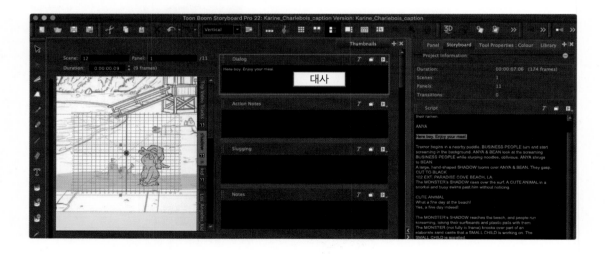

2. 엘리먼트 팬　📁 **실습 파일 : Karine_Charlebois_element_pan.sbpz**

이번에는 아래 그림처럼 비행기가 도시 상공을 왼쪽에서 오른쪽으로 날아가는 애니메이션에 대해 알아 보겠습니다.

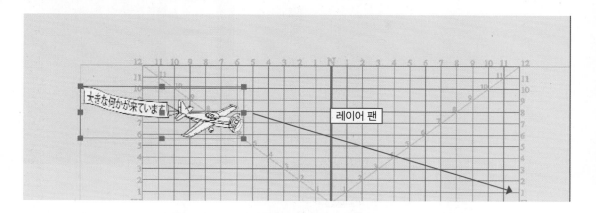

레이어 애니메이션은 레이어의 오른쪽에 있는 애니메이트(animate, 🏃)아이콘을 반드시 눌러야 한다 는 것을 잊지 말아 주세요. 애니메이트 아이콘은 클릭하기 전에는 회색(🧍)입니다.

1) 레이어 팬(Pan)

아래와 같이 비행기가 씬 밖으로 날아가는 애니메이션을 만들 때도 레이어 팬이라는 용어를 사용합니다.

비행기가 씬 밖으로 빠져나가는 애니메이션

01 스테이지 뷰 또는 카메라 뷰의 레이어 패널에서 비행기 레이어(Tokyo-Wide_plane_1)를 선택합니다.

02 도구 툴 바에서 레이어 트랜스폼(⬚) 툴을 선택합니다. 비행기 레이어에 사각형 컨트롤러가 나타납니다.

03 레이어 패널의 애니메이트(🧍) 아이콘을 클릭합니다. 아이콘의 색이 회색에서 노란색으로 바뀝니다.

04 타임라인 뷰에 첫 번째 키프레임이 생성됩니다.

05 플레이 헤드를 씬 끝으로 이동합니다.

06 스테이지 뷰 또는 카메라 뷰에서 레이어 트랜스폼 툴(□)이 선택된 상태에서 비행기 레이어를 씬 밖으로 이동합니다.

07 플레이 헤드가 위치한 곳에 키프레임이 생성됩니다.

08 타임라인 뷰의 플레이 헤드를 좌우로 움직이면 비행기 애니메이션을 확인할 수 있습니다. 레이어 애니메이션이 완성됩니다.

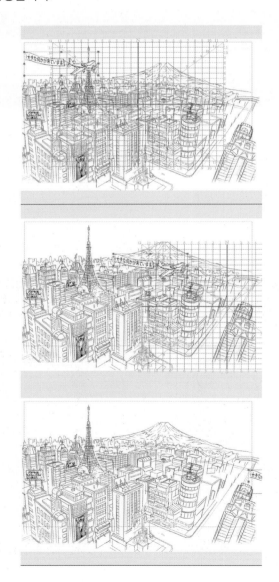

3. 트럭 인(Truck In)   📁 실습 파일 : Karine_Charlebois_truckin.sbpz

트럭 인(Truck In)은 카메라가 피사체에 가까이 다가가는 장면입니다. 스토리보드 작업에서 가장 기초적인 카메라 워킹입니다. 반대로 피사체에서 멀어지는 것은 트럭 아웃(Truck Out)입니다. 아래 그림과 같이 카메라가 포장마차 쪽으로 들어가는 장면을 연출할 때 사용합니다.

01 타임라인 뷰에서 트럭 인 작업할 패널을 선택하고 시작점으로 플레이 헤드를 이동합니다.

▶ 실습 파일 scene 2

02 도구 툴바에서 카메라(📷) 아이콘을 클릭하고 타임라인 뷰의 카메라 트랙에서 (➕) 아이콘을 눌러 키프레임을 생성합니다.

03 앞서 ②번 과정에서 했던 것처럼 타임라인 뷰에서 플레이 헤드를 이동해 카메라의 마지막 포즈 키프레임을 생성합니다.

04 스테이지 뷰 또는 카메라 뷰에서 카메라 프레임을 드래그하면서 포장마차가 화면에 꽉 차게 프레임을 설정합니다.

4. 멀티플레인 카메라 🗂 실습 파일 : Karine_Charlebois_multicam.sbpz

역동적인 카메라 워킹이 필요한 경우, 멀티플레인 카메라 기법을 사용합니다. 실습 파일에서 카메라가 단지 이동할 뿐인데 입체적인 느낌으로 표현됩니다.

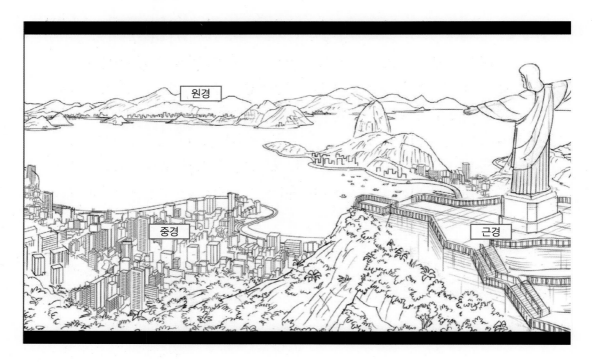

1) 멀티플레인 카메라의 전제 조건 – Z축 위치 변경하기

멀티플레인 카메라를 사용하기 위해서는 엘리먼트의 위치가 중요합니다. 즉, Z축 위치가 서로 달라야 합니다. 위 그림은 평면으로 보이지만, 스테이지 뷰에서 화면을 돌려 보면 서로 다른 위치에 있다는 것을 알 수 있습니다.

01 스테이지 뷰에서 화면을 돌립니다. (화면 회전 : Ctrl + Shift +드래그(Windows), ⌘ + Shift + 드래그(MacOS))

근경 레이어 - Rio_Wide-ol
중경 레이어 - Rio_Wide_mid
원경 레이어 - Rio_Wide_back

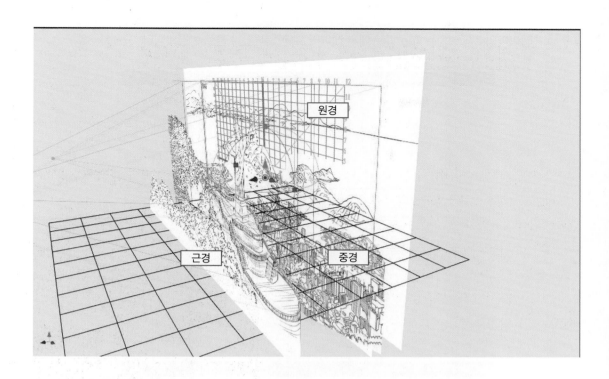

02 Top View에서 보면 각각의 레이어가 Z축으로 위치가 다르다는 것을 알 수 있습니다. 이로써 카메라가 왼쪽으로 이동하면 2차원 이미지이지만 3차원 느낌의 효과를 얻을 수 있습니다.

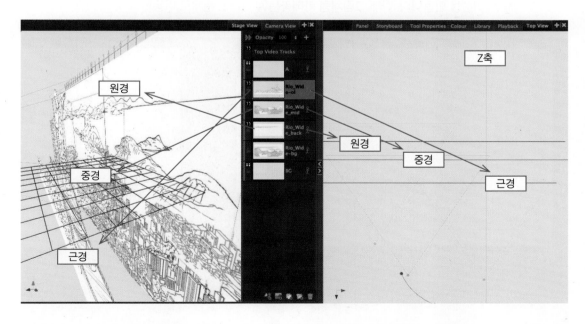

03 레이어의 Z축 위치는 Top View에서 레이어 트랜스폼( ) 툴로 변경합니다.

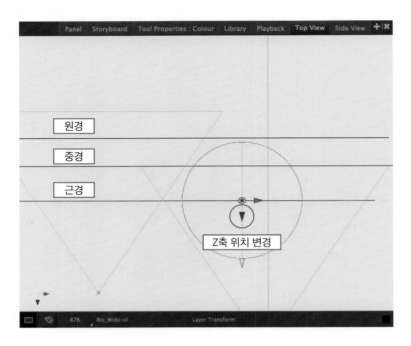

04 앞에서 배운 트럭 인의 설명대로 카메라에 키프레임을 생성해 카메라가 팬하면서 트럭 인하는
애니메이션을 만듭니다. 아래 그림처럼 카메라는 A - B - C 순서로 이동합니다.

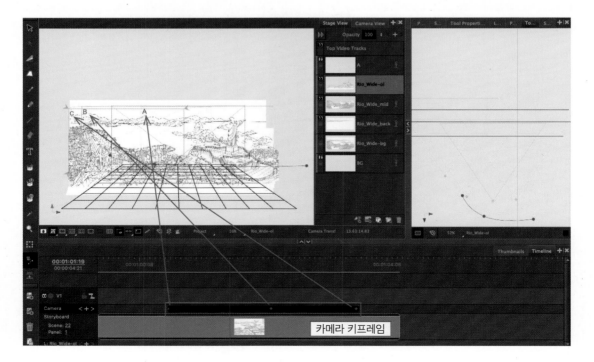

5. 어니언 스킨(OnionSkin) 📁 실습 파일 : Karine_Charlebois_onionskin.sbpz

캐릭터의 연속 동작을 많이 그려야 하는 장면에서는 어니언 스킨 기능을 활성화해서 작업하는 것이 좋습니다. 아래 그림처럼 여자 캐릭터가 장면 안으로 들어오는 동작으로 알아보겠습니다.

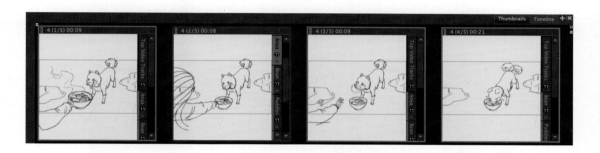

1) 어니언 스킨

아래 그림에서 다음 패널에 이어지는 동작을 그려야 할 때 어니언 스킨을 이용합니다.

01 어니언 스킨 툴바에서 Toggle OnionSkin(🥚) 아이콘을 클릭합니다. 단축키는 Q 입니다.

02 타임라인 뷰에서 새 패널을 선택하고 캐릭터의 다음 동작을 그립니다. 실습 파일에서는 Anya 레이어에 해당합니다.

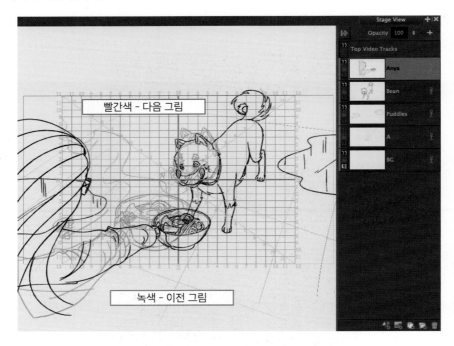

03 어니언 스킨이 너무 많으면 오히려 복잡해서 그리기 힘듭니다. 이럴 때는 Toggle Selected Layers Only(▯▮) 아이콘을 활용합니다. 강아지 레이어의 어니언 스킨은 화면에 보이지 않고 선택한 레이어만 보이게 됩니다.

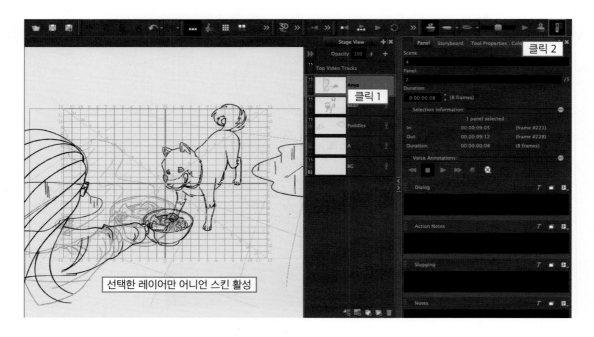

6. 가이드 활용   📁 실습 파일 : Karine_Charlebois_guide.sbpz

건물이나 도시를 그려야 할 때, 즉 원근법이 필요한 곳은 소실점을 활용하면 손쉽게 그릴 수 있습니다.
아래 그림처럼 곡선이 들어가는 원근법도 간편하게 그릴 수 있습니다. 스토리보드 프로에서는 다양한
원근법 옵션을 제공하지만, 이번 챕터에서는 4점 투시(4-Point Perspective)를 활용한 가이드 그리기
를 설명합니다.

1) 가이드(Guides) 활용하기

01 스테이지 뷰 오른쪽에 있는 패널 뷰에서 Guides 탭을 꺼냅니다.

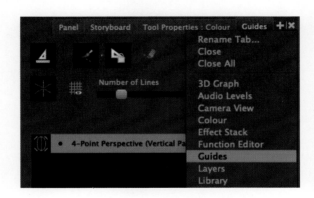

02 Guides 탭에서 (+) 아이콘을 클릭해 4-Point Perspective (Vertical Pan) 가이드를 추가합니다.

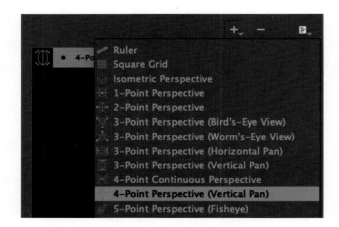

03 스테이지 뷰에 가이드 컨트롤러가 나타납니다. 상하좌우 파란색 점을 움직이면서 그리고자 하는 건물의 곡선이 나올 때까지 포인트의 위치를 조절합니다.

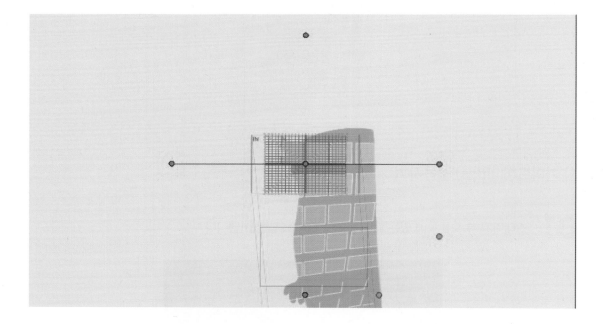

04 도구 툴바에서 펜슬(✏️) 또는 브러시(🖌️) 툴을 선택해야 가이드 컨트롤러를 조절할 수 있습니다.

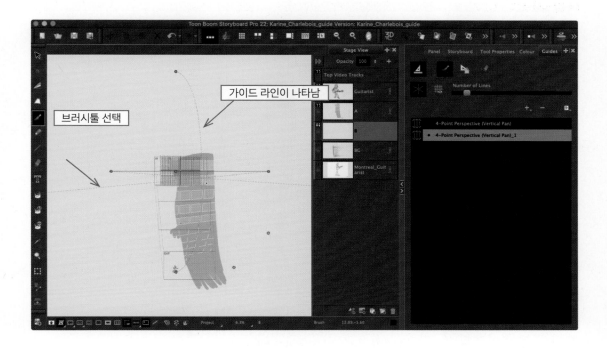

05 브러시 툴로 가이드 라인을 따라 그리면 원근법이 적용된 건물의 곡선 라인이 쉽게 그려집니다.

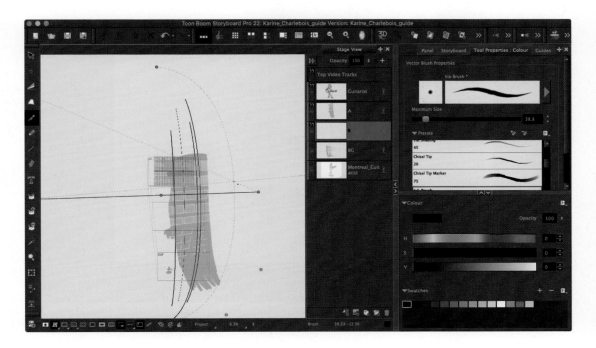

06 소실점 포인트를 잘 조절해 가면서 브러시 툴로 건물 외곽 라인을 완성합니다.

7. 모션 블러 이펙트   📁 실습 파일 : Karine_Charlebois_effect.sbpz

카메라가 빠른 속도로 움직일 때 모션 블러 효과를 사용하면 더 역동적인 연출이 가능합니다.

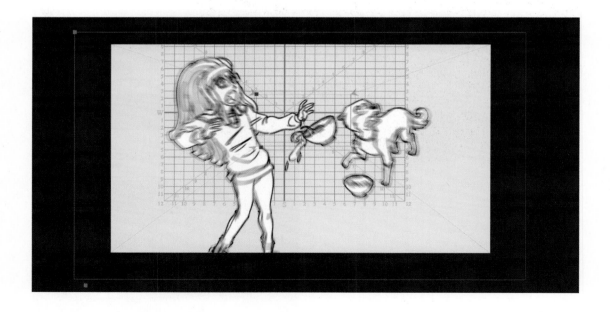

1) 모션 블러 적용하기

01 이펙트를 적용할 레이어를 레이어 패널에서 선택합니다. 실습 파일에서는 Anya_Bean_ motionblur 레이어에 모션 블러 효과를 적용했습니다.

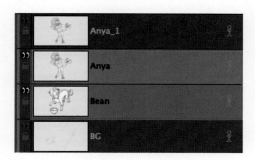

02 선택한 레이어에서 마우스를 우클릭하고 Apply Effect → Radial Zoom Blur를 선택합니다.

04 아래와 같이 블러 이펙트가 적용됩니다. (오른쪽)

Radial Zoom Blur On

쉽고 빠르게 그리는 스토리보드 with 스토리보드 프로

Scene 02
마이크 마일로,
에미상을 거머쥔 특급 아티스트

마이크 마일로(Mike Milo)

마이크 마일로는 에미상을 수상한 애니메이터, 감독, 작가, 프로듀서, 디자이너로, 후보로는 여섯 번이나 노미네이트되었습니다. 카툰 네트워크(Cartoon Network), 디즈니(Disney), 니켈로디언(Nickelodeon), 스모쉬(Smosh), 텃마우스(Titmouse), 벤토박스(Bento Box), 레니게이드(Renegade), 마블(Marvel), 마이크 영 스튜디오(Mike Young Studios), 스플래시 엔터테인먼트(Splash Entertainment), 홀마크(Hallmark), 워너 브라더스 유니버셜(Warner Bros, Universal), 소니(Sony), 필름 로만(Film Roman), 한나 바베라(Hanna Barbera)

등 미국의 주요 애니메이션 스튜디오에서 활약하고 있습니다. 또한 현재 12건의 개발 계약과 6개의 판권을 가지고 있습니다.

그가 참여한 프로젝트로는 워너 브라더스(Warner Bros)의 「핑키와 브레인(Pinky and the Brain)」, 「애니매니악스(Animaniacs)」, 「히스테리아(Histeria)」, 카툰 네트워크의 「냠냠 차우더(Chowder)」, 드림웍스 애니메이션(DreamWorks Animation)의 「큐리어스 조지(Curious George)」가 있습니다. 디즈니의 「피니와 퍼브(Phineas and Ferb)」에서는 작가 및 스토리보딩을 담당했고 **한국에서도 유명했던 작품 「티미의 못말리는 수호천사(Fairly Odd Parents)」의 리드 스토리보딩 아티스트로 참여했습니다.** 그리고 스모쉬의 유명한 유튜브 시리즈인 「어린 시절 이야기(Childhood Stories)」에서는 제작/감독/애니메이션 및 디자인을 담당했습니다. 모든 작품은 각각 4천만 이상의 조회수를 기록했습니다.

참여 작품	• 워너브라더스(Warner Bros), 「Pinky and the Brain, Animaniacs, Histeria」 (스토리보드)

참여 작품
- 워너브라더스(Warner Bros), 「Pinky and the Brain, Animaniacs, Histeria」 (스토리보드)
- 워너브라더스(Warner Bros), 「Scooby Doo and Guess Who」 (시즌 3까지 연출)
- 카툰 네트워크(Cartoon Network), 「Chowder」 (스토리보드)
- 디즈니(Disney), 「Phineas and Ferb」 (작가 & 스토리보드)
- 니켈로디언(Nickelodeon), 「Fairly Odd Parents」 (수석 스토리보드)
- 스모쉬(Smosh), 「Childhood Stories」 (제작, 감독, 애니메이션 및 디자인)
- 유니버셜(Universal), 「Woody Woodpecker」 (시즌 2 연출)
- 애플(Apple), 「Wolfboy and the Everything Tree」 (연출)
- HBO Max, 「Harley Quinn」 (시즌 2 연출)
- HBO Max, 「Justice League 영화 3편 – Velma, Batman: Caped Crusader, Fiona and Cake Adventure Time」 (프리랜서 시트 타이머)
- 넷플릭스(Netflix), 「Big Mouth」 (스토리보드)

작가 홈페이지	페이스북	유튜브
http://www.milowerx.com	@therealmikemilo	@sir_milowerx

 마이크 마일로(Mike Milo)의 스토리보드 노하우 QnA

이번 챕터에서는 마이크의 인터뷰 내용을 토대로 그의 작품 「브롬과 브롭」의 스토리보드 작업 파일을 이용해서 구성했습니다. 그가 이야기하는 스토리보드 프로의 특징을 들어 보면서 작업을 해 보겠습니다.

Q 툰붐의 스토리보드 프로를 사용하기 전에는 어떤 툴로 스토리보드를 만들었는지 궁금합니다.

A 처음에는 종이에 복사한 스토리보드 템플릿에 연필로 그림을 그렸습니다. 보통 빨간색 연필이나 파란색 연필로 그리고 샤프 펜슬로 정리하는 것이 일반적이었습니다.

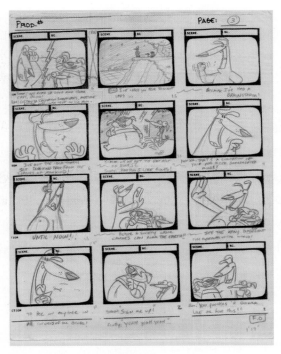

마이크 마일로의 종이 스토리보드 작업

그러다가 2007년쯤에 태블릿 PC를 손에 넣고 스토리보드를 디지털 방식으로 그리기 시작했습니다. 종이로 스토리보드 위에 포스트잇을 붙이면 레이어가 최대 2개밖에 되지 않았는데 디지털 드로잉은 작업을 훨씬 쉽게 만들어 주었습니다. 이제 원하는 경우 12개의 레이어를 사용할 수 있고 배경과 전경 요소에서 캐릭터를 구분할 수 있습니다. 캐릭터 뒤에 위치한 다른 레이어에 배경을 배치할 수 있고 캐릭터를 매트 처리하여 배경 위로 캐릭터를 더 쉽게 볼 수 있습니다.

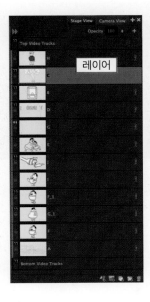

Q 툰붐 스토리보드 프로를 사용하게 된 계기는 무엇인가요?

A 스토리보드 프로를 사용하고 싶어서 사용한 것은 아니고, 디즈니의 애니메이션 피니와 퍼브에서 스토리보드를 만들고 글을 쓰기 시작하면서 스토리보드 프로를 사용해야 했기 때문입니다.

모든 미국 스튜디오를 대변할 수는 없지만 대부분의 스튜디오에서 스토리보드 제작에 스토리보드 프로를 사용하는 것으로 알고 있습니다. 스토리보드 아티스트에게는 보통 대본과 사운드트랙이 주어집니다. 그렇지 않은 경우 스크래치 오디오를 사용하여 스토리보드의 오디오 타임아웃을 맞춥니다. 완성된 콘티는 프로덕션에 넘겨지면 프로덕션에서 XML 파일로 내보내고, 편집자가 XML과 모든 이미지(jpeg)를 가져와 프리미어 프로 또는 아비드(Avid)에서 자체적으로 재편집합니다. 영화는 프로듀서와 감독이 필요한 수정 사항을 확인한 후 다시 XML로 내보낸 다음 스토리보드 프로로 가져와 수정 작업을 진행합니다. 이 과정은 영화가 해외로 배급될 때까지 계속됩니다.

Q 스토리보드 프로의 첫 경험은 어땠나요?

A 스토리보드 프로로 처음 그림을 그린 건 디즈니에서 스토리보드 프로 2를 사용했을 때였습니다. 사용해보니 스토리보드 작업이 훨씬 더 효율적이라는 것을 바로 깨달았습니다. 저에게는 시간이 곧 돈이었는데 스토리보드 프로의 단축키 덕분에 더 빠르고 효율적으로 작업할 수 있었죠. 패널을 넘기면서 스토리가 어떻게 전개되는지 확인할 수 있어서 스토리보드 작업이 훨씬 더 쉬워졌습니다. 스토리보드 프로에는 연속된 이야기를 전달하는 데 필요한 모든 도구가 있습니다.

Q 다른 소프트웨어를 사용하다가 스토리보드 프로로 전환한 경우, 어떤 점이 마음에 들었는지 궁금합니다.

A 스토리보드 프로에서 제가 가장 좋아하는 기능은 붙여넣기(Paste) 기능입니다. 애니메이션은 결국 registration(그림의 위치를 정확히 정렬하거나 맞추는 작업. 한국에서 보통 '레그'라고 부름)에 관한 것이니까요. 두 번째로 좋아하는 기능은 Paste Layers Special 기능입니다. 세 번째는 복잡한 작업을 나중에 사용할 수 있도록 저장할 수 있는 스탬프(Stamp) 도구입니다.

Q 한국은 포토샵으로 그림을 그리는 것이 일반적입니다. 스토리보드 프로를 사용하면 시간 측면에서 얼마나 더 효율적으로 작업할 수 있나요?

A 솔직히 말씀드리면 포토샵으로 그리는 것보다 스토리보드 프로가 훨씬 더 생산적이라고 생각합니다. 포토샵에서는 타임라인 기능을 사용하더라도 순차적인 스토리텔링을 느낄 수 없습니다. 많은 패널이 있고 앞뒤로 넘길 수 있지만 실제로는 하나의 파일에 불과합니다.

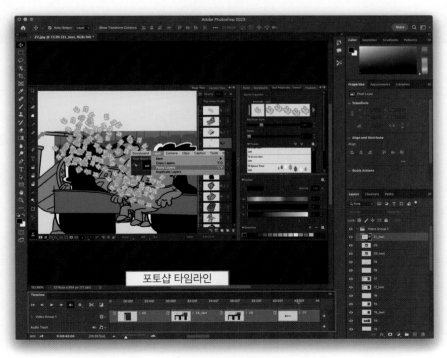

Adobe Photoshop 타임라인

반면 스토리보드 프로의 타임라인 기능을 사용하면 전체 시퀀스나 영화를 앞뒤로 스크러빙(사운드를 들으면서 플레이 헤드를 씬의 앞뒤로 드래그)하는 것이 매우 쉽습니다.

스토리보드 프로에서는 사운드 효과와 음악을 추가할 수 있으며 오디오 녹음 기능으로 스크래치를 추가할 수도 있습니다. 또한 컷이 어떻게 작동하는지, 카메라가 어떻게 움직이는지도 실시간으로 확인할 수 있습니다. 스토리 전개 과정을 눈앞에서 볼 수 있기 때문에 스토리보드를 만들기에 훨씬 더 좋은 툴입니다. 스토리보드 프로만큼 쉽게 스토리보드를 만들 수 있는 툴은 없다고 생각합니다.

사운드를 추가할 수 있기 때문에 드로잉을 오디오와 더 잘 동기화할 수 있고 결과적으로 더 나은 성능을 얻을 수 있다고 생각합니다. 스토리보드 프로에는 오디오 속도를 높이거나 낮추는 새로운 기능도 있어 스크래치 대화를 사용하여 두 캐릭터의 임시 음성을 분리하는 데 유용합니다. 특히 저처럼 모든 목소리를 직접 녹음하는 나만의 영화를 만드는 사람에게 유용합니다.

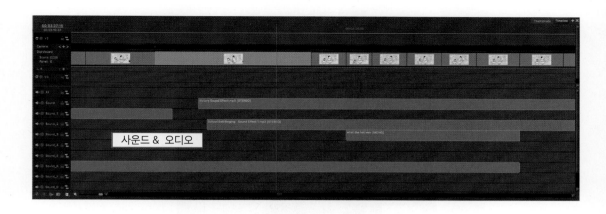

사운드 & 오디오

Panel 2 아티스트의 노하우 살펴보기

패널2에서는 마이크 마일로의 인터뷰 내용에 이어서 그의 특별한 노하우를 다룹니다. 모든 내용은 마이크의 작품 「브로민과 브롭(BROMINE and BRUBS)」을 이용해서 정리하여 보여드립니다.

1. 붙여넣기, 레이어 스페셜, 스탬프

1) 붙여넣기(Paste)   📁 실습 파일 : Bromine_and_Brubs_paste.sbpz

그가 말하는 붙여넣기(Paste)가 어떤 경우에 유용한지 살펴보겠습니다. 아래와 같이 브롭(큰 캐릭터)은 계속 같은 포즈로 있고 브롬(작은 캐릭터)만 움직이는 경우 붙여넣기는 아주 유용합니다. 패널이 진행돼도 캐릭터는 같은 위치에 있어야 하기 때문입니다. 위의 인터뷰에서 그가 말한 registration이 바로 이런 경우에 해당합니다.

01 씬 11의 패널 44의 브롭 레이어(G_1)를 복사합니다.

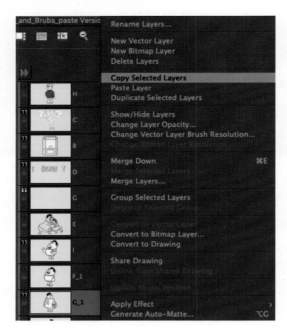

02 패널 45로 붙여넣기합니다. 패널 44에 있던 브롭의 위치 그대로 패널 45로 복사됩니다. 브롭을 다시 그리지 않고도 같은 위치로 오게 되니 많은 시간이 절약됩니다.

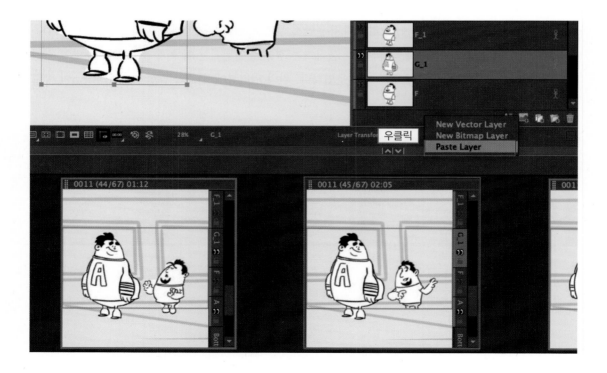

2) Paste Layers Special 📁 실습 파일 : Bromine_and_Brubs_paste.sbpz

Paste Layers Special은 어떤 경우에 유용한지 살펴보겠습니다. Paste Layers Special은 여러 패널에 동시에 복사를 하고 싶을 때 사용합니다. 이 메뉴는 여러 패널을 선택하지 않으면 메인 메뉴에 나타나지 않습니다.

패널 하나만 선택했을 때(좌) / 여러 패널을 선택했을 때(우)

01 복사할 레이어를 선택해서 Layer 메뉴에서 Copy Layers를 선택합니다.

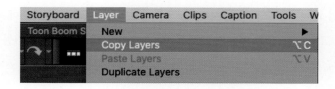

02 섬네일 뷰에서 붙여넣기할 여러 패널을 선택합니다(다중 패널 선택은 Shift + 클릭).

03 Layer 메뉴에서 Copy Layers를 선택하면 Paste Layers Special 팝업창이 나타납니다. OK 버튼을 누르면 선택한 모든 패널로 복사됩니다.

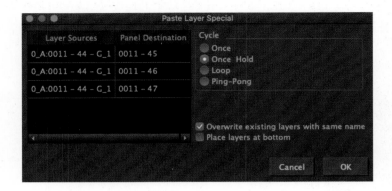

3) 스탬프(Stamp) 📁 실습 파일 : Bromine_and_Brubs_stamp2.sbpz

실습 파일의 씬 0066 패널 36부터 시작되는, 팝콘이 씬 안으로 들어오는 장면에서 스탬프 툴의 좋은 예가 있습니다. 아래 그림처럼 같은 패턴의 그림을 많이 그려야 할 때, 스탬프 기능을 이용하면 일일이 그리지 않아도 됩니다.

01 레이어 패널에서 Q_2 레이어의 눈 모양(👁) 아이콘을 Alt + 클릭합니다.

02 작업하고자 하는 레이어에서 눈 모양 아이콘을 Alt + 클릭하면 해당 레이어만 표시해서 작업하기 편리합니다. 레이어가 늘어나면 늘어날수록 이 기능은 아주 유용합니다.

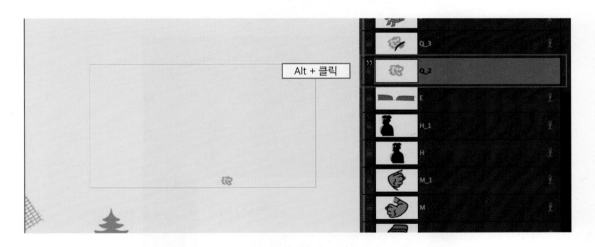

03 도구 툴바에서 선택( ) 툴을 클릭해서 팝콘을 전부 선택합니다.

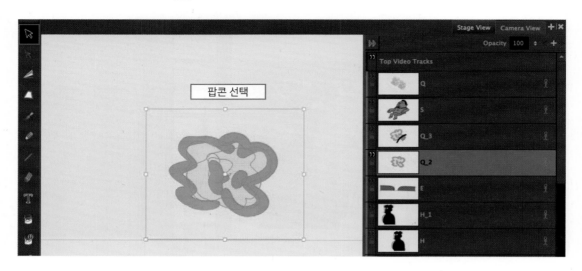

04 도구 툴바에서 스탬프( ) 툴을 선택하고 Tool properties View에서 Presets 항목의 New
Brush 아이콘을 클릭합니다.

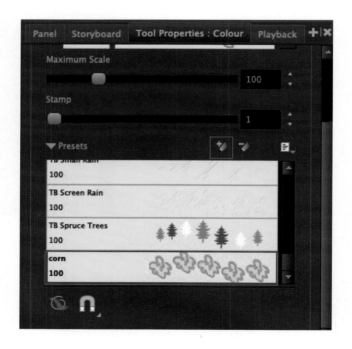

05 스탬프 브러시가 만들어졌습니다. 스테이지 뷰에서 클릭하거나 드래그하면서 그려 보세요.

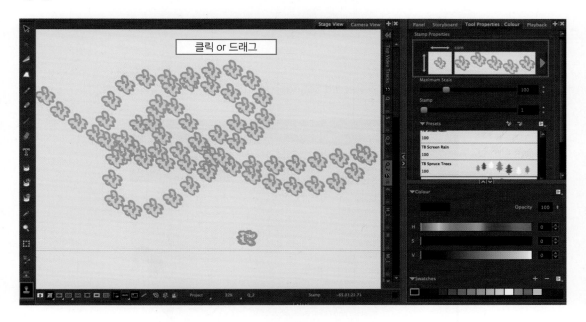

06 아래와 같은 팝콘 그림을 쉽게 그릴 수 있습니다.

2. 사운드 편집 관련   📁 실습 파일 : Mike_Milo_audio_edit.sbpz

1) 사운드 레코딩(내 목소리를 직접 녹음하기)

01 메인 메뉴 → File → Import → Record Sound를 선택합니다.

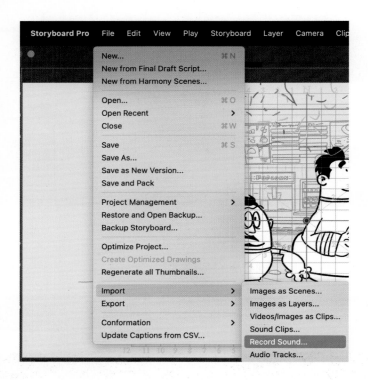

02 Record Sound 팝업 창에서 빨간색 레코드 버튼을 누르면 유저의 목소리를 바로 녹음해서 사용할 수 있습니다.

2) 오디오 속도 조절하기 📁 실습 파일 : Bromine_and_Brubs_audio_speed.sbpz

01 타임라인 뷰의 오디오 트랙에서 사운드 속도를 변경할 클립을 선택하고 마우스 우클릭한 뒤 Speed/Duration을 클릭합니다.

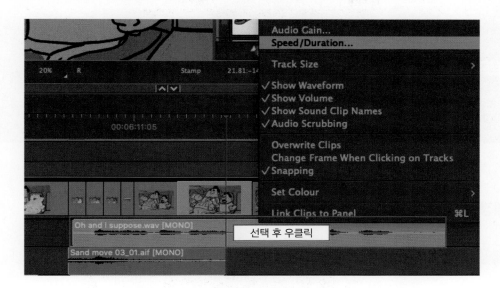

02 Change Speed/Duration 팝업창에서 Speed 항목에 적당한 값을 입력해 속도를 변경합니다.

03 아래 그림처럼 속도를 조절한 오디오 클립은 'fx(95%)'라고 노란색 글씨로 표시합니다.

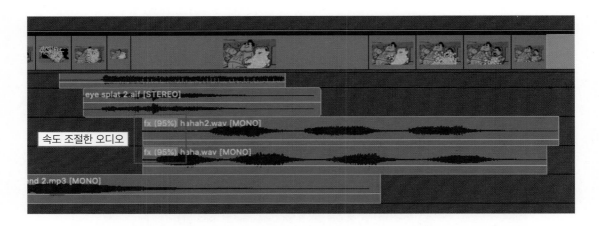

3. 배경 작업　　　📁 실습 파일 :Bromine_and_Brubs_stamp.sbpz

1) 배경 한 번에 수정하기

프로덕션은 항상 움직이고 변화하기 때문에 배경이 교체되거나 전체 로케이션이 변경되는 경우가 있는데 스토리보드 아티스트는 이미 작업 중일 때가 많습니다. **이때 스토리보드 프로를 사용하면 9개 장면에 걸쳐 65개 패널에서 2초 만에 배경을 교체할 수 있습니다.** 이런 면에서 스토리보드 프로는 포토샵을 능가합니다.

01 Bromine_and_Brubs_stamp.sbpz 파일을 오픈하고 배경 레이어에 브러시(🖌) 툴로 '배경수정'이라는 글씨를 넣습니다. 실습파일에는 '배경수정' 글씨가 없습니다. 독자가 브러시 툴로 적당한 글씨를 그려 넣어도 됩니다.

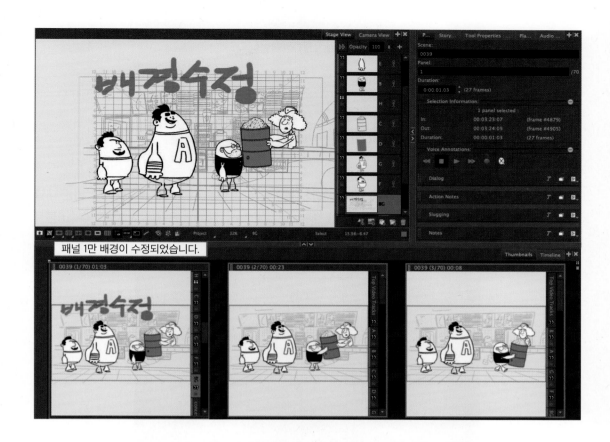

패널 1만 배경이 수정되었습니다.

02 수정한 배경 레이어를 복사합니다. 레이어 패널에서 BG 레이어를 선택하고 메인 메뉴에서 Layer → Copy Layers를 선택합니다.

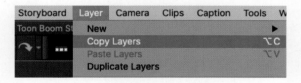

03 변경된 배경을 붙여넣기할 패널을 전부 선택합니다.

04 메인 메뉴 → Layer → Paste Layers Special을 선택합니다.

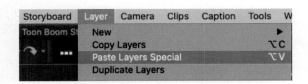

05 Paste Layers Special 팝업창에 패널 70까지 붙여넣을 수 있는 리스트가 표시됩니다. 기존 패널
에 BG 레이어가 있기 때문에 Overwrite existing layers with same 옵션을 체크하고 OK 버튼을
클릭합니다.

06 단 2초도 안 걸려서 모든 패널에 수정한 배경이 적용됩니다.

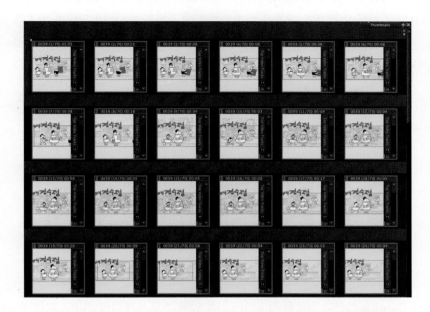

2) Share Drawing   📁 실습 파일 : Bromine_and_Brubs_stamp.sbpz

이 기능을 사용하면 감독이 갑자기 배경을 수정하라고 요구했을 때, 이미 완성한 배경을 모두 변경할 수 있습니다. 또 다른 매우 유용한 점은 40개의 패널에서 전체 캐릭터를 대량으로 선택하여 크기를 조정하거나 더 나은 레이아웃을 위해 조정할 수 있다는 것입니다.

01 BG 배경 레이어를 선택해서 Share Drawing 옵션을 적용합니다.

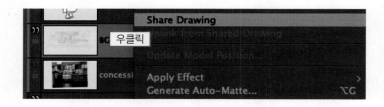

02 Share Drawing 옵션이 적용된 레이어는 이름 앞에 '*' 표시가 나타납니다. 다른 패널에 드로잉을 공유하겠다는 뜻입니다.

03 Share Drawing 옵션이 적용된 레이어를 복사해서 다음 패널로 붙여넣기합니다. 다음 패널의 BG_1 레이어로 복사됩니다.

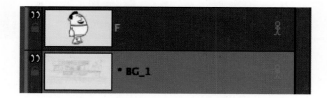

04 씬 39의 패널 1에서 배경인 BG 레이어를 수정합니다. 그러면 패널 2의 BG_1 레이어도 따라서
변경됩니다. 같은 배경을 사용하는 모든 패널에 이런 방식을 적용하면 손쉽게 전체 배경을 수정
할 수 있습니다.

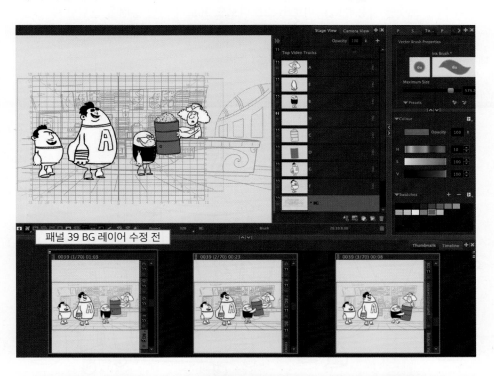

패널 39 BG 레이어 수정 전

패널 1 배경 수정   씬 39 패널 2의 BG 레이어도 패널 1을 따라서 변경됨

4. MOV 동영상 파일

스토리보드 작업이 완료되면 결과물을 익스포트하는 일만 남아 있습니다. 주로 현장에서는 MOV 동영상 파일이나 PDF 포맷을 사용하므로 비로소 스토리보드 프로가 지닌 강점을 발휘할 수 있습니다.

메인 메뉴 → File → Export → Movie를 선택합니다.

▸ 미국 방식 스토리보드 PDF 파일

메인 메뉴 → File → Export → PDF를 선택합니다. 여기서 3 panels Horizontal을 선택해 익스포트 합니다.

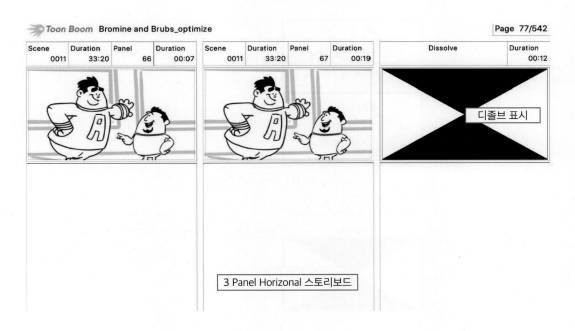

3 Panel Horizonal 스토리보드

‣ 일본 방식 스토리보드 PDF 파일

메인 메뉴 → File → Export → PDF를 선택합니다. 여기서 Vertical Japanase Format을 선택해 익스포트합니다.

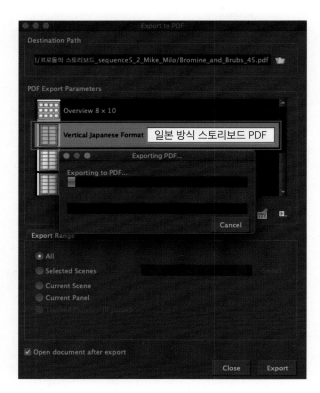

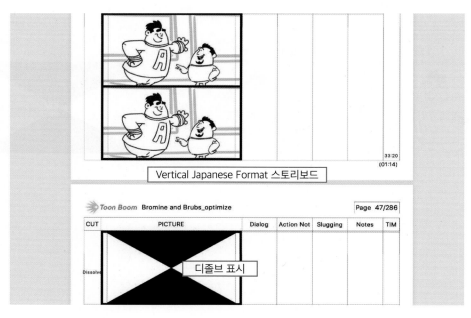

Vertical Japanese Format 스토리보드

디졸브 표시

Scene 03 창의적인 비전을 현실로 만드는 알버트 맥클레랜드

Albert McClelland, Jr.

알버트 맥클레랜드 주니어는 시각 디자인 분야에서 경력을 가진 수석 프로덕션 아티스트(Senior Production Artist)입니다. 스토리보드와 배경을 주로 다루며, 스토리보드 아티스트, 2D 게임 아티스트, UI 디자이너, 2D 애니메이터로 일했습니다. 그는 마감 기한을 준수하고, 창의적인 비전을 현실로 만들며, 프로젝트의 세계를 구축하는 데 도움을 주는 것을 목표로 합니다. 그는 텍사스 오스틴에 위치한 루스터 티스 애니메이션(Rooster Teeth Animation)에서 근무했고, 현재는 브리티시 컬럼비아주 밴쿠버에 있는 아트 아웃소싱 스튜디오인 로어티 디지털(Roarty Digital)에서 일하고 있습니다.

참여 작품
- 루스터 티스 애니메이션(Rooster Teeth Animation), 「F**K Face Regulation Animation」
  (시니어 프로덕션 아티스트 스토리보드 & 배경)
- 루스터 티스 애니메이션(Rooster Teeth Animation), 「Death Battle」(수석 스토리보드 아티스트)
- 블랙박스 다운(Black Box Down), 「Aviation Explanation」
  (Senior Production Artist 스토리보드 & 배경)
- 루스터 티스 애니메이션(Rooster Teeth Animation), 「Recorded By Arizal」
  (Senior Production Artist 스토리보드 & 배경)
- 루스터 티스 애니메이션(Rooster Teeth Animation), 「Camp Camp」
  (수석 스토리보드 아티스트 스토리보드 & 배경)
- 루스터 티스 애니메이션(Rooster Teeth Animation), 「Nomad of Nowhere」
  (수석 스토리보드 아티스트 스토리보드 & 배경)
- 루스터 티스 애니메이션(Rooster Teeth Animation), 「RWBY Fairy Tales of Remnant, RWBY - Vol 3.」 (시니어 프로덕션 아티스트 스토리보드 & 배경)
- 루스터 티스 애니메이션(Rooster Teeth Animation), 「Red Vs Blue」
  (시니어 프로덕션 아티스트 스토리보드 & 배경)
- 루스터 티스 애니메이션(Rooster Teeth Animation), 「Neon Konbini (Tall Tales, Human Beans, and RWBY Chibi)」 (아트 디렉터 & 애니메이터)
- 네이버 웹툰 Short Film, 「The Monster Under My Bed, The Ladder」
  (시니어 프로덕션 아티스트 스토리보드 & 배경)

작가 홈페이지 https://als2dart.com

알버트 맥클레랜드 주니어(Albert McClelland, Jr.)의 스토리보드 노하우 QnA

이번 챕터에서는 알버트 맥클레랜드 주니어의 작품 「Scale」의 인터뷰 내용을 토대로 그의 스토리보드 작업 과정을 구성했습니다. 그가 이 작품에서 스토리보드 프로를 어떻게 활용했는지 알아보겠습니다.

Q 「Scale」을 만든 사람은 어떻게 구성되었나요?

A 「Scale」은 재능 있는 애니메이터, 아티스트, 보이스오버 아티스트들로 구성된 소규모 그룹과 제가 함께 만든 열정적인 프로젝트입니다. 모두의 노력과 귀중한 피드백 덕분에 「Scale」은 대략적인 아이디어에서 우리 모두가 자랑스러워하는 시리즈 제안 및 세로 스타일 단편으로 발전했습니다. 그 노력의 결과는 여기에서 확인할 수 있습니다.

- Scale 사이트 - https://als2dart.com/scale/

Q 이 프로젝트에서 사용한 프로그램은 어떤 것이 있나요?

A 이 프로젝트는 스토리보드 프로와 포토샵(일부 배경 에셋의 경우)으로 만들었습니다. 제 홈페이지를 참고해 주세요.

Q Scale은 어떤 내용인가요?

A 이 작품은 어린 생쥐 '택(Tack)'이 베테랑 사냥꾼인 '쏜(Thorn)'의 지도 아래 '야수 수색꾼'이 되기 위해 노력하는 성장 이야기입니다. 이들은 거대한 파충류들이 사는 세상에서 살아가는 쥐 문명에서 온 캐릭터들입니다. 이야기는 택이 처음으로 야생으로 나가서 '야수를 보고 살아남는' 첫 번째 시험을 시작하는 모습부터 시작됩니다.

아티스트의 노하우 살펴보기

알버트의 작품 「Scale」을 통해서 스토리보드 프로의 특징 중 하나인 카메라 기법과 간단한 애니메이션 작법에 대해서 살펴봅시다. 그는 아주 효율적으로 스토리보드 프로를 사용하는 아티스트입니다. 많은 그림을 그리지 않고도 스토리보드에서 충분한 애니메이션을 보여 주고 있습니다. 이 챕터에서 그의 환 상적인 카메라 연출 기법을 배워 봅시다.

1. 패럴랙싱(parallaxing) 기법   📁 실습 파일 : SCALE_Redux_Storyboards_parallaxing.sbpz

패럴랙싱(시차 기법) 효과는 카메라 워킹을 통해 2차원의 배경을 3차원처럼 보이게 하는 연출 기법입 니다. 이를 위해 여러 개의 배경 레이어를 사용하며, 각 레이어는 서로 다른 속도와 방향으로 움직입니 다. 멀티플레인 카메라라고도 합니다.

1) 카메라가 같이 움직이는 패럴랙싱(parallaxing)

아래 예제는 배경이 살짝 아래로 내려가고 카메라가 더 많이 내려가는 '패럴랙싱(parallaxing)' 씬입니 다. 패럴랙싱 효과는 배경의 요소들을 서로 다른 속도로 움직이게 함으로써 깊이와 움직임에 입체적인 효과를 만들어냅니다.

01 시차를 이용한 패럴랙싱 효과를 만들기 위해서는 기본적으로 레이어가 분리되어 있어야 합니다. 전경의 풀숲 레이어(01010_00010_MG)를 만들고 배경에 산 레이어(01010_00010_BG)를 따로 만들어 줍니다.

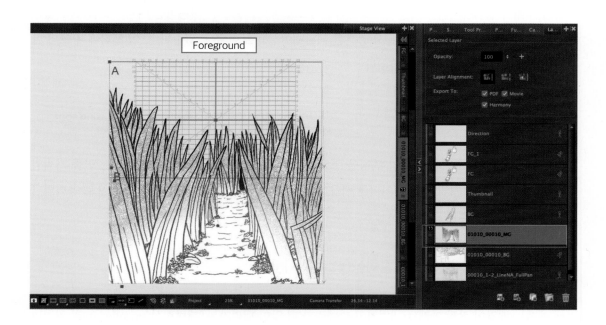

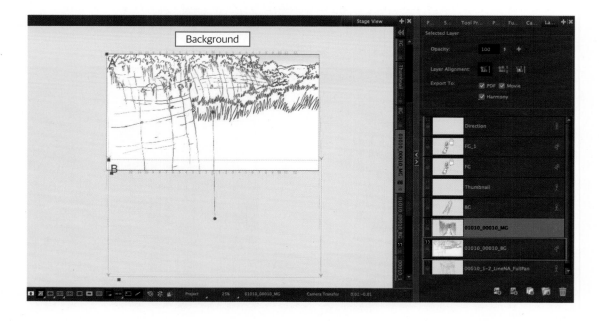

02 타임라인 뷰와 스테이지 뷰를 활용해서 씬 전체 카메라 팬을 만듭니다. 카메라(🎥) 툴로 아래로 팬하는 시작 키프레임과 끝 키프레임을 만듭니다(카메라 키프레임과 팬 설명은 sequence 4, 246p를 참조하세요).

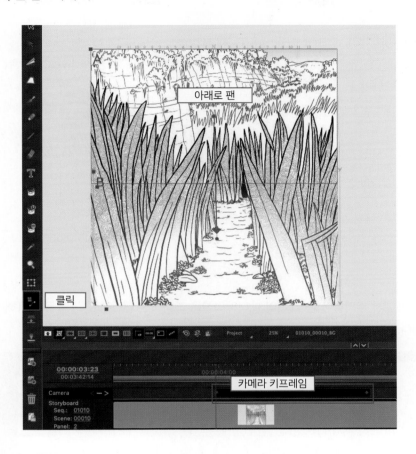

03 특히 이 장면에서는 카메라 움직임이 보다 자연스러워 보이도록 카메라의 Ease In 값에 1초를 설정했습니다.

04 이 단계까지가 일반적인 카메라 팬입니다. 입체적인 팬이 되기 위해서는 배경 레이어 (01010_00010_BG)의 속도가 기본 카메라와 달라야 하기 때문에 배경 레이어도 키프레임을 만들어 아래로 팬 시킵니다.

배경 레이어(01010_00010_BG)

05 이 단계에서 주의할 점은 레이어 애니메이션은 레이어 트랜스폼(▢) 툴을 사용해야 한다는 점입니다.

레이어 아래로 팬

클릭

배경 레이어 키프레임

06 플레이 헤드를 좌우로 드래그하면서 패럴랙싱 효과가 제대로 적용됐는지 플레이백 뷰에서 확인합니다.

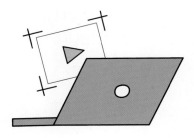

2) 카메라가 고정된 패럴랙싱(parallaxing) 기법

📁 **실습 파일 : layermotion_final.sbpz**

이번 예제도 마찬가지로 패럴랙싱 기법이지만, 카메라는 고정되어 있고 레이어만 이동하는 기법입니다. 전경의 풀과 관목이 가장 빠르게 움직이며, 배경의 풀은 가장 느리게 움직입니다.

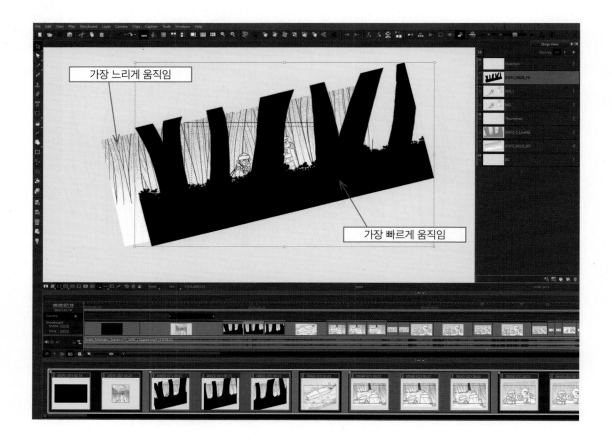

01 **2D 씬에서 패럴랙싱 효과를 구현하기 위해서는 배경 요소를 각각의 레이어로 구성하는 것이 좋습니다.** 이렇게 하면 3D 모드에서 카메라를 이동시킬 때처럼 자연스러운 공감각적인 효과를 얻을 수 있습니다.

아래 왼쪽 그림에서 전경 나무가 움직인 거리를 주목하세요. 오른쪽 그림에서 배경이 움직인 거리보다 더 멀리 움직였기 때문에 전경 나무의 움직이는 속도가 더 빠르므로 입체적인 효과를 얻을 수 있습니다.

전경 나무가 움직인 거리

배경이 움직인 거리

2. 레이어 모션 확장(Spread Layer Motion)

📁 실습 파일 : layermotion_base.sbpz

레이어 모션 확장은 현재 패널에 설정한 애니메이션을 뒤에 이어지는 패널에도 같이 적용시키는 기능입니다.

01 이 씬은 세 개의 패널로 구성되어 있습니다.

02 패럴랙싱 기법을 위해 패널 1에 전경 나무의 키프레임을 만들었습니다(레이어 01010_00020_ FG). 그런데 전경의 나무 레이어는 패널 2와 3에서는 움직이지 않습니다. 키프레임이 없기 때문 입니다.

03 전경의 나무 레이어를 선택하고 메인 메뉴에서 Layer → Spread Layer Motion을 클릭합니다.

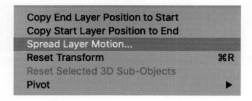

04 Spread Layer Motion 팝업 창에서 All panels in the same scene을 선택하고 OK를 클릭합니다.

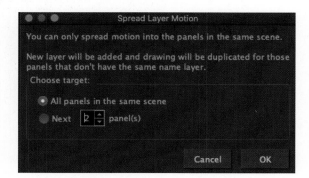

05 패널 1에서 생성한 키프레임이 패널 2와 3에 똑같이 생성되며 전경 나무 레이어의 팬은 계속 이어집니다.

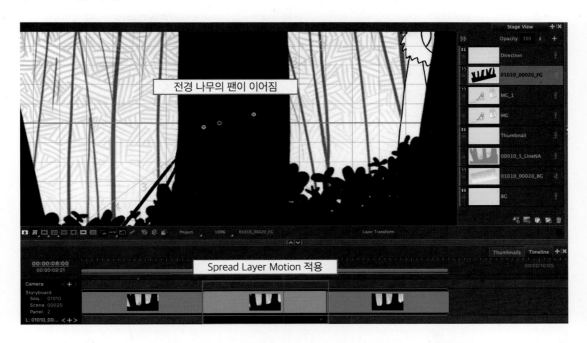

3. 걷기 애니메이션(Walking)

📁 실습 파일 : SCALE_Redux_Storyboards_walk.sbpz

일반적으로 걷는 애니메이션은 걷는 동작을 그려서 만들기도 하지만, 알버트의 걷는 장면은 배경을 좌우로 이동하면서 캐릭터가 앞뒤로 흔들리는 애니메이션을 적용합니다. 그림의 가장 낮은 지점과 가장 높은 지점에 약간의 스쿼시와 스트레칭을 추가하면 캐릭터에 더 많은 무게감이 있는 느낌을 줄 수 있습니다.

01 레이어 애니메이션은 레이어 트랜스폼(▢) 툴을 사용합니다. 레이어 트랜스폼 툴을 선택해서 Thorn 레이어의 피벗 포인트를 하단부로 이동합니다.

02 캐릭터가 움직이는 느낌을 만들기 위해 타임라인 뷰에서 패널의 가운데 부분에 빨간색 플레이 헤드를 이동시킵니다.

03 레이어 패널에서 Thorn 레이어 오른쪽 회색 Animate(✤) 아이콘을 클릭해서 키프레임을 생성 합니다.

04 스테이지 뷰에서 선택한 Thorn 레이어의 양쪽 모서리 포인트를 회전시킵니다. 모서리 포인트 근처로 마우스를 가져가면 회전(↻) 아이콘으로 변합니다. 그때 포인트를 잡고 좌우로 드래그합니다.

05 걷는 느낌을 만들기 위해 위 과정(1~4)을 반복하면서 키프레임을 만들어 나갑니다.

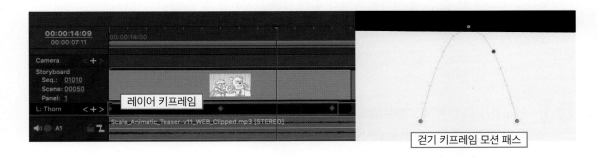

06 그림을 회전한 것뿐인데 걷기 애니메이션이 완성됐습니다.

4. 많은 그림을 그리지 않고 시간 단축하기

📁 **실습 파일 : SCALE_Redux_Storyboards_transform.sbpz**

스토리보드 프로의 레이어 트랜스폼 툴을 사용해 아주 쉽게 애니메이션을 만들 수 있습니다. 캐릭터의 특정 부분이 고정되어 있고 다른 부분의 움직이는 장면이 필요한 경우, 레이어 트랜스폼(☐) 툴과 키 프레임을 활용하면 한 장 한 장 그리는 것보다 훨씬 시간을 절약할 수 있습니다. 일반적으로 애니메이션 업계에서는 팔 동작을 전부 그리지만, 알버트는 팔 하나만 그려서 팔이 움직이는 애니메이션을 만듭니다.

01 다음과 같이 어깨에 고정된 팔을 움직이는 장면을 만들어 보겠습니다. 예제 파일에서는 팔이 별도의 레이어로 분리되어 있습니다. 이는 팔을 개별적으로 움직이는 애니메이션을 만들기 위함입니다. 키프레임을 설정하여 택(Tack)이 큰 손짓을 할 수 있도록 하였습니다. 택의 어깨 관절에 피벗 포인트를 배치함으로써 팔을 신속하게 회전시켜 정확한 움직임을 만들어냈습니다.

02 레이어 패널에서 ArmL 레이어를 선택합니다.

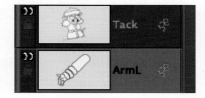

03 동작을 만들기 위해 ArmL 레이어 오른쪽 Animate( ) 아이콘을 클릭해서 키프레임을 생성합니다.

04 플레이 헤드를 오른쪽으로 이동해서 키프레임을 하나 더 만듭니다.

05 레이어 트랜스폼 툴로 피벗 포인트를 이동하고 팔을 위로 회전시킵니다.

06 택의 어깨 관절에 피벗 포인트를 배치함으로써 팔을 신속하게 회전시켜 정확한 움직임을 만들어 냈습니다.

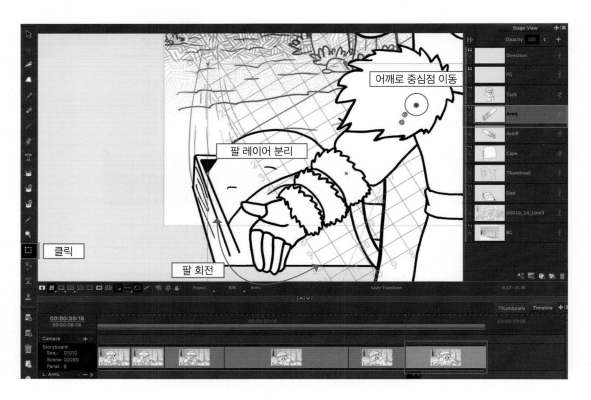

5. 휩팬(whip pan)

실습 파일 : SCALE_Redux_Storyboards_whippan.sbpz

휩팬은 일반적으로 영화나 애니메이션에서 캐릭터의 동작이나 대결, 긴장감 있는 장면 등에 사용됩니다. 이 기법은 갑작스러운 전환을 통해 시청자의 주의를 끌고, 장면 간의 강렬한 대조를 만들어내어 시각적인 효과를 높이는 데 도움을 줍니다. 또한, 두 장면을 빠르게 전환하거나 액션 장면 간의 연결을 부드럽게 만들기 위해 사용됩니다. 한국에서는 보통 집팬(zip pan)이라고 부릅니다.

예제에서는 배경이 빠르게 지나가는 효과를 만들기 위해 더 간결하게 표현했습니다. 택의 움직임과 같은 방향으로 선을 그렸으며, 스피드 라인을 여러 번 복제하여 팬 끝에 약간의 여유 공간을 추가하고, 동시에 레이어 팬으로 많은 배경 라인이 짧은 시간에 지날 수 있도록 했습니다. 집팬은 보통 두 장면 사이의 전환을 부드럽게 처리하는 데 사용되며, 카메라가 빠른 속도로 움직이므로 배경이 블러 처리되거나 빠르게 지나가는 효과를 내는 것이 특징입니다.

01 배경(BG) 레이어에 선을 그립니다. 브러시(✏) 또는 펜슬(✎) 툴을 사용합니다.

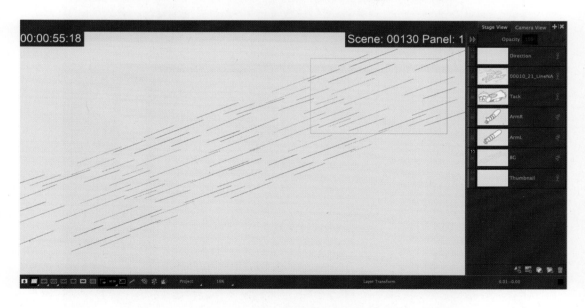

02 택이 날아가는 효과를 만들기 위해서 스피드라인 레이어를 대각선 방향 위로 이동합니다. 애니메이션에는 레이어 트랜스폼( ) 툴을 사용합니다. (레이어 트랜스폼 툴 사용법은 앞의 '4. 많은 그림을 그리지 않고 시간 단축하기, 388p'를 참고하세요.)

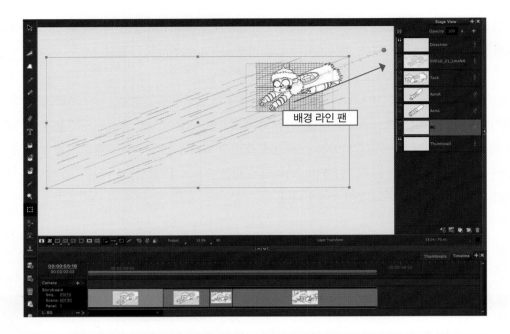

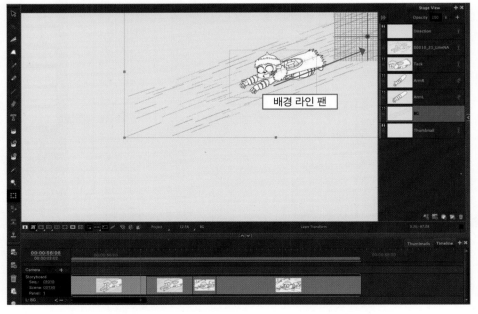

6. 화면에 보이는 것만 집중하기　　📁 실습 파일 : SCALE_Redux_Storyboards_visible.sbpz

프레임에 보이는 것과 보이지 않는 것이 무엇인지 항상 염두에 두어야 합니다. 많은 경우 카메라에 보이는 부분만 잘 표현한다면 수고를 줄일 수 있습니다.

택이 칼을 뽑으려다 뒤로 자빠지는 장면에서 알버트는 택을 수정하며 몸통과 다리만 있는 이상한 형태로만 그렸습니다. 하지만 몸의 대부분이 프레임 밖에 있기 때문에 완성된 영상을 보는 사람들은 그가 작업을 간략화했다는 사실을 알 수 없습니다.

7. 레이어의 부모-자식 활용 팁   📁 실습 파일 : SCALE_Redux_Storyboards_pivot.sbpz

스토리보드 프로의 레이어 트랜스폼(▢) 툴의 매우 편리한 기능 중 하나는 클릭 순서에 따라 레이어 간의 동작을 부모-자식 관계로 설정할 수 있는 것입니다. 택이 로프 장치를 감으면서 프레임 안으로 미끄러져 들어오는 장면에서는 택과 관련된 모든 요소를 처음의 동작 단계에서 선택했습니다. Ctrl (Windows) 키 또는 ⌘ (MacOS) 키를 누른 채로 움직이고자 하는 레이어를 클릭함으로써 택의 피벗을 조정하여 다른 모든 피벗이 따라 움직이도록 할 수 있었습니다.

1) TackBody 레이어를 먼저 선택하고 회전할 때.

TackBody 레이어의 피벗 포인트를 기준으로 움직입니다.

01 실습 파일 씬 230 패널 6에서 Ctrl (Windows) 키 또는 ⌘ (MacOS) 키를 **누른 채로 TackBody 레이어를 선택하고, 그 다음 BackRope 레이어를 선택합니다.**

02 아래 그림에서 TackBody 레이어의 피벗 포인트 위치는 빨간색 동그라미 안에 있습니다.

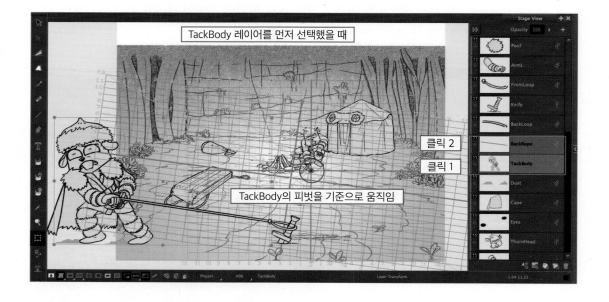

03 레이어 트랜스폼 툴로 TackBody 레이어 모서리 포인트를 클릭하고 회전(↻) 아이콘이 나타날 때 마우스를 드래그해 회전시킵니다.
아래 그림처럼 TackBody 레이어의 피벗 포인트를 기준으로 움직이는 것을 확인할 수 있습니다.

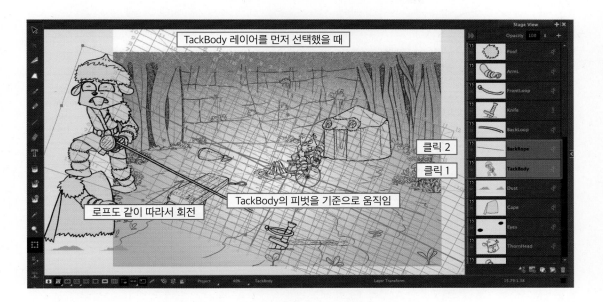

2) BackRope 레이어를 먼저 선택하고 회전할 때

이번에는 앞에서 했던 것과 반대로 BackRope 레이어를 먼저 선택하고 TackBody 레이어를 선택해서 움직이면 BackRope 레이어의 피벗 포인트 기준으로 움직입니다.

이런 방식으로 택의 팔을 회전시키는 등 다른 부분도 같은 방식으로 애니메이션을 추가할 수 있습니다.

8. 레이어 트랜스폼(□) 툴 응용　　　📁 실습 파일 : SCALE_Redux_Storyboards_soup.sbpz

수프 장면은 알버트가 가장 좋아하는 장면 중 하나입니다. 스토리보드 프로를 이용하면 움직이는 액체 100장을 손으로 그리지 않고도 수프가 소용돌이치는 것처럼 생생하게 보이도록 할 수 있기 때문입니다.

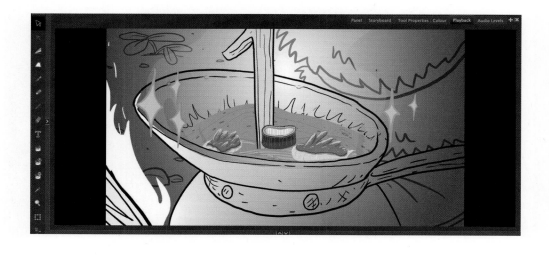

01 먼저 Swirl 레이어에 동그란 큰 수프 회전판을 그립니다. 이 회전판을 돌리기만 하면 애니메이션 이 간단하게 만들어집니다.

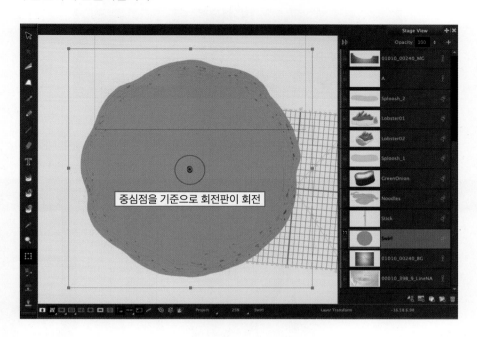

중심점을 기준으로 회전판이 회전

02 회전판이 중심점을 기준으로 회전하기 위해서는 피벗 포인트를 그림의 가운데로 이동시켜야 합니다. Swirl 레이어를 선택해서 오른쪽 레이어 트랜스폼 툴의 툴 속성 창에서 Centre Pivot on Selection(⊞) 아이콘을 클릭합니다.

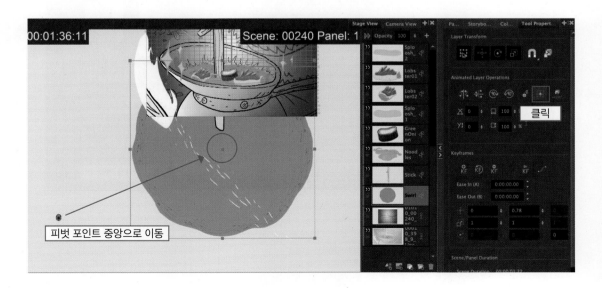

피벗 포인트 중앙으로 이동

03 레이어 트랜스폼(⬚) 툴이 선택된 상태에서 키프레임을 만들어서 그림을 회전 시킵니다.

04 스테이지 뷰에서 회전판 모서리 포인트에 회전(↻) 아이콘이 나타날 때 드래그 합니다.

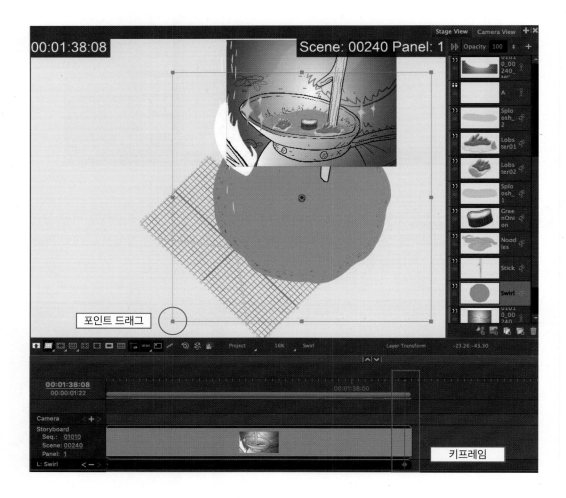

05 수프 속의 벌레, 양파, 그리고 면 조각들이 위아래로 움직이면서 수프가 환상적으로 소용돌이치는 것처럼 보이도록 하기 위해 큰 수프 바퀴를 냄비 레이어 사이에서 회전시킵니다.

06 스프가 펄펄 끓는 영상의 최종적인 씬은 다음과 같이 구성됩니다.

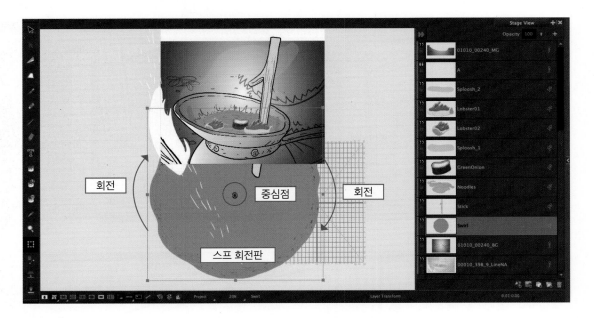

9. 랙 포커스(Rack focus) 📁 실습 파일 : SCALE_Redux_Storyboards_rackfocus.sbpz

랙 포커스(Rack focus)는 카메라의 초점이 한 요소에서 다른 요소로 변경되는 장면을 만드는 기법입니다. 아래 그림처럼 택이 칼이 움직였는지 확인하려고 할 때, 먼저 초점을 칼에 맞추고, 그 후에 택으로 초점이 이동하도록 변경합니다.

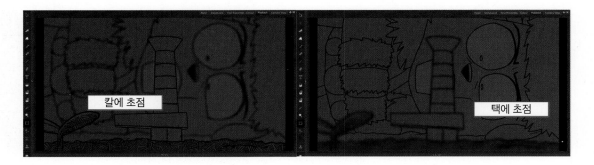

01 실습 파일을 오픈해서 전경(01020_00090_FG), 칼(Knife) 및 택(BaseTack)의 레이어를 복제합니다. 복제할 레이어를 선택한 후 마우스를 우클릭하고 Duplicate Selected Layers를 선택합니다.

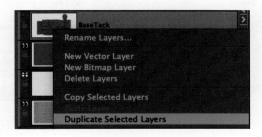

02 1번 과정으로 초점이 변경될 3개 패널의 길이를 균등하게 만듭니다(샘플 파일 씬 90 패널 3~6).

03 그런 다음 블러 이펙트를 적용할 레이어에서(BlurryTack) 오른쪽 클릭하여 Apply Effect → Blur 효과를 선택하고 앞에서 복제한 패널 3개에 해당 값을 2씩 조절했습니다.

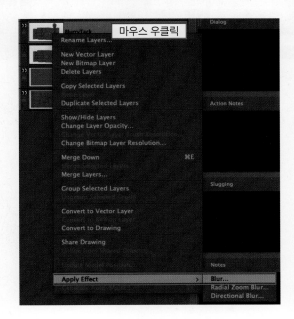

04 이펙트가 적용된 레이어는 비트맵 형식으로 바뀌며 왼쪽에 파란색 세로 줄이 표시됩니다.

05 칼 레이어(Knife_1)에도 초점이 흐려진 블러 이펙트를 추가하고, 택은 값을 변경하여 초점이 맞춰지는 것처럼 보이도록 했습니다(실습 파일 씬 90 패널 7). 초점이 흐려진 동안 택의 코에 움직임을 추가하여 더욱더 실감나게 연출했습니다.

10. 카멜레오사우루스 리깅   📁 실습 파일 : SCALE_Redux_Storyboards_dragon.sbpz

스토리보드 프로에도 툰붐 하모니처럼 캐릭터를 전부 다른 레이어에 그려서 리깅으로 간단한 애니메이션이 가능합니다. 알버트의 리깅 노하우를 살펴보겠습니다.

이 방법은 아주 많은 연습이 필요한 고난도의 기법입니다. 따라서 동작을 그리는 것이 더 편할 때도 있습니다. 이 챕터에서는 리깅 과정으로 간단한 애니메이션이 가능하다는 정도만 이해하고 넘어가 주세요.

01 알버트는 공룡 리깅 씬에서 '카멜레오사우루스'가 뛰어드는 모션이 매우 사실적이고 위협적으로 느껴지길 원했기 때문에 상당히 복잡하게 작업이 이루어졌습니다. 그는 제일 먼저 공룡을 하나의 레이어에 그리지 않고 파트별로 레이어를 분리했습니다.

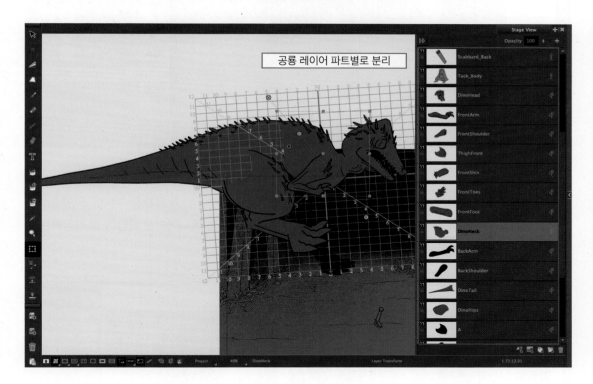

02 기본적으로 레이어 트랜스폼(▢) 툴을 통한 부모-자식 및 패럴랙스 기법을 조합하여 리깅을 만들었습니다. 부모-자식 리깅 방법은 앞 '7. 레이어의 부모-자식 활용 팁, 394p'을 참고하세요.

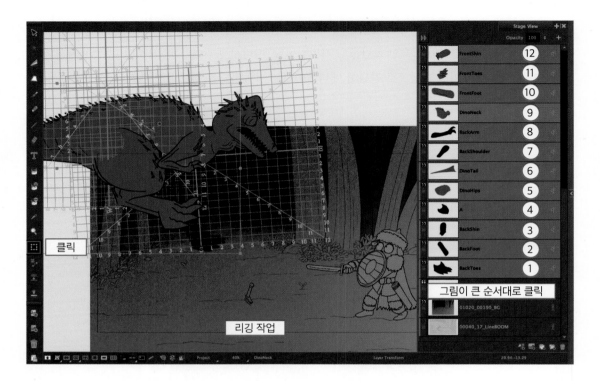

03 툰붐 하모니에서 애니메이션을 만들지 않고도 '착지'와 '걷기'와 같은 동작을 구현할 수 있습니다. 한 가지 팁을 드리자면, 그림이 큰 레이어 순서로 선택을 하면 애니메이션 작업이 잘 작동하는 경향이 있습니다.

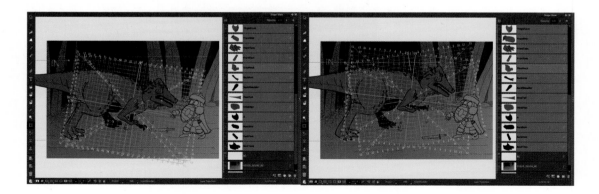

11. 레이어 애니메이션

📁 실습 파일 : SCALE_Redux_Storyboards_dragon2.sbpz

레이어 애니메이션은 레이어 트랜스폼(▢) 툴로 키프레임 생성하며 만들어 나갑니다.

01 카멜레오사루스가 택한테 다가오는 장면에서 공룡 얼굴 레이어의 크기 변화는 키프레임으로 설정했습니다. 앞에서도 설명했듯이 레이어 애니메이션은 레이어 패널의 Animate(👤) 아이콘을 클릭해서 시작합니다.

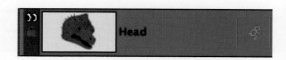

02 앞에서 설명한 Animate(👤) 아이콘을 클릭하면서 타임라인 뷰에 키프레임을 만듭니다.

03 레이어 트랜스폼 툴로 선택한 공룡 머리 레이어의 컨트롤 포인트를 잡아당기면서 크기에 변화를 줍니다.

04 타임라인 뷰의 키프레임은 스테이지 뷰에서 다음과 같이 나타납니다.

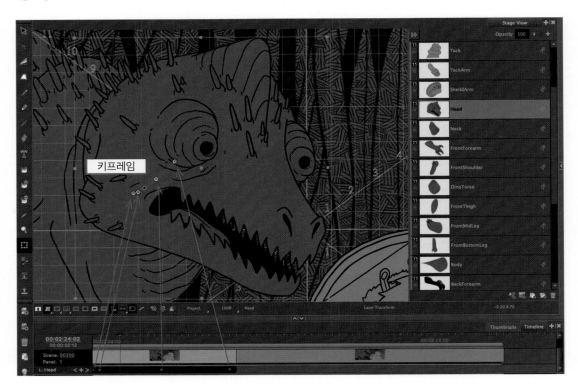

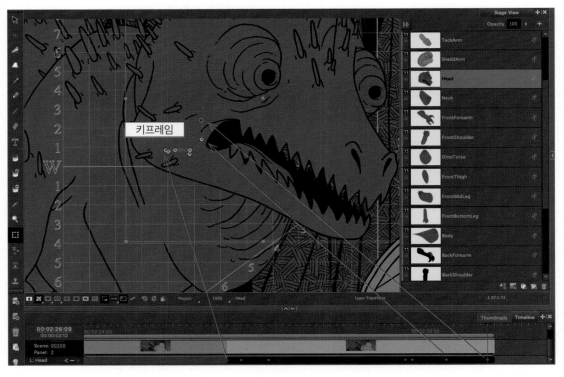

05 앞의 방법으로 키프레임을 만들면서 큰 발걸음(FrontBottomLeg_1) 동작도 만들어 나갑니다. 해당 레이어에 바운스 키프레임을 추가한 다음 팔다리 그룹, 팔다리 끝, 발/발톱에 대한 키프레임을 추가했습니다.

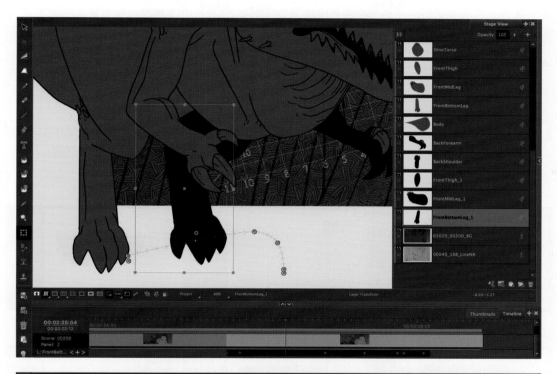

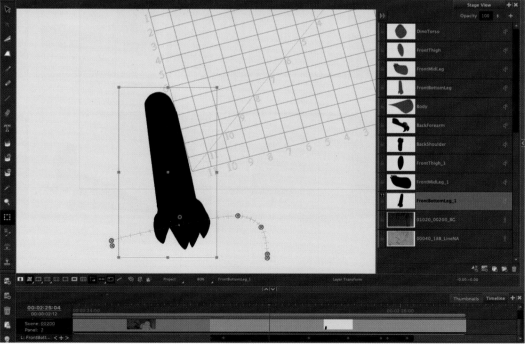

12. 2D 씬에서 한 장의 이미지로 만드는 환상적인 카메라 연출

📁 실습 파일 : SCALE_Redux_Storyboards_dragon3.sbpz

이 예제도 패럴렉싱(시차 기법 = 멀티플레인) 기법 중 하나입니다. 영상이 실제처럼 느껴지도록 이미지 한 장을 분리해서 작업한다면 환상적인 카메라 연출이 가능합니다. 아래 예제에서 알버트는 배경 이미지를 여러 부분으로 분리해서 움직이는 속도의 차이를 만들어 줌으로써 다이내믹한 카메라 기법을 보여줍니다.

01 이 장면의 포인트는 모든 레이어를 분리하는 것입니다. 평면적인 줌아웃이 아닌 입체적인 줌아웃을 연출하기 위함입니다. 배경이 하나의 이미지처럼 보이지만, 각각의 레이어로 분리되어 있습니다.

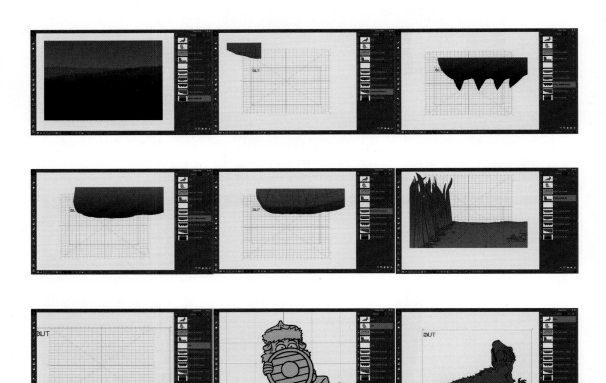

02 아래의 스테이지 뷰에서는 한 장의 그림처럼 보입니다. 실제로는 위 그림처럼 전부 따로따로 분리되어 있습니다.

03 앞에 11.에서(405p) 배운 레이어 애니메이션을 참고해 각각의 레이어를 서로 다른 속도로 움직이게 애니메이션을 만들어 나갑니다. 전경의 01020_00340_FG 레이어의 줌아웃 애니메이션을 만듭니다.

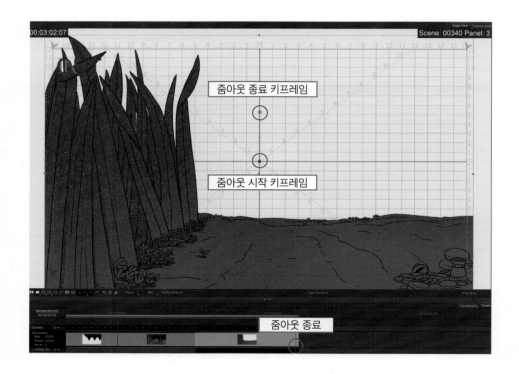

줌아웃 종료 키프레임

줌아웃 시작 키프레임

줌아웃 종료

13. 시청자의 시선을 확 잡아 끌고 화면 전환을 부드럽게 해 주는 Banana Pan

📁 **실습 파일 : SCALE_Redux_Storyboards_bananapan.sbpz**

다음 씬은 일명 '바나나 팬'을 사용했습니다. 바나나 팬은 카메라가 한 피사체에 가까이 있으면서 멀리 있는 피사체를 따라가는 연출입니다. 2D 세계에서는 가까이 있는 사물이 멀리 있는 사물로 전환될 때 광대한 원근감을 느끼게 연출합니다. 결과적으로 배경은 어떤 면에서는 바나나처럼 휘어 보입니다. 특히 이 장면은 카멜레오사우르스가 우주로 날아가는 휩팬(Whip Pan)이기도 합니다. (예제 5. 참조, 391p)

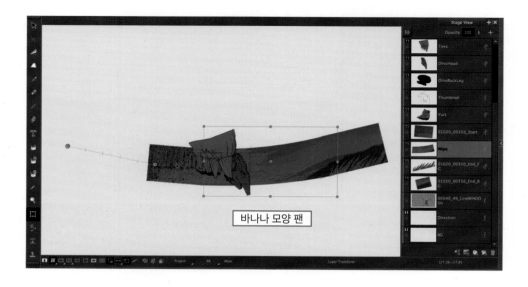

바나나 모양 팬

이 기법의 포인트는 공룡은 카메라에 고정되어 있고 배경만 빠르게 이동시키는 애니메이션으로 마치 공룡이 빠른 속도로 날아가는 것처럼 보이는 효과를 냅니다.

01 배경은 다음의 3개 레이어로 구성되어 있습니다. 01020_00350_Start, Wipe, 01020_00350_End_BG. 레이어 트랜스폼( ) 툴을 이용해서 배경이 움직이는 애니메이션을 만듭니다. (예제 11. 레이어 애니메이션 참조, 405p)

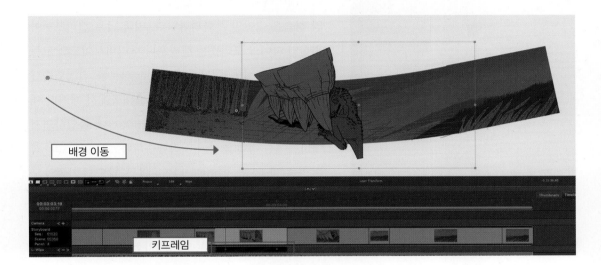

배경 이동

키프레임

Scene 04 마이크 모리스의 '더 빠르고 싼 비용으로 더 좋은 퀄리티'

마이크 모리스(Mike Morris)

애니메이터이자 스토리보드 아티스트인 마이크 모리스의 경력은 그야말로 화려합니다. 미국 남부 캘리포니아 출신인 마이크 모리스는 캘리포니아 리버사이드의 고등학생이던 15살에 애니메이션으로 진로를 결정했습니다. 이후 마이크는 캘리포니아 예술대학에서 캐릭터 애니메이션 학사 학위를 취득하고 2006년에 졸업하면서 애니메이션 경력을 쌓기 시작했습니다. 그는 폭스의 「심슨 가족(The Simpsons)」, 디즈니의 「도날드 덕 가족의 모험(DuckTales 2017)」, 넷플릭스의 「멀리건(Mulligan)」, 엔젤 스튜디오의 「터틀 트윈즈(Tuttle Twins)」 등 다양한 애니메이션 기반 프로젝트와 TV 시리즈에 참여했습니다. 마이크는 TV 애니메이션 에피소드 감독, 스토리보드 슈퍼바이저, 스토리보드 아티스트, 애니메이션 감독, 캐릭터 레이아웃 아티스트, 애니메이터 등 다양한 경력을 쌓아왔습니다. 또한 드림웍스 퍼블리싱, 워너 브라더스 애니메이션, 벤토박스 엔터테인먼트, 팃마우스(Titmouse), Bongo Comics, 디즈니 채널, 디즈니 퍼블리싱 월드와이드, 네버피크 게임즈 등 다양한 미디어 회사에서 근무한 바 있습니다. 마이크는 애니메이션 스토리텔링 분야에서 계속해서 기회를 모색하고 있으며, 현재 로스앤젤레스 카운티에서 살고 있습니다.

페이스북
https://www.facebook.com/AnimikeArt

링크드인
https://www.linkedin.com/in/animike

유튜브 채널 스토리보드 & 하모니
https://www.youtube.com/playlist?list=PLK9S2UOwD12qHBL1Et2CAH7D2TmkFI5fJ

참여 작품	• 폭스, 「심슨네 가족들(The Simpsons)」(스토리보드)
	• 폭스, 「하우스브로큰(Housebroken)」(감독)
	• 디즈니, 「도날드 덕 가족의 모험(DuckTales 2017)」(스토리보드)
	• 디즈니, 「퓨처웜!(Future-Worm!)」(감독)
	• 넷플릭스, 「멀리건(Mulligan)」
	• 엔젤 스튜디오, 「터틀 트윈스(Tuttle Twins)」
	• 애플티비, 「센트럴파크(Central Park)」(감독)

 ## 마이크 모리스(Mike Morris)의 스토리보드 노하우 QnA

이번 챕터에서는 마이크 모리스가 스토리보드 프로를 좋아하고 사용하게 된 이야기를 짧은 인터뷰 형식으로 소개합니다. 더불어 Storyboard Pro Fundamentals 교육 자료를 만든 비하인드 스토리도 소개합니다.

Q 스토리보드 프로를 사용한 지 얼마나 됐나요?

A 스토리보드 프로를 사용하기 시작한 건 2008년쯤이었습니다. 원래는 애니메이터가 되기 위해 훈련을 받다가 그 일자리가 많이 사라졌죠. 저는 캐릭터에게 무슨 일이 일어날지 알아내는 창의적인 경험을 하고 싶었습니다. 그래서 스토리보딩이 자연스러운 선택이었고, 그쪽으로 흘러가기 시작했습니다. 스토리보드 프로 2버전부터 배우기 시작했으니 적어도 15년은 된 것 같습니다.

Q 사용법은 어디서 배웠나요?

A 대부분 독학이고 친구와 인터넷 튜토리얼의 도움을 조금 받았습니다. 심슨 가족에서 전문적으로 작업을 시작했는데, 당시에는 스토리보드 프로 4를 사용했던 것 같습니다.

Q 스토리보드 제작 프로그램으로 스토리보드 프로를 가장 먼저 선택하는 이유는 무엇인가요?

A 대본부터 디스플레이까지 스토리보드에 필요한 모든 것을 갖추고 있기 때문이죠. 이 프로그램 하나로 그림을 그리고 편집하는 등 나만의 작은 영화를 만들 수 있습니다. 물론 툰붐 하모니처럼 완전한 애니메이션 프로그램은 아니지만, 저는 스토리보드 프로를 사용하여 완성도 있는 애니메틱이나 종이 보드를 만들기에 필요한 모든 작업을 할 수 있습니다. 정말 대단한 프로그램입니다.

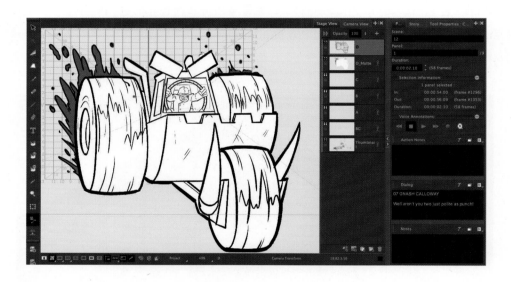

Q 스토리보드 프로만의 장점이 있나요?

A 저는 카메라가 큰 장점이라고 생각하며 특히 3D 기능을 사용할 수 있다는 점이 마음에 듭니다. 포토샵에서 스토리보드를 만들 때는 그림을 확대하거나 축소해서 카메라의 움직임을 만들어야 합니다. 그러나 스토리보드 프로에서는 카메라를 움직이기만 하면 됩니다. 또한 사물의 크기를 조정하고 확대 및 축소하고, 트래킹하고, 이동 및 기울이고, 스토리보드에 사물을 표시하는 것도 자유롭습니다. 스토리보드 프로에서는 이 모든 것을 실제로 구현할 수 있다는 점이 가장 큰 차별점이라고 생각합니다.

▸ 2D카메라

스토리보드 프로 카메라

▸ 3D 카메라

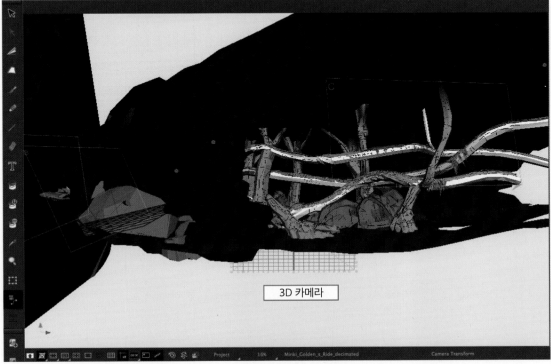

3D 카메라

드로잉 툴도 정말 훌륭합니다. 물론 다른 툴을 사용하여 그린 다음 전문 편집 프로그램으로 편집하는 것을 좋아하는 사람들도 있습니다. 하지만 스토리보드 프로처럼 드로잉 툴과 편집 기능이 하나로 통합되어 있으면 프로세스가 훨씬 더 간소화됩니다.

Q 스토리보드 프로가 이 업계에 게임 체인저가 됐던 순간이나 프로젝트가 있었나요?

A 특별한 순간은 없었고 시간이 지나면서 자연스럽게 형성된 것 같습니다. 심슨 가족 작업 초기에 어도비 프리미어나 다른 드로잉 툴을 사용하는 것보다 스토리보드 프로를 사용하면 훨씬 더 많은 작업을 할 수 있다는 것을 깨달았습니다. 그래서 더 많은 시간을 투자하고 연습하면서 점차 스토리보드 프로에 익숙해지고 좋아하게 되었습니다. 기능을 더 깊이 알아갈수록, 그리고 그 기능으로 무엇을 할 수 있는지 알아갈수록 스토리보드 프로가 더 마음에 들었습니다. 따라서 스토리보드 프로는 스토리보딩 작업에서 주로 사용하는 프로그램이 되었습니다.

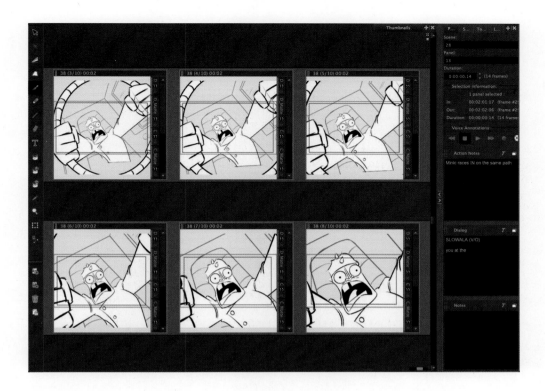

Q 심슨 가족 외에 스토리보드 프로를 사용한 다른 작품이 있나요?

A 네, 지금까지 작업한 모든 프로젝트에서 스토리보드 프로를 사용했습니다. 저는 주로 TV 애니메이션 분야에서 일해 왔고, 심슨 가족과 디즈니 XD의 퓨처웜(Future-Worm!), 가장 최근에는 디즈니의 덕테일즈(DuckTales)를 제작하는 등 업계에서 스토리보드 프로를 주로 사용하고 있습니다.

Q 스토리보드 프로의 가장 큰 매력은 무엇인가요?

A 1인 창작자로서 혼자서 많은 작업을 할 수 있다는 자유로움입니다. 1인 창작자에게 작품을 완성하는 데 필요한 모든 작업을 수행할 수 있는 툴이 있다는 것은 특히 중요합니다.

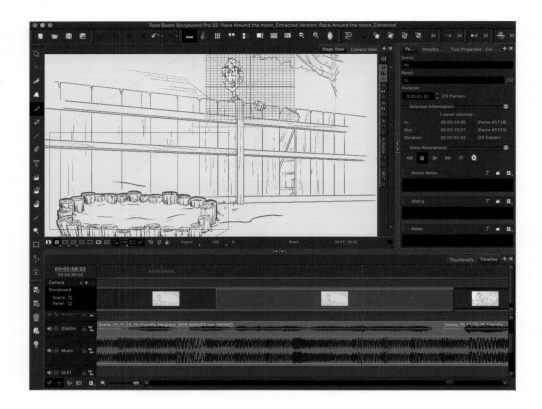

일반적인 프로덕션 프로세스에서는 많은 사람이 함께 일하기 때문에 그 나름대로 좋은 점이 많죠. 각각 맡은 분야에서 전문적인 작업으로 좋은 퀄리티를 만들어낼 수 있으니까요. 하지만 가끔은 혼자서 무언가를 만들고 싶을 때도 있고, 그냥 해 보고 싶을 때도 있죠. 스토리보드 프로를 사용하면 여러 파트로 나눠서 작업할 필요 없이 혼자서도 훨씬 쉽게 작업할 수 있습니다. 아티스트에게 툴이 일을 더 어렵게 만들지 않고 원하는 목표를 달성할 수 있는 능력을 가지는 것은 정말 좋은 일입니다.

Q 스토리보드 프로에서 프리 프로덕션 프로세스를 간소화할 수 있는 기능이 있나요?

A 네, 벡터 브러시는 확실히 많은 시간과 노력을 절약할 수 있는 도구입니다. 가변성이 뛰어나서 그림을 이동하고 조정할 수 있고, 패널을 클로즈업해서 잘라내도 화질 저하가 없으며, 줌인, 줌아웃을 해도 퀄리티가 떨어지지 않습니다. 이 소프트웨어를 차별화하는 가장 큰 장점 중 하나는 놀라운 벡터 브러시라고 생각합니다.

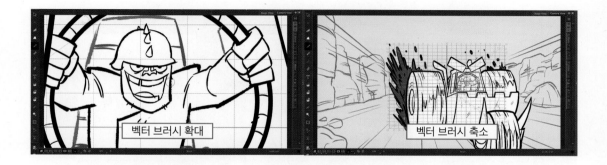

벡터 브러시 확대

벡터 브러시 축소

또한 스튜디오들이 스토리보드 프로의 편집 기능에 좀 더 관심을 가졌으면 좋겠습니다. 알고 있는 바로는 각각의 스튜디오마다 자사의 편집 프로그램을 사용하고 있습니다. 제 생각에는 많은 스튜디오가 스토리보드 프로의 기본 타임라인과 애니메틱 기능을 잘 이해한다면 많은 시간을 절약할 수 있다고 생각합니다. 예컨대 익스포트 기능만 잘 활용해도 보다 빠르게 작업이 가능합니다.

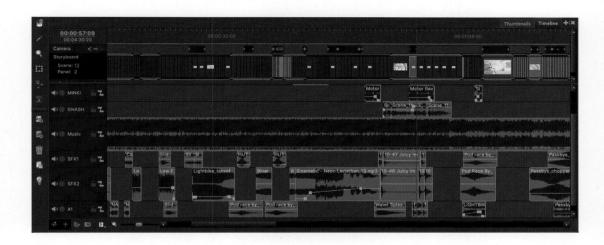

Q 스토리보드 프로와 같은 디지털 스토리보드 솔루션이 그 어느 때보다 중요해진 이유는 무엇이라고 생각하시나요?

A 속도와 다용도성입니다. 쉽게 수정하고 반복하고 앞뒤로 이동할 수 있습니다. 특히 파일 관리와 관련된 기능이 그렇습니다. 파일 관리의 중요성이 간혹 간과되는 경우가 있지만, 동일한 파일의 복사본을 사용하고 다른 한쪽에서 복사본을 업데이트할 수 있다면 프로세스가 훨씬 빨라질 것입니다.

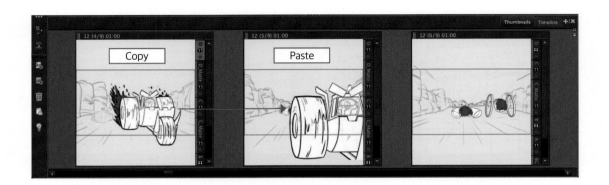

모든 비즈니스, 특히 애니메이션 업계에서 오래된 격언이 있습니다. "더 빠르고 싼 비용으로 더 좋은 퀄리티." 이 격언을 지키기는 어렵지만, 그래도 어느 정도는 달성할 수 있습니다. 디지털 툴로 더 빠르게 작업하는 것이 어떤 면에서는 더 좋고, 어떤 면에서는 더 저렴하며, 어떤 면에서는 더 낫다고 생각합니다. 물론 예술은 시간이 걸리겠지만, 빠르기만으로 프로세스를 가속화시킬 수 있는 툴이 있다면 왜 그런 툴을 사용하지 않을까요? 결국 기술은 그런 용도로 존재하는데 말입니다.

Q Race Around The Moon은 어떤 작품인가요?

A 이 작품은 툰붐에서 제공하는 Storyboard Pro Fundamentals 이라는 인터넷 교육 커리큘럼을 위해 만든 것입니다. 저는 백지상태에서 창의력을 발휘할 수 있어서 정말 좋았어요. 이 창의적인 자유가 정말 멋졌습니다. 일반적으로 대부분은 대본을 받게 되고, 그 대본에 맞추어 작업하며 감독의 비전과 최대한 일치하도록 노력합니다. 하지만 이 경우에는 보드 아티스트, 감독 및 작가로서 정말 자유롭게 창작할 수 있

었고, 매우 흥분되는 작업을 할 수 있도록 격려 받았습니다.

이 작업은 TV 시리즈 제작과 상당히 유사했습니다. 저는 모든 것이 명확하게 보이도록 하기 위해 상당히 높은 레벨의 제작 기법을 보여 주려고 노력했습니다. TV 스토리보드에서는 우리가 최종적으로 만든 것보다 조금 더 러프하게 그림을 그려도 괜찮습니다.

또한 여러 3D 오브젝트를 사용했고, 어떤 상황에서는 배경 전체를 3D로 만들기도 했습니다. 이 프로젝트를 위해 3D 모델링하는 방법을 배웠는데 정말 멋진 경험이었습니다.

Q 이 애니메틱에서 가장 작업하기 어려웠던 패널이나 장면은 무엇인가요? 어떻게 작업했나요?

A 가장 어려웠던 장면은 아마도 scene 17의 정글을 질주하는 장면이었을 겁니다. 전체 장면에 모든 3D 에셋이 필요했고, 자연스러운 느낌을 줄 수 있는 곳에 배치해야 했기 때문에 기술적으로 가장 어려웠습니다.

3D 카메라 스테이지 뷰

저는 그들이 달리는 장면을 어떻게 구성해야 할지 알아내고, 각 캐릭터들에게 빛을 발하게 하는 부분을 찾아야 했습니다. 그들이 카메라에 가장 가까워지고, 개별적으로 주목받는 장면을 만들어야 했습니다.

저는 가지들이 어디에서 꼬여야 하는지, 바위와 가지, 넘어진 나무들을 어디에 배치해야 하는지를 고민하고, 경주로가 공중에 떠 있는 것처럼 보이지 않게 만들기 위해 종이 위에서 작업했습니다. 자동차가 달릴 수 있는 자연스러운 표면처럼 보이기를 원했습니다. 이를 구현하는 건 아주 어려운 도전이었습니다.

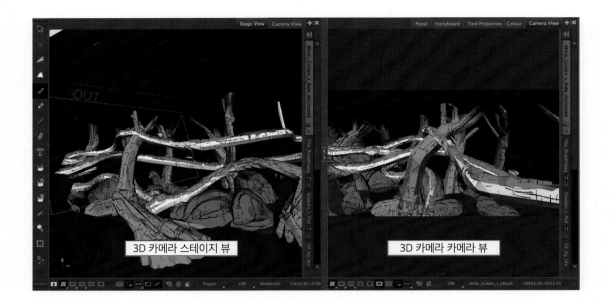

3D 카메라 스테이지 뷰

3D 카메라 카메라 뷰

Q 캐릭터 디자인은 어떤 과정을 거쳐 진행되었나요?

A 이 프로젝트를 위해 처음 디자인한 캐릭터는 지저분한 바이커처럼 생긴 건설 트럭 운전사 내쉬 캘로웨이 (Gnash Calloway)였습니다. 두 번째 캐릭터는 밍키 골든(Minki Golden)이었어요.

저는 던전 앤 드래곤을 많이 해 봐서 그런 판타지의 원형에서 영감을 받아 캐릭터를 만들었습니다. 첫 번째 초안에서 밍키는 하프오크였고, 내쉬는 고블린과 비슷했습니다. 슬로왈라(Slowala)의 경우, 반은 나무늘보 반은 코알라 괴물인 비스트맨이 있으면 재미있을 것 같았어요.

scene 12

자동차도 캐릭터의 영향을 받았습니다. 배경 스토리에서 밍키는 광산 재산의 상속녀로, 장비는 매우 세련되고 화려하지만 레이스 트랙에서 그야말로 '끝판왕'인 반면, 내쉬는 고철로 자동차를 조립하고 슬로왈라는 기술 천재이기 때문에 직접 만든 커스텀 자동차라는 느낌을 냈습니다.

캐릭터마다 각기 다른 작동 방식과 운전 스타일을 부여하는 것도 중요했습니다. 내쉬 캘로웨이는 경쟁자를 방해하는 것을 마다하지 않는 비열한 운전자에 가깝고, 밍키는 운전 기술을 중시하며 슬로왈라는 기술을 통해 장애물을 극복하려고 노력합니다.

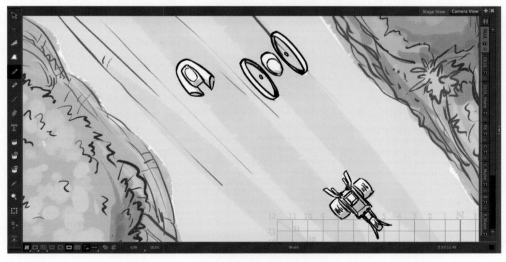

Scene 16

애니메이션을 보고 있노라면 어느새 이들이 모두 뒤뜰에서 놀고 있는 아이들이라는 사실을 깨닫게 됩니다. 저는 모든 사람이 어떤 식으로든 공감할 수 있고 보편적으로 매력적일 수 있는 소재를 원했고, 그리고 그들의 경주를 외계 풍경에서 벌인다는 것이 재미있을 것 같았습니다.

Scene 19

Q 감독이자 스토리보드 아티스트로서 TV 애니메이션 분야에서 경력을 쌓고 싶어하는 학생에게 한 마디 하신다면?

A 스토리보드 아티스트는 감독, 촬영 감독, 배우의 역할을 모두 수행해야 합니다. 다양한 종류의 샷을 언제 어떻게 변화시켜야 하는지에 대한 이해가 필요합니다. 스토리보드를 작성할 때 단순히 두 샷을 전환하는 것이 아니라 언제 와이드 샷을 사용해야 하고 언제 미디엄 샷을 사용해야 하는지 알아야 합니다. 영화 제작의 언어를 통해 의미를 전달할 수 있는 방식으로 의사소통해야 합니다.

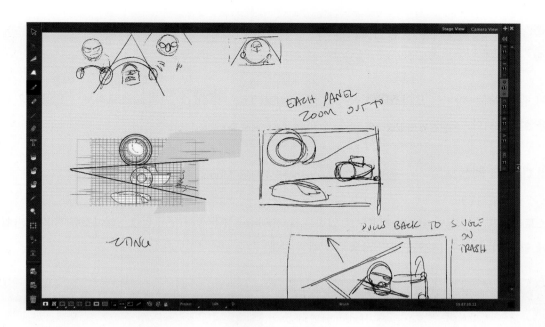

시네마틱한 자료를 공부하는 것뿐만 아니라 **사진과 인체 드로잉에 대해 스스로 연구하는 것도 좋은 아이디어입니다.** 인체 드로잉을 할 때는 같은 시점을 고집하지 마세요. 방 안의 다른 위치에서 그림을 그려 보세요.

예를 들어 방에서 인물 드로잉을 할 때는 바닥에 앉거나 몸을 높이 들어 올려 보세요. 바닥에 앉으면 업 샷을 연습할 수 있고, 의자에 서면 다운 샷을 연습할 수 있습니다. 일반적으로 인체 드로잉 수업에서는 모델이 무대 정면을 향해 서게 됩니다. 저는 옆에서 그리는 것을 좋아하는데, 더 흥미로운 시점을 얻을 수 있는 경우가 많기 때문이죠. 다양한 샷을 그리는 방법을 알아내는 것이 중요합니다.

Panel 2 **아티스트의 노하우 살펴보기**

이 챕터에서는 마이크 모리스의 작품 「Race Around The Moon」을 가지고 스토리보드 프로의 기능을 설명합니다. 📁 전체 씬 실습 파일 : Race Around the moon_Extracted.sbpz

1. 대사 & 액션노트 📁 실습 파일 : sequence5_4_Mike_Morris_dialog.sbpz

스토리보드 작업에서 대사와 액션노트 입력은 Horizontal 또는 Vertical 워크스페이스를 활용하면 쉽게 할 수 있습니다. (327p, 카린 샤를부아 챕터 참조)

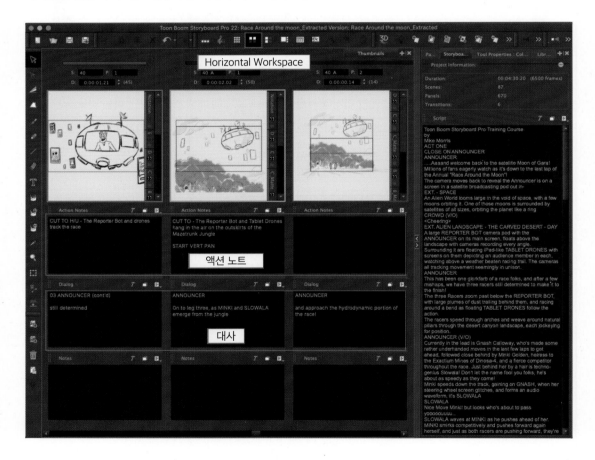

위 그림에서 빨간색 박스 내용은 아래와 같습니다.

- Action Notes - 카메라 워킹 및 액션 지시 사항
- Dialog - 대사
- Notes - 이펙트 같은 지시 사항

1) 장면에 효과가 들어갈 때 지시 사항

이펙트가 필요한 패널은 아래 그림처럼 Notes 항목에 블러 이펙트의 수치를 자세히 기입하면 나중에 후반(프로덕션 단계) 작업에서 수정할 때 편리합니다.

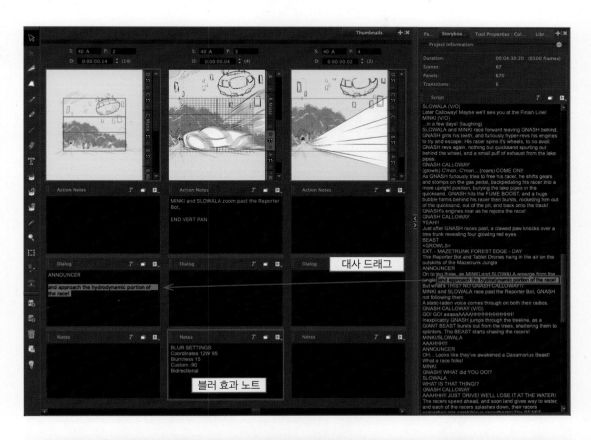

2) 대사 찾기

Script 창으로 전체 대사 파일을 임포트하면 양이 많아서 대사를 찾기 어렵습니다. 이럴 때 다음과 같이 따라하세요.

01 Script 창 오른쪽 끝 문서( ) 아이콘을 클릭해서 Find Text in Captions을 선택합니다.

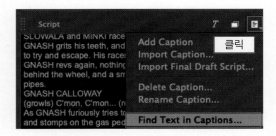

02 Find Text in Captions 창에 찾으려는 대사를 복사&붙여넣기 합니다. 그리고 Find 버튼을 클릭하면 Script 창에 검색된 대사가 파란색으로 표시됩니다.

2. 3D 모델 응용 📁 실습 파일 : sequence5_4_Mike_Morris_3d1.sbpz

자동차 또는 비행기 같은 메카닉 모델은 그리는 데 시간이 많이 걸리기 때문에 3D 모델이 있다면 조금 더 편리하게 작업할 수 있습니다. 아래 우주선은 3D 모델을 불러와서 트레이스한 결과물 입니다.

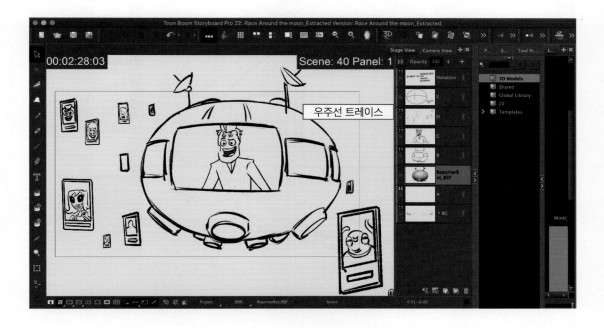

1) 3D 모델을 2D로 변환해서 가져오기

해당 씬에는 이미 3D 모델이 들어와 있기 때문에 라이브러리에서 가져오면 되지만, 처음에 3D 모델을 씬 안으로 가져오기 위해서는 먼저 라이브러리에 임포트해야 합니다.

01 스테이지 뷰 오른쪽 패널 뷰의 라이브러리에서 3D 모델을 스테이지 뷰로 드래그해서 2D 이미지로 가져옵니다. (302p, *sequence4 scene3 panel3* 3D 오브젝트를 2D 이미지로 가져오기 참조)

02 스테이지 뷰로 우주선이 들어오면 우주선 레이어(ReporterBot_REF)를 아래에 깔고 바로 위 레이어에 우주선을 트레이스합니다. 이때, 라이트 테이블을 활성화시키면 한층 그리기 쉽습니다.

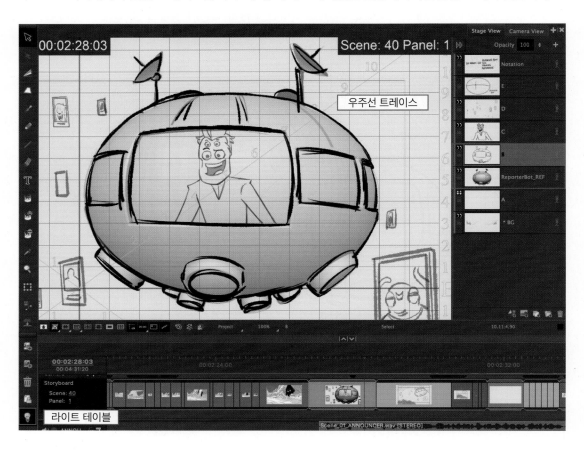

3. 벡터의 장점　　📁 실습 파일 : sequence5_4_Mike_Morris_vector.sbpz

일반적으로 비트맵 이미지를 사용할 경우 카메라의 극단적인 줌인, 줌아웃 연출에서 이미지의 화질 저하가 발생합니다. 그러나 **벡터를 지원하는 스토리보드 프로에서는 아래와 같이 줌아웃의 격차가 크더라도 라인의 퀄리티가 떨어지지 않습니다.**

카메라가 줌아웃 하기 전의 포즈

전체 그림을 하나의 캔버스에 그린다고 생각하면 됩니다. 카메라 프레임 사이즈가 아무리 작아도 화질이 떨어지지 않는 것을 알 수 있습니다. 스토리보드 프로의 카메라 툴로 화질 저하 없이 이런 연출을 아주 쉽게 작업할 수 있습니다.

1) 극단적인 줌인 & 아웃에도 깨지지 않는 라인 퀄리티

해당 장면은 카메라가 아이들의 얼굴에서 극단적인 트럭아웃(Truck Out)하는 씬 입니다. 카메라가 아이들 얼굴로 클로즈업했을 때의 라인 퀄리티를 확인해 보세요. (트럭인 설명은 337p, 카린 샤를부아 챕터의 트럭인(Truck In)을 참고하세요.)

카메라 줌아웃

4. 스토리보드 프로의 역동적인 카메라 연출

📁 **실습 파일** : sequence5_4_Mike_Morris_camera.sbpz

포토샵에서 스토리보드를 만들 때는 그림을 확대하거나 축소해서 카메라의 움직임을 만들어야 합니다. 아래와 같이 괴물이 물에서 뛰어나와 하늘로 치솟은 뒤, 다시 물속으로 들어가는 장면 연출은 포토샵이나 다른 툴로 만든다면 아주 어렵습니다. (카메라 키프레임과 팬 설명은 237p, *sequence4 scene2* : 카메라 파트를 참고하세요.)

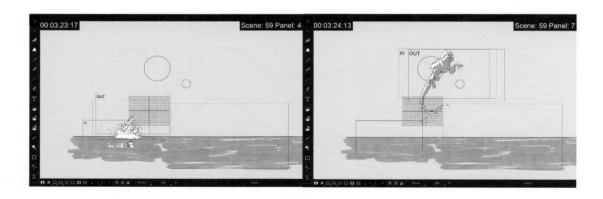

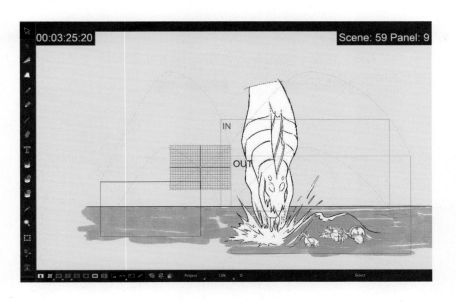

1) 오브젝트를 따라가는 카메라 애니메이션

스토리보드 프로에서는 카메라만 움직이면 됩니다. 아래 그림처럼 카메라로 키프레임을 만들어서 이동하기만 하면 됩니다.

01 타임라인 뷰의 카메라 트랙에서 카메라 키프레임을 생성합니다. 괴물의 움직임대로 키프레임을 만들어서 카메라 프레임이 따라가게 만듭니다.

02 카메라가 이동한 결과물은 다음과 같습니다. 즉, 모든 그림은 괴물이 물에서 뛰어나와 하늘로 치솟은 뒤, 다시 물속으로 들어가게 그리고, 카메라는 괴물이 움직이는 경로를 따라갑니다. 이로써 역동적인 카메라 워킹이 완성됩니다.

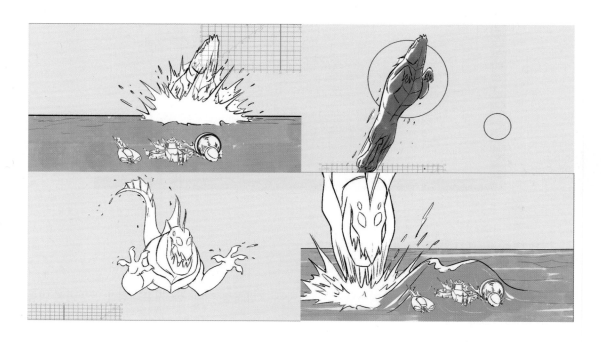

5. 2D + 3D 혼합   📁 실습 파일 : sequence5_4_Mike_Morris_2d3d.sbpz

스토리보드 프로는 2D와 3D를 혼용해서 작업이 가능합니다. 스테이지 뷰에 또는 Top view, Side View에서 보면 각 엘리먼트의 위치를 정확하게 파악할 수 있습니다. 앞에서도 이미 설명했지만 3D 모델 포맷은 .FBX 포맷을 추천합니다. 스테이지 뷰 회전 단축키는 Shift + Ctrl (Windows) 또는 Shift + ⌘ (MacOS) + 왼쪽 클릭&드래그입니다.

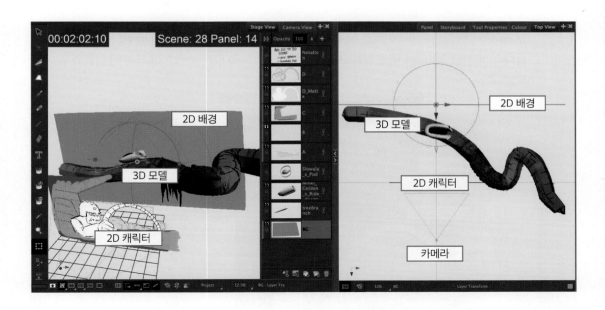

1) 3D 오브젝트와 2D 캐릭터 혼용

01 3D 오브젝트를 라이브러리에서 가져옵니다. (295p, *sequence4 scene3 panel3* 3D 모델 임포트 참조)

예제 파일에서는 treeBranch 레이어에 해당합니다. 스테이지 뷰의 오른쪽 패널 뷰에서 Top view, Side View를 활용해서 3D 모델을 적당한 위치에 놓습니다.

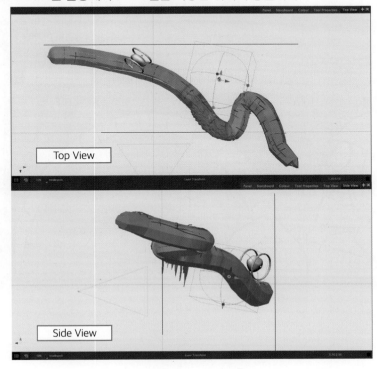

02 3D와 2D 그림 레이어의 위치를 변경합니다. Top View에서 작업하면 쉽게 위치를 변경할 수 있습니다. 배경을 3D 모델 뒤로 보내고 캐릭터를 3D 앞으로 오게 하면 카메라 뷰에 다음과 같이 나타납니다.

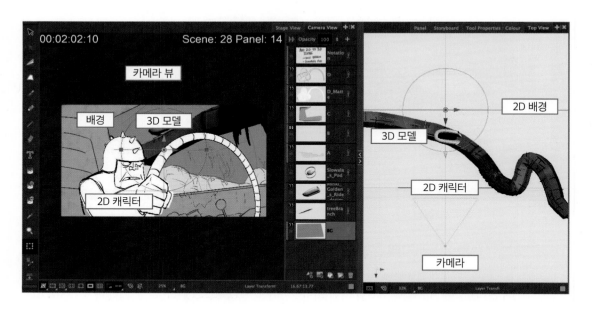

03 각각의 레이어 배치가 끝나면 2D 레이어에 그림을 그립니다. (레이어 D)

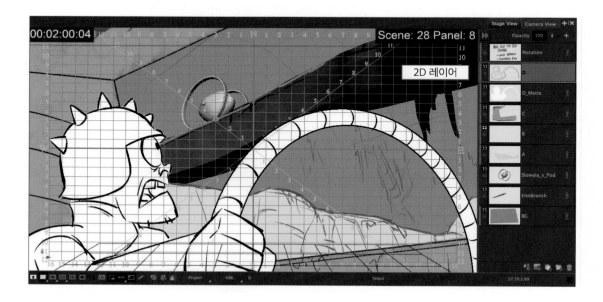

04 작업 중 3D 모델이 많아서 서로 겹치거나 할 때는 3D 모델을 Wireframe 모드로 전환해서 작업하면 편리합니다. 3D 레이어를 선택하고 마우스 우클릭 후 Wireframe을 선택합니다.

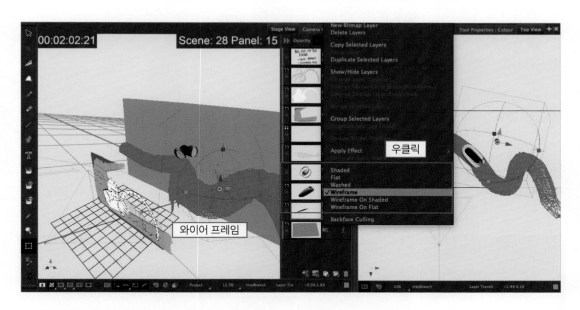

05 완성된 3D와 2D의 조합은 다음과 같은 결과물로 나옵니다.

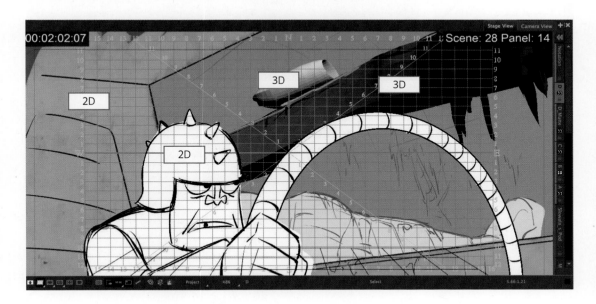

6. 익스포트

📁 **실습 파일 :** sequence5_4_Mike_Morris_export.sbpz

모든 작업이 끝나면 아웃풋을 만들어야 합니다. 스토리보드 프로에서는 익스포트 기능으로 다양한 최종 아웃풋을 뽑아낼 수 있습니다. 스토리보드 프로의 익스포트 기능만 잘 활용해도 보다 빠르게 작업이 가능합니다.

1) 동영상에 대사 넣어서 익스포트 하기

스토리보드 프로의 흥미로운 기능 중 하나로, 동영상 포맷으로 익스포트할 때 대사와 씬 이름을 동영상에 집어넣을 수 있습니다. 이로써 창작자는 보드에서 대사가 제대로 설정되었는지 확인할 수 있습니다.

01 파일 메뉴에서 Export → Movie를 선택합니다.

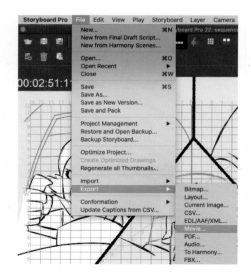

02 Export to Movie 옵션 창 하단의 Burn-In 탭과 Captions 탭에서 여러 옵션을 설정합니다.

타임코드와 씬 이름 프린트

대사 프린트

03 타임코드와 씬, 패널 이름을 동영상에 삽입하려면 팝업 창의 Burn-In 항목에서 Print timecode, Print Scene names and Panel numbers를 선택합니다. 대사를 넣고 싶다면 Captions 항목의 Print Caption 중 Dialog를 선택하면 됩니다. 아래 그림 왼쪽이 대사가 없는 기본적인 동영상이 며, 오른쪽이 대사와 타임코드, 씬 이름이 들어간 동영상입니다.

대사 없는 기본 MOV

대사 및 타임코드가 들어간 MOV

Scene 05

「원 라스트 몬스터」 한국 역사에서 영감을 얻은 김진기 감독의 스토리보드

김진기(Gene Kim) 감독

김진기(Gene Kim) 감독은 한국계 미국인 스토리보드 아티스트입니다. 미국 뉴욕시티에서 자라나고 미국 애니메이션 회사인 넷플릭스, 아마존 스튜디오에서 근무했습니다. 그는 스토리보드 아티스트로 근무하기 전에 픽사(Pixar), 디즈니(Disney), 블루 스카이(Blue Sky Studios)에서 CG 아티스트로도 근무했습니다. 가장 최근에는 메이저 스트리밍 네트워크에서 곧 방영될 CG 애니메이션 쇼를 작업하고 있습니다. 그 외에는 세스 로건의 새로운 애니메이션 TV 시리즈 「소시지 파티:푸드토피아(Sausage Party: Foodtopia)」, 아마존 스튜디오와 AnimSchool 스튜디오의 「MechWest」에 참여한 경험이 있습니다.

2019-2021 FILM TOUR & AWARDS(좌) / 2020년 7월 뉴욕에서 열린 쇼크페스트 영화제 마카브르 맨션 이벤트의 일부(우)

그가 제작한 독립 단편 애니메이션 「원 라스트 몬스터(One Last Monster)」는 국제 영화제 순회 상영을 하며, 공식 선정, 수상, 후보작을 합쳐 100개 이상의 상을 받았고 포브스, 한국일보 등 주요 언론 매체에 소개되었습니다. 포린 폴리시(Foreign Policy Magazine) 매거진에서는 그를 '창의적인 괴수'라고 소개했습니다. 심지어 대한민국 영부인에게 '원 라스트 몬스터'를 소개하는 자리에 초대받았고, 나중에 문재인 대통령으로부터 편지를 받기도 했습니다.

김진기 감독은 애니메이션, 영화 외에 토끼, 마라톤, 축구, 독서, 한국어, 일렉트릭 기타를 좋아합니다. 하지만 동시에 다 좋아하지는 않는다고 말합니다.

참여 작품
- 아마존 프라임, 「소시지 파티:푸드토피아(Sausage Party: Foodtopia)」(스토리보드 아티스트)
- 아마존 스튜디오 & AnimSchool, 「MechWest」(스토리보드 아티스트)
- 엔젤 스튜디오, 「Gabriel & The Guardians」(스토리보드 리비전 아티스트)
- 원 라스트 몬스터(One Last Monster) (각본, 감독)
- 디즈니/블루 스카이 스튜디오, 「에픽 : 숲속의 전설(Epic)」(3D 아티스트)
- 디즈니/블루 스카이 스튜디오, 「리오2(Rio 2)」(3D 아티스트)
- 디즈니/블루 스카이 스튜디오, 「스누피:더 피너츠 무비(The Peanuts Movie)」(3D 아티스트)
- 디즈니/블루 스카이 스튜디오, 「아이스 에이지: 지구 대충돌(Ice Age 5: Collision Course)」(3D 아티스트)

작가 홈페이지
https://www.genekk.com
https://www.onelastmonster.com

이번 챕터는 김진기 감독의 단편 애니메이션 「One Last Monster」와 스토리보드 작업에 대한 이야기를 소개합니다.

원 라스트 몬스터 포스터 by 김진기

Q 「One Last Monster」는 어떤 이야기인가요?

A 원 라스트 몬스터는 아딘 행성의 통치자 유라 황후에 관한 SF 판타지 이야기로, 조선 시대 한국에서 영감을 받아 제작했습니다. 유라와 아딘의 다른 영웅들은 아딘의 역사 속에서 수수께끼의 외계인 침략자로부터 행성을 지켜야 합니다. 어느 날 아딘에 나타난 디다스라는 괴물이 유라에게 큰 위기를 초래하고, 유라는 그를 믿을지 아니면 파괴할지 결정해야 합니다. 유라의 결정에 따라 아딘의 모든 사람이 구원을 받거나 파괴될 수도 있습니다.

주인공 황후 유라(좌) / 황제 태조(우)

원 라스트 몬스터의 핵심은 때때로 우리에게 좋을 것이라고 생각했던 것이 실제로는 우리에게 해로울 수 있다는 것입니다. 반대로 우리에게 나쁠 것이라고 생각한 것이 실제로는 매우 좋을 수 있습니다. 그래서 이 작품은 안락함에 안주하는 것의 위험에 대한 이야기라고 생각하고 싶어요. 그리고 그 위험을 인정하고 받아들이는 것이 얼마나 어려운지에 대한 이야기이기도 합니다.

미국에서 자란 한국계 미국인으로서 한국 문화에 대해 더 많이 탐구하고 배우면서 모든 문화권에서 누구나 공감할 수 있는 보편적이고 재미있는 이야기를 만들기 위해 노력하는 것이 매우 즐거웠습니다.

Q 스토리보드 작업 과정은 어떤 방식으로 이루어지나요?

A 확실히 많은 실험이 필요했어요. 원 라스트 몬스터의 스토리보드를 만들 때 두 가지 원칙을 세웠습니다.

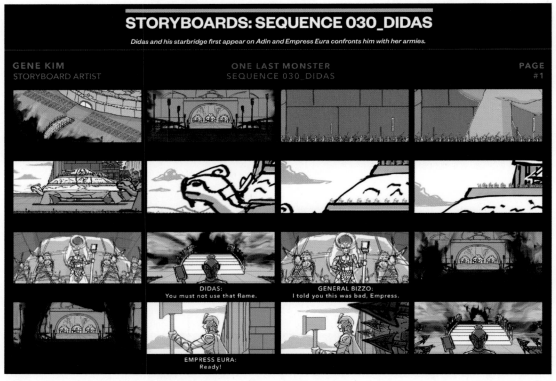

김진기 감독의 원 라스트 몬스터 스토리보드 시퀀스

첫 번째 원칙은 1980년대, 1990년대, 2000년대 고전 애니메이션처럼 매우 시네마틱한 2D 애니메이션을 만들고 싶다는 것이었습니다. 그래서 최대한 역동적이고 흥미로운 카메라 앵글과 깊이를 강조하는 구도를 사용하려고 노력했습니다. 만화 같은 느낌이 아니라 영화 같은 느낌을 주고 싶었습니다.

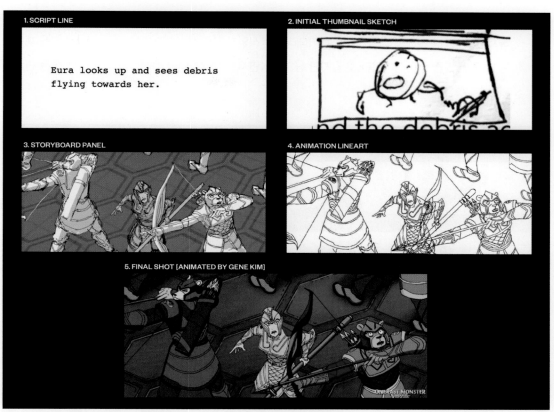

1. 스크립트 / 2. 썸네일 스케치 / 3. 스토리보드 패널 / 4. 클린업 애니메이션 / 5. 파이널 샷

두 번째 원칙은 시간, 예산, 인력의 제약이 있었기 때문에 샷과 스토리보드를 최대한 단순화해야 한다는 것이었습니다. 저는 친구와 함께 영화의 22분 분량을 모두 애니메이션으로 만들었습니다.

원 라스트 몬스터 제작 스케줄 표.

두 명이서 단편 애니메이션을 제작하는 데는 한계가 있기 때문에 모든 장면이 역동적이면서도 너무 복잡하지 않도록 해야 했습니다. 그래서 3D 카메라의 움직임과 군중 샷이 거의 없습니다. 제 스스로를 제한하는 데 있어 조금 극단적이었던 것 같지만 창의적이면서도 현실적이고 절제력을 기르는 데 좋은 연습이 되었습니다.

김진기 감독의 원 라스트 몬스터 스토리보드 시퀀스

Q 스토리보드 작업 과정이 수작업으로도 진행되나요? 예를 들어 종이에 그린다거나.

A 네. 스토리보드 작업을 할 때, 실제 대본 페이지에 아주 러프하게 썸네일을 그리고, 그 후에 디지털로 스토리보드를 작성하는 것이 좋습니다. 매우 힘들었지만 내부의 비판적인 목소리와 판단을 거르고 아이디어를 자유롭게 발표하면서 나중에 수정할 수 있도록 노력했습니다.

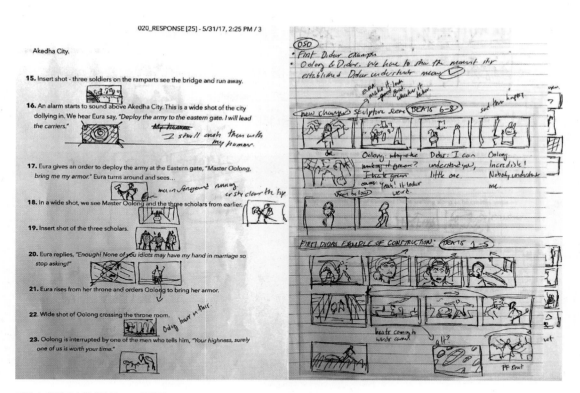

대본 스케치(좌) / 썸네일 러프 스케치(우)

스토리보드 프로에서 다듬기.

Q 스토리보드 제작 프로그램으로 스토리보드 프로를 가장 먼저 선택한 이유는 무엇인가요?

A 이미 캐릭터 애니메이션에 몇 년 동안 툰붐 하모니를 사용하고 있었습니다. 그러다 툰붐이 스토리보드 프로그램에 집중한다는 소식을 접해, 한번 사용해 보고 첫눈에 반하고 말았습니다. 툰붐의 프로그램은 매우 강력하고 체계적으로 구성되어 있어 마음에 듭니다.

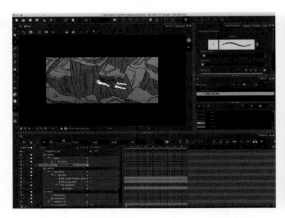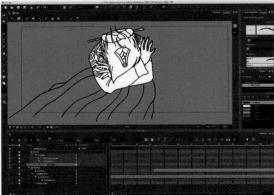

툰붐 하모니에서 애니메이션 작업

Q 스토리보드 프로만의 장점은 어떤 것이 있나요?

A 그림과 패널, 레이어를 정리하는 기능이라고 생각합니다. 몇 년 전에 스토리보드를 제작할 땐 포토샵을 사용했지만 포토샵에는 스토리보드를 쉽게 만들기 위한 기능이 없어 정말 곤란했습니다.

썸네일 뷰

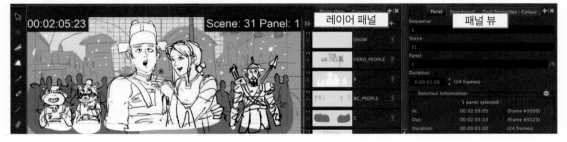

레이어 패널 & 패널 뷰

Q 스토리보드 프로와 같은 디지털 스토리보드 솔루션이 그 어느 때보다 중요해진 이유는 무엇이라고 생각하시나요?

A 스토리보드 프로를 사용하면 다음과 같이 정말 빠르게 작업할 수 있습니다. 어디선가 애니메이션 제작 과정에 그린 스토리보드 중 결국 70-80%를 자른다는 이야기를 들었습니다. 이 사실을 고려하면, 프로덕션 프로세스를 빨리 진행하기 위해선 디지털 스토리보드 솔루션이 있어야만 합니다.

종이 스토리보드 (좌) / 디지털 스토리보드 (우)

Panel 2 · 아티스트의 노하우 살펴보기

이번 챕터에서는 스토리보드 프로의 브러시 라인 수정하기, 동영상으로 내보내기, PDF 파일 내보내기, 자동 채색, 블러 이펙트를 소개합니다.

1. 벡터 브러시 툴로 간편한 수정   📁 실습 파일 : OLM_THE_DAM_BREAKER_vector.sbpz

벡터 브러시는 그림 그리기에 정말 훌륭한 툴입니다. 무한하게 확대할 수 있고 그린 선화의 어떤 부분도 조정할 수 있어서 일하는 능률을 증대됩니다. 아래 그림에서 대포의 궤적을 더 길게 수정해 보겠습니다.

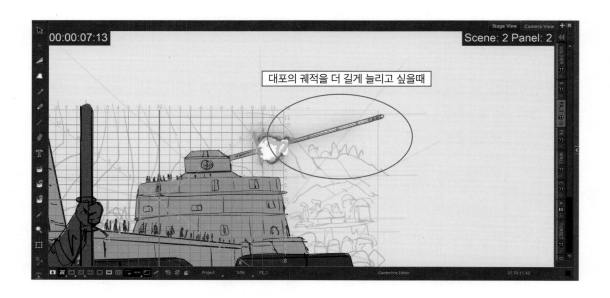

대포의 궤적을 더 길게 늘리고 싶을때

1) 벡터 브러시 라인 수정하기

01 도구 툴바에서 센터라인 에디터(Centerline Editor, ✎) 툴을 선택합니다.

02 스테이지 뷰 오른쪽 레이어 패널에서 FX_길게_수정 레이어를 선택합니다.

03 스테이지 뷰에서 단축키 2번을 여러 번 눌러서 화면을 확대해 수정하고 싶은 라인의 포인트를 선택합니다. 그림의 끝 부분에서 마우스를 동그랗게 그리면 포인트가 선택됩니다.

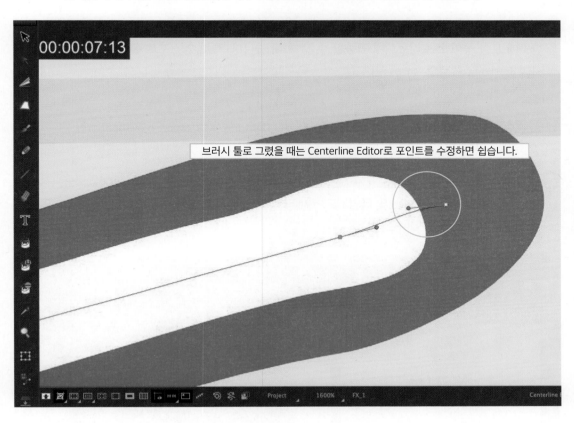

04 스테이지 뷰 또는 카메라 뷰에서 포인트를 오른쪽 방향 위로 잡아당깁니다. 그림을 다시 그리지 않고도 궤적의 길이가 늘어난 것을 확인할 수 있습니다.

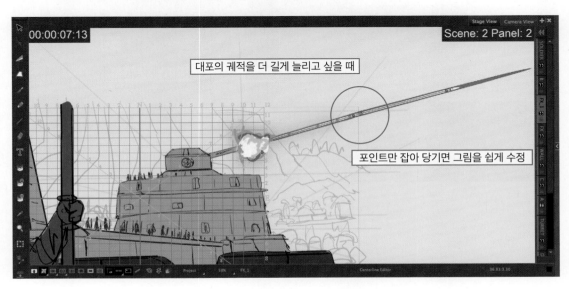

2. 프리 프로덕션 프로세스를 간소화할 수 있는 기능(익스포트)

Movie export, PDF export, timeline, audio, Playback, vector brush 등등. 이렇게 다양한 기능을 한곳에 모아 놓아 스토리보드에 집중할 수 있게 해 줍니다. 특히 익스포트 옵션이 다양해서 결과물을 여러 포맷으로 만들 수 있습니다.

1) 동영상 포맷 Export   📁 실습 파일 : OLM_THE_DAM_BREAKER_export_mov.sbpz

01 메인 메뉴 → File → Export → Movie(MOV 포맷)를 선택합니다. Export to Movie 옵션 창에서 익스포트 범위, 씬 넘버 및 타임코드, 카메라 가이드, 대사를 넣을 수 있습니다. (438p, 마이크 모리스의 익스포트 챕터 참고)

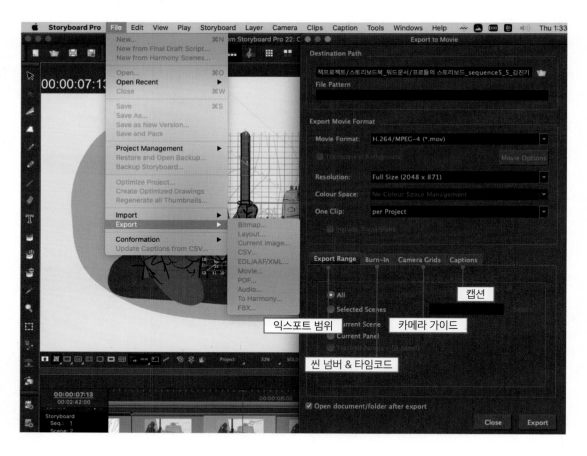

02 익스포트한 동영상 mov 파일은 다음과 같습니다.

2) PDF 포맷 export

스토리보드 작업이 완료되면 다른 아티스트에게 전달하기 위해 PDF 포맷으로 스토리보드 파일을 만듭니다. 대다수의 아티스트들은 이 PDF 포맷의 스토리보드를 참고로 작업을 진행합니다.

01 메인 메뉴에서 → File → Export → PDF를 선택하고 PDF Export Parameters 항목에서 3 Panel Hoeizontal을 선택 후 Export를 누릅니다.

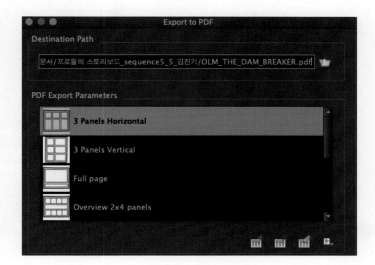

02 PDF 포맷으로 익스포트한 파일을 열어보면 다음과 같습니다.

PDF Export 3 Panels Horizontal 형식

3. Generate Auto-Matte : 자동 채색   📁 실습 파일 : OLM_THE_DAM_BREAKER_AutoMatte .sbpz

스토리보드 프로의 Generate Auto-Matte 기능은 정말로 편리합니다. 그림을 그린 후 별도로 채색하지 않아도 쉽게 색을 채워 넣을 수 있습니다.

1) 자동 채색하기

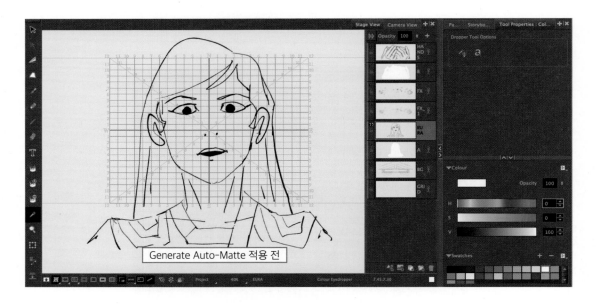

Generate Auto-Matte 적용 전

01 해당 레이어(EURA)를 선택한 후, 마우스 우클릭하고 Generate Auto-Matte를 선택합니다.
Auto-Matte 옵션 창에서 적당한 컬러를 선택하고 OK 버튼을 클릭합니다.

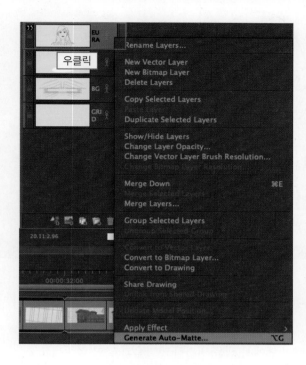

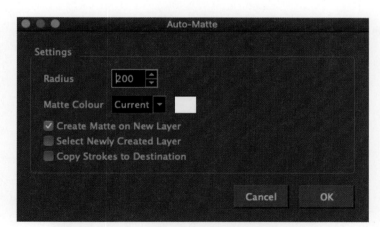

02 해당 레이어 바로 아래에 채색된 레이어가 생성됩니다.

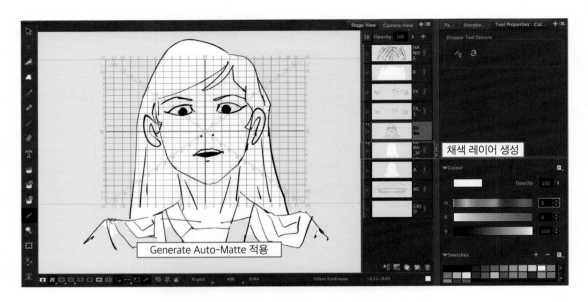

Generate Auto-Matte 적용

채색 레이어 생성

2) Generate Auto-Matte로 칠해진 컬러를 다른 컬러로 수정하기

Tool Properties 뷰의 컬러 탭에서 색을 변경하고 다음과 같이 해주세요.

01 스테이지 뷰의 오른쪽 Colour 탭에서 위에서 칠한 흰색을 선택합니다.

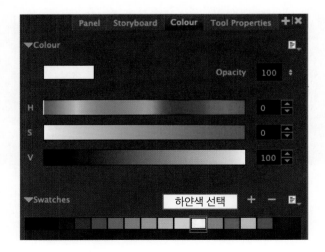

하얀색 선택

02 도구 툴바에서 Select By Colour( ) 툴을 선택합니다. 선택(Selet) 툴을 누르고 있으면 팝업 창이 나옵니다.

03 스테이지 뷰에서 하얀색으로 채색된 곳을 클릭합니다. 하얀색으로 칠해진 곳만 선택됩니다.

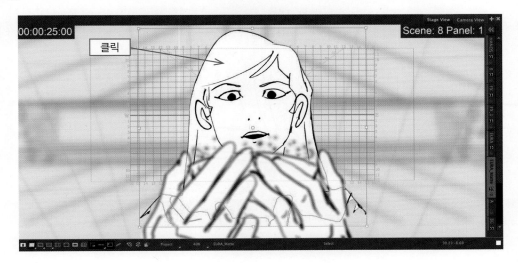

04 다시 스테이지 뷰의 오른쪽 Colour 탭으로 와서 적당한 컬러를 선택합니다. 컬러를 선택하는 순간 채색된 컬러가 변경됩니다.

4. 블러 이펙트   📁 실습 파일 : OLM_THE_DAM_BREAKER_blur.sbpz

스토리보드 프로에서도 간단한 효과를 만들 수 있습니다. 합성 툴처럼 화려한 이펙트는 없지만, 기본적인 블러 효과는 가능합니다.

1) 망치를 휘감는 블러 FX 효과

01 이펙트를 적용하기 위해 원본(FX) 레이어를 Duplicate Seletced Layers로 복사본(FX_2)을 하나 만듭니다. 생성된 레이어를 원본 레이어 아래로 배치합니다. 마우스로 아래로 드래그하면 됩니다.

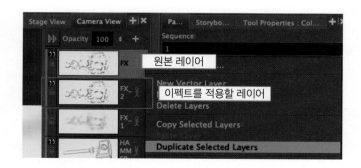

02 이펙트를 적용할 레이어를 선택 후, 마우스 우클릭으로 Apply Effect → Blur를 선택합니다.

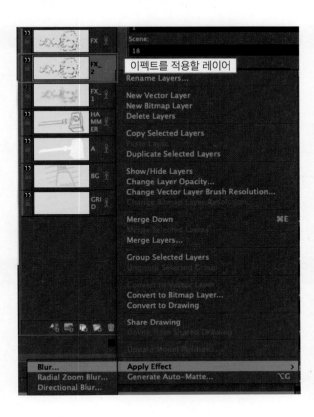

03 Blur 창에서 Radius 항목에 적당한 값을 입력하고 Preview를 눌러서 효과를 확인합니다. 바라는 대로 효과가 나온다면 OK를 클릭합니다.

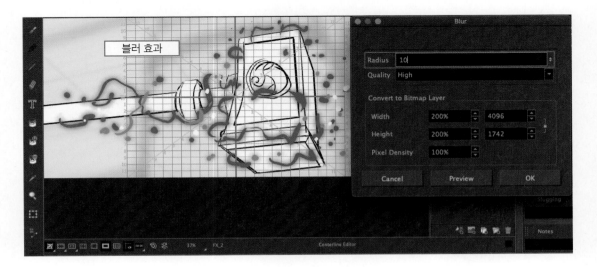

04 망치에 블러 효과가 적용됩니다.

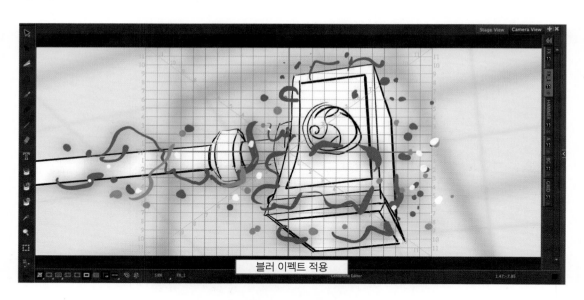

블러 이펙트 적용

쉽고 빠르게 그리는 스토리보드 with 스토리보드 프로

Scene 06
마티아스의 차원이 다른 3D 스토리보드 Tip

**마티아스 드 클레르크
(MATTHIAS De Clercq)**

마티아스 드 클레르크(Matthias De Clercq)는 주요 애니메이션 스튜디오에서 일하는 베테랑 스토리 아티스트입니다. 그는 현재 벨기에에 거주하며, 물고기 연못을 바라보며 늦은 밤 영화를 보면서 졸기도 하는 것을 좋아합니다.

그의 홈페이지와 인스타그램을 통해서 다양한 스토리보드 작업에 영감을 얻을 수 있습니다.

참여 작품
- 영화 「트랜스포머」 (스토리보드 아티스트)
- 픽사, 「루카(Luca)」 (스토리보드 아티스트)
- 「빅풋 주니어」 (스토리보드 아티스트)

작가 홈페이지
https://tekkoman.wixsite.com/story

인스타그램
https://www.instagram.com/_tekkoman

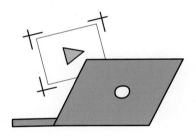

마티아스 드 클레르크(Mattias De Clercq)의 노하우 살펴보기

마티아스는 다른 아티스트와는 전혀 다른 방법으로 3D를 활용한 스토리보드 작업을 보여줍니다. 특히 비디오 트랙을 이용한 3D 모델 애니메이션 방식은 어떤 면에서 더 효율적인 방식이 아닌가 생각합니다.

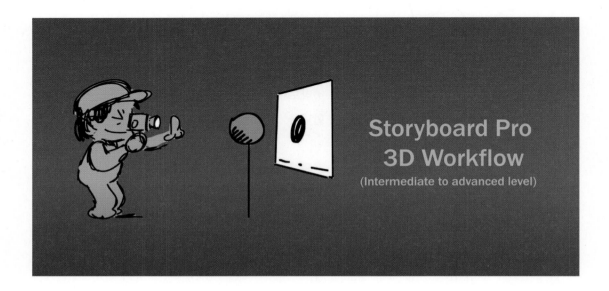

Q 툰붐 스토리보드 프로를 좋아하는 이유?

A 스토리보드 프로의 가장 큰 장점은 드로잉, 레이아웃, 편집 프로그램이 하나로 통합된 다용도성입니다. 애니메이션을 만들 때 세 개의 다른 앱 사이를 전환할 필요가 없고 메모리(RAM)도 적당히 사용하기 때문에 아주 좋습니다.

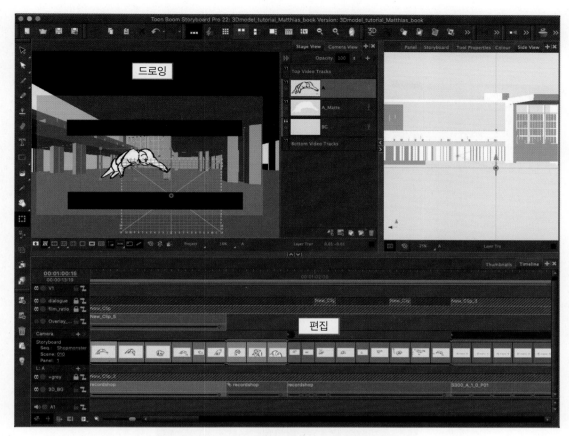

마티아스는 3D 모델을 블렌더에서 직접 만들거나 free3d.com과 같은 웹사이트에서 다운로드합니다.

1. 3D 배경을 사용하여 역동적인 컷을 만드는 방법

다음은 마티아스가 러프하게 만든 3D 오브젝트를 활용한 씬 입니다. 이 작업은 3D 배경을 사용하여 역동적인 컷을 만드는 방법을 보여줍니다. 3D를 일반적으로 사용하지 않고 그만의 독특한 방식으로 작업하는 노하우를 배울 수 있습니다.

1) 비디오 트랙에 3D 모델 가져오기   📁 **실습 파일 : 3Dmodel_tutorial_Matthias1.sbpz**

우리는 sequence 4의 '3D 모델 임포트' 챕터(295p)에서 스토리보드 씬 안으로 3D 모델을 가져오는 방법을 배웠습니다. 일반적으로 라이브러리에서 스테이지 뷰로 가져오는 방식이지만 마티아스는 그것에서 조금 더 발전한 방법을 사용합니다.

01 스테이지 뷰 오른쪽 라이브러리에서 3D 모델(recordshop_2)을 스테이지 뷰로 드래그합니다.
3D Model 팝업 창에서 Use 3D Model을 선택합니다.

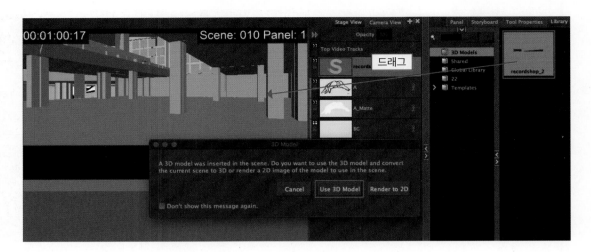

02 타임라인 뷰의 왼쪽에서 마우스 우클릭하고 New Video Track을 선택해서 새 비디오 트랙을 추
가합니다.

03 추가한 새 비디오 트랙(V1)에 레이어 패널에 있는 3D 모델(recordshop)을 드래그해서 집어넣습니다.

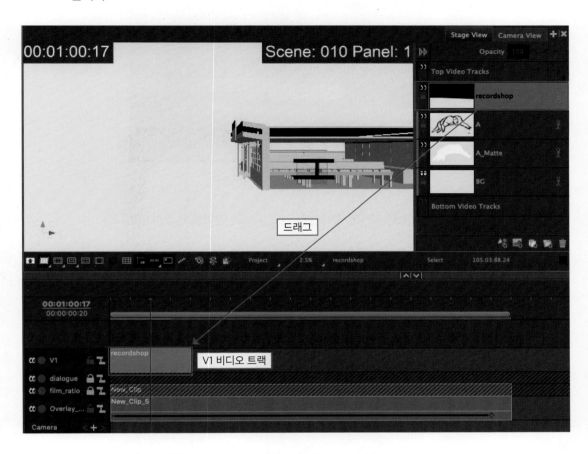

04 배경으로 사용하기 때문에 그림 레이어 아래로 배치합니다. V1 트랙에서 마우스 우클릭하고 Move Track Down을 선택합니다. 다른 비디오 트랙이 많을 경우 여러 번 실행해서 제일 아래로 배치합니다.

05 레이어 패널에 있는 3D 모델을 삭제합니다. 레이어를 선택하고 마우스 우클릭하고 Delete Layers를 선택합니다.

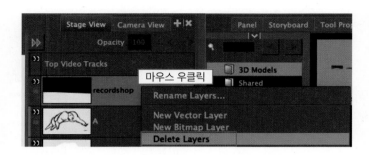

06 V1 비디오 트랙의 길이를 늘려서 위에 있는 그림 패널과 길이를 똑같이 맞춥니다.

07 위에 있는 그림 패널과 길이가 똑같아집니다. 배경으로 사용하기 때문에 그림과 길이가 똑같아야 하는 건 당연합니다.

08 다음은 그림 사이즈에 맞춰서 3D 모델의 크기와 위치를 변경하면 됩니다. (3D_BG 트랙)

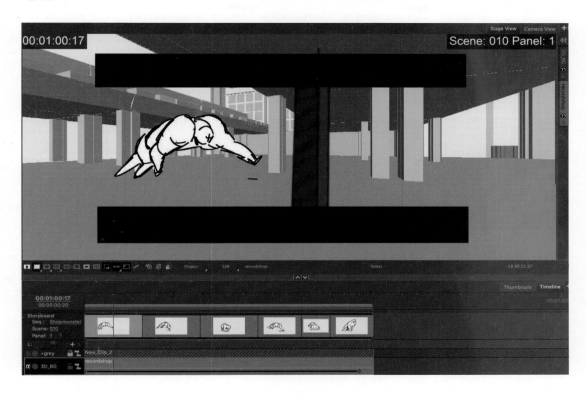

2) 3D 모델 사용 시 배경과 캐릭터의 콘트라스트를 높이는 방법

스토리보드 프로는 종종 3D 오브젝트의 일부를 어둡게 렌더링합니다. 아래 그림처럼 배경을 검은색으로 처리합니다.

앞에서 설명한 기본 스토리보드 레이어 아래의 비디오 트랙에 3D 모델이 포함된 비디오 트랙을 만드는 방법과 같습니다.

01 레이어 패널에서 콘트라스트 용으로 사용할 사각형 판을 만듭니다. 도구 툴바에서 Rectangle(⬜) 툴을 사용해서 50% 회색으로 채웁니다.

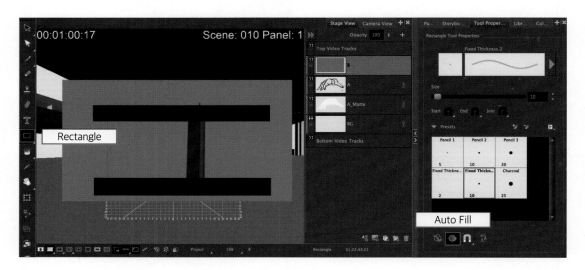

02 컬러 탭에서 그림처럼 색깔을 선택하고 Opacity 값을 50으로 합니다.

03 스테이지 뷰에서 사각형을 그립니다. 자동으로 50% 회색으로 칠해진 사각형이 나타납니다.

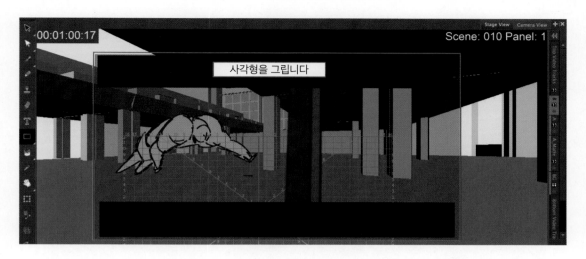

04 사각형 판을 앞에서 설명한대로 비디오 트랙(+grey)에 드래그해서 집어넣습니다.

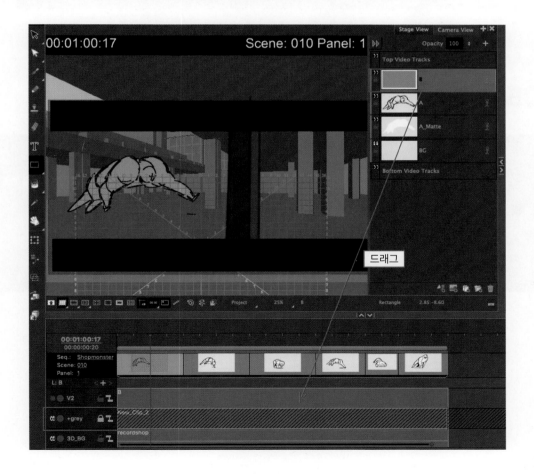

TIP!

아래 그림처럼 스토리보드 프로에서 비디오 트랙은 이미지나 비디오 클립만 임포트할 수 있지만, 레이어 패널에서 드래그 & 드롭 하면 3D 모델도 넣을 수 있습니다.

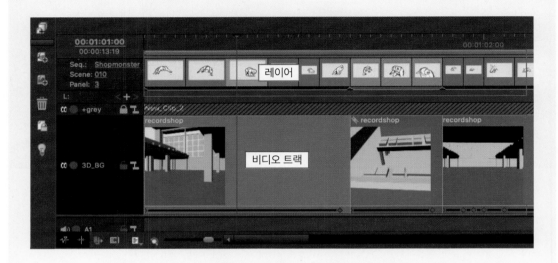

05 3D_BG 레이어 위에 불투명도 50% 회색 비디오 레이어(+grey)를 배치합니다.

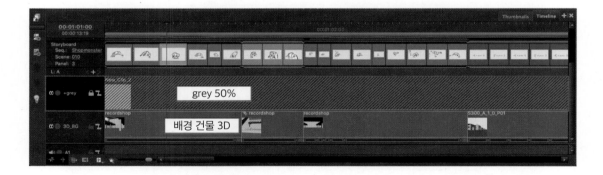

06 다음과 같이 캐릭터와 배경의 콘트라스트가 분명하게 구분되어 캐릭터를 더 돋보이게 할 수 있습니다.

3) 비디오 트랙에 임포트한 3D 배경 애니메이션.

이 기법의 가장 큰 장점은 캐릭터는 스토리보드 트랙으로, 3D 배경은 비디오 트랙으로, 캐릭터와 배경을 완전히 분리할 수 있다는 점입니다.

01 스테이지 뷰의 오른쪽 패널 뷰에서 Top View 탭을 꺼냅니다.

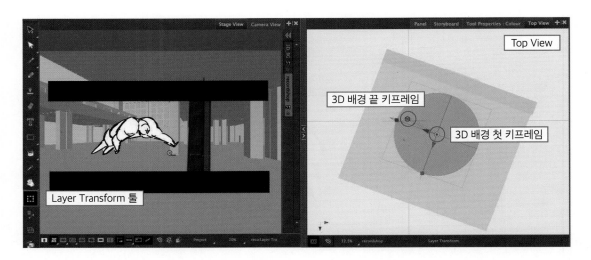

02 레이어 패널에서 recordshop 레이어 오른쪽 애니메이트(👤) 아이콘을 눌러서 키프레임을 만듭니다. 키프레임이 있어야 애니메이션을 만들 수 있다는 것을 잊지 마세요.

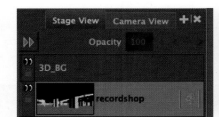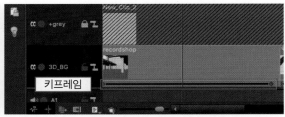

03 Tob View에서 레이어 트랜스폼( ) 툴을 선택한 채 모델 근처로 이동하면 로테이션 ( ) 아이콘이나 이동( ) 아이콘이 나타날 때 마우스로 드래그합니다. 필요한만큼 회전시킵니다. 키프레임을 추가하면서 3D 모델만 애니메이션 시킵니다.

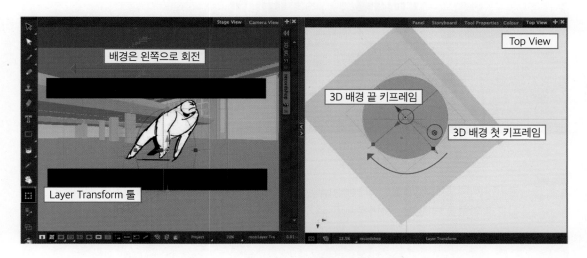

4) 3D 배경과 캐릭터 레이어를 분리했을 때의 장점

01 기존 방식에서는 카메라 키프레임이 샷 패널 간에 연결되지 않습니다. 따라서 아래 그림처럼 3D 배경도 하나의 패널로 인식되기 때문에 다음 패널에서는 3D 배경이 보이지 않게 됩니다. 패널 1에만 3D 모델이 있고 패널 2~6까지는 3D 모델이 존재하지 않습니다. 또한 카메라 움직임을 빠르게 변경하고 싶을 때 새 비디오를 다시 렌더링하고 가져와야 합니다.

02 하지만, 비디오 트랙에 3D 모델을 넣으면 캐릭터와 배경이 완전히 분리되어 있기 때문에 씬의 길이를 마음대로 조정할 수 있습니다. 3D 배경을 길게 늘려서 아주 쉽게 패널 6까지 배경이 나오게 할 수 있습니다.

03 분리된 비디오 트랙에 있는 3D 배경(3D_BG)만 키프레임을 추가해서 이동시키면 캐릭터가 역동적으로 앞으로 달려오는 장면을 만들 수 있습니다.

04 카메라는 고정되어 있고 배경만 뒤로 빠집니다. 시작 포즈.

05 스탑 키프레임에서 배경 레이어만 뒤로 밀면 캐릭터가 앞으로 달려오는 액션을 만들 수 있습니다.

5) 카메라는 움직이지만 고정된 레터 박스　📁 **실습 파일 : 3Dmodel_tutorial_Matthias2.sbpz**

01 이 실습 파일은 카메라도 움직이며 3D 배경도 같이 움직이는 씬입니다. 캐릭터와 배경 3D는 서로 분리되어 있습니다. 앞에서도 설명했지만 이렇게 분리하는 목적 중 하나는 검은 색의 레터박스가 카메라에 영향을 받지 않도록 하기 위함 입니다.

02 아래 씬은 카메라가 움직이지만, 비디오 트랙의 검은색 레터 박스는 화면에 고정되어 있는 효과를 만들어냅니다. 카메라가 도시 안쪽으로 들어가지만 화면에 레터박스는 계속 고정되어 표시합니다.

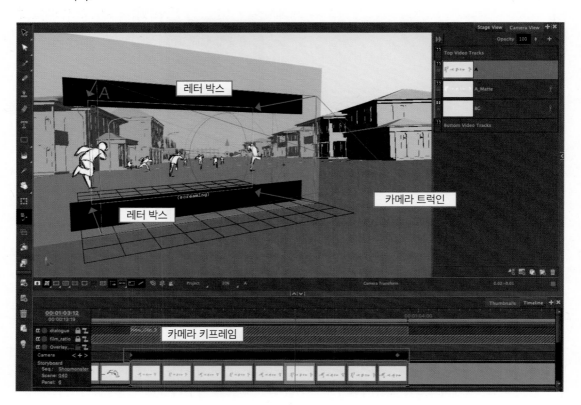

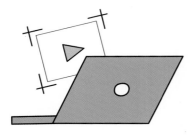

03 비디오 트랙에 레터 박스가 있는 경우, 카메라가 움직여도 레터 박스는 화면에 고정됩니다.

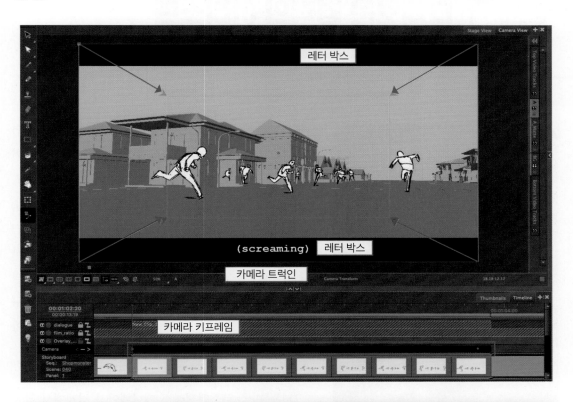

Scene 07 다채로운 경력의 아티스트 케이트린 스노드그래스

케이트린 스노드그래스
(Kaitrin Snodgrass)

케이트린 스노드그래스는 모험을 사랑하는 열정적인 아티스트입니다. 그녀는 싱크로나이즈드 피겨 스케이팅을 전공했으며 2012년 미국 대표팀에 선발되었고, 지금도 여전히 스케이트를 타고 있습니다. 또한 발레, 힙합, 브레이크 댄스 등 댄스 분야에서도 경력을 쌓았습니다. 지난 몇 년 동안 그녀는 취미로 암벽 등반도 시작했습니다. 댄스를 사랑하며 다양한 전문 분야가 그녀의 작품에 영향을 미칩니다. 케이트린은 주로 흥미로운 구성을 만들고 감정적인 연기를 하는 것을 좋아하며, 영화 같은 액션 중심의 프로젝트를 즐깁니다.

그녀는 미국 로스앤젤레스 애니메이션 업계에서 활동하는 스토리보드 아티스트로, 그녀의 모든 작업에 툰붐 제품을 사용하고 있습니다. TV, 장편, 실사, 코미디, 액션 어드벤처, 공포, 뮤지컬, 성인 및 어린이 엔터테인먼트 분야에서 많은 경력을 쌓아왔습니다.

그녀는 목표를 달성하기 위해 끈질기게 노력한 전문 스토리보드 아티스트이며 지금도 노력하고 있습니다. 2011년 애니메이션 학위를 받고 대학을 졸업했지만 전문 아트 커리어의 현실에 대한 준비가 전혀 되어 있지 않아 생계를 유지하기 위해 소매점에서 일하며 미술 교육을 받았습니다. 2015년에 카툰 네트워크에서 프로덕션 어시스턴트로 첫 애니메이션 직업을 얻었고 2017년에 스토리보딩을 본격적으로 하기 위해 회사를 옮겼습니다. 그 이후로 넷플릭스, 툿마우스(Titmouse), 섀도우 머신(Shadow Machine) 등의 스튜디오에서 10개가 넘는 프로젝트의 스토리보드를 담당했습니다. 이러한 프로젝트는 뮤직 비디오, TV 프로그램, 장편 영화에 이르기까지 다양했습니다. 이 모든 과정에서 스토리보드 프로는 그녀가 선택한 소프트웨어였습니다.

현재 스카이바운드(Skybound)에서 「인빈시블(Invincible)」 시즌 2, 3의 스토리보드 수정가로 풀타임

근무 중이며, 넷플릭스의 「블러드 오브 제우스(Blood of Zeus)」의 스토리보드 프리랜서로 일하고 있습니다. 그리고 FX & HULU에서 방영 중인 「리틀 디몬(Little Demon)」의 스토리보드를 담당했습니다.

참여 작품
- FX & HULU, 「인빈시블(Invincible)」 (스토리보드 리비저니스트)
- 넷플릭스, 「블러드 오브 제우스(Blood of Zeus)」 (스토리보드)
- FX & HULU, 「리틀 디몬(Little Demon)」 (스토리보드)
- 넷플릭스, 「마이 리틀 포니: 새로운 희망(My Little Pony: A New Generation)」 (스토리보드)
- 넷플릭스, 「Q-포스(Q-Force)」 (스토리보드)
- 뮤직비디오, Barbie Extra "Big Deal" (스토리보드)

인스타그램
https://www.instagram.com/kaitsnod

케이트린 스노드그래스(Kaitrin Snodgrass)의 스토리보드 노하우 QnA

이번 챕터에서는 케이트린 스노드그래스의 작품 「벅와일드」와 그녀의 스토리보드 프로에 대한 이야기를 소개합니다.

벅와일드

Q 「벅와일드」에 관해서 간략한 소개 부탁드립니다.

A 이 프로젝트는 우주선 '벅와일드'를 타고 우주를 여행하는 세 친구에 관한 오리지널 스토리 '벅와일드'에서 따온 것입니다. 이 시퀀스의 목적은 캐릭터가 누구인지, 쇼가 어떤 모습일지에 대한 빠른 정보를 제공하는 것이었습니다.

이 장면은 캐릭터 Kalix가 셀카 스타일로 핸디캠으로 촬영한 것처럼 보이도록 만들었습니다.

Q 이 프로젝트에서 가장 유용했던 툴은 무엇인가요?

A 가장 유용했던 툴은 브러시(🖌️), 카메라(📷), Pin to camera tool(📷, 이 툴을 사용하여 화면 상단에 REC 로고를 고정시키고, 카메라가 움직일 때도 일관된 위치를 유지할 수 있었습니다) 및 레이어 트랜스폼(⬜) 툴이었습니다. 또한 블러 효과를 여러 차례 사용하여 소프트 포커스나 glow 효과 라이트를 만들었습니다.

📁 벅와일드 전체 실습 파일 : KaitrinSnodgrass_Buckwild_AD.sbpz

이번 챕터에서 주목할 부분은 카메라 트래킹입니다. 스토리보드 프로의 pin to camera 기능으로 핸디캠을 들고 촬영하는 장면을 만드는 기법을 소개합니다.

1. 브러시 옵션   📁실습 파일 : KaitrinSnodgrass_Buckwild_AD_brush_pin.sbpz

많은 애니메이터들이 펜슬 툴보다 브러시 툴이 더 부드럽게 그려진다고 말합니다. 케이트린은 주로 러프 스케치나 썸네일을 그릴 때, 또는 레이아웃이나 원화를 작업할 때 브러시 툴을 사용합니다.

01 도구 툴바에서 브러시(🖌) 툴을 선택하면 툴 속성 창의 다양한 설정으로 유저가 원하는 브러시를 만들 수 있습니다.

02 아래 그림처럼 스테이지 뷰의 오른쪽 패널 뷰에서 Tool Properties 탭에서 작은 삼각형을 클릭하면 팝업 창이 뜹니다. 이 창에서 브러시의 세세한 설정이 가능합니다. 여러 가지 모양을 바꿔가면서 유저가 원하는 브러시를 만듭니다.

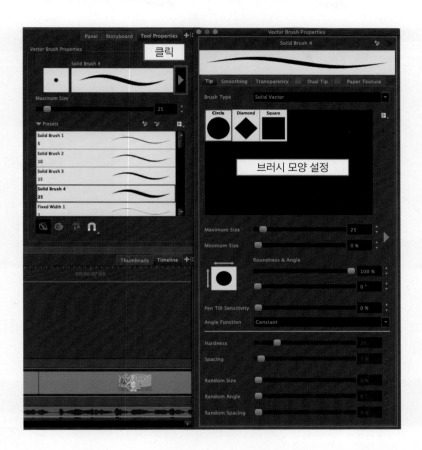

2. 카메라 & Pin to Camera

📁 실습 파일 : KaitrinSnodgrass_Buckwild_AD_brush_pin.sbpz

이 씬에서 주목할 부분은 빨간색 REC 글자입니다. 카메라가 움직이기 때문에 REC 글자도 카메라를 따라서 같이 움직입니다. 이와 같이 카메라로 녹화하는 장면을 만들 때는, 화면 안의 REC 글자가 항상 계속 같은 자리를 유지해야 합니다.

1) Pin to Camera를 사용한 경우

01 카메라가 움직여도 REC 글자는 원래 위치에 고정되어 있습니다.

02 레이어를 Pin to Camera로 고정시키면 카메라가 아무리 요동쳐도 REC 글자는 처음의 위치에 고정됩니다.

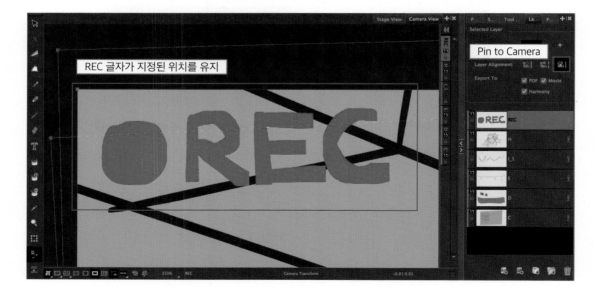

2) Pin to Camera를 사용하지 않은 경우

📁 실습 파일 : KaitrinSnodgrass_Buckwild_AD_brush_nopin.sbpz

01 카메라가 움직이면 REC 글자도 프레임을 벗어나거나 틀어집니다.

02 REC 레이어가 고정되어 있지 않아서 카메라가 움직이면 같이 따라 움직입니다.

3) Pin to Camera 적용하기

01 레이어 패널에서 위치를 고정시킬 레이어를 선택합니다.

02 씬 카메라에는 키프레임을 추가하면서 카메라를 위아래로 움직입니다. (255p, *sequence4 scene2 panel3* 카메라 키프레임 참조)

03 오른쪽 뷰 패널에서 (+) 버튼을 클릭해서 Layers 패널을 꺼냅니다.

04 Layer Alignment 항목에서 Pin to Camera() 아이콘을 클릭합니다.

05 타임라인 뷰에서 플레이 헤드를 좌우로 움직이면서 REC 글자가 원래 위치에 있는지 확인합니다.

4) 핸디캠 촬영 기법

📁 실습 파일 :KaitrinSnodgrass_Buckwild_AD_brush_pin2.sbpz

이번 챕터는 앞에서 배운 Pin to Camera의 응용편입니다. 이 장면의 특징은 카메라를 촬영하는 여자는 화면 안에서 흔들리지 않고 고정된 위치를 지켜야 한다는 겁니다. 셀카 스타일로 핸디캠을 촬영한 것처럼 보이도록 만드는 기법을 알아보겠습니다.

케이트린은 이 장면에서 다음과 같이 말했습니다.

"이 시퀀스의 아이디어는 캐릭터 칼릭스(Kalix)가 카메라를 들고 걸어 다니며 승무원을 소개하는 장면이었습니다. 그래서 카메라를 생각하기 전에 캐릭터가 장면에서 어떻게 움직이는지 먼저 생각해 보았습니다. 그런 다음 칼릭스가 움직일 때 카메라 키프레임을 추가했습니다. 이렇게 하면 **칼릭스가 직접 장면을 촬영하는 듯한 착각을 불러일으키는 핸디캠 효과를 만들 수 있습니다.**"

01 레이어 Q와 J에 Pin to Camera(🐾) 아이콘을 클릭합니다. 캐릭터도 REC 글자와 함께 위치를 고정시켜야 하기 때문입니다.

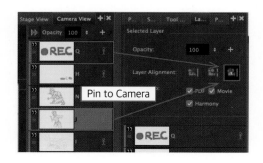

02 캐릭터가 왼쪽으로 걸어가는 장면을 만들기 위해 전체 카메라도 키프레임을 추가해서 왼쪽으로 이동하는 애니메이션을 만듭니다. (255p, *sequence4 scene2 panel3* 카메라 키프레임 참조)

03 아래 그림처럼 주인공 캐릭터가 핸디캠을 들고 왼쪽으로 걸어가는 장면에서 배경은 움직이지만, 캐릭터는 중앙 위치에 고정되어 있습니다.

중간 포즈

끝 포즈

04 스테이지 뷰에서 Pin to Camera 옵션을 껐다 켰다 반복하면서 타임라인 플레이헤드를 움직여 보면 어떤 느낌인지 바로 알 수 있습니다.

• Pin to Camera 활성화

카메라가 움직이면 캐릭터도 함께 카메라를 따라갑니다. 따라서 캐릭터는 항상 카메라 프레임의 중앙에 위치합니다.

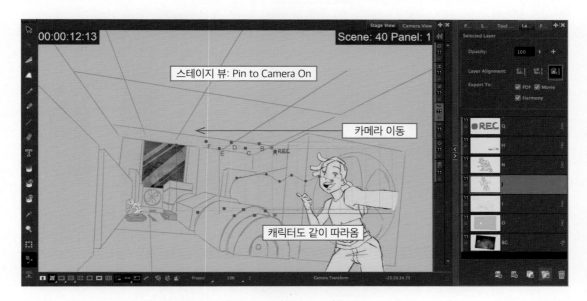

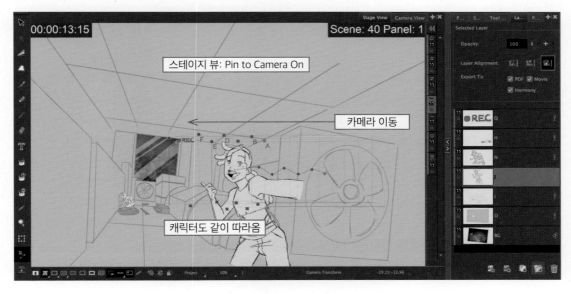

• Pin to Camera 비활성

카메라만 움직이고 캐릭터는 움직이지 않습니다. 따라서 캐릭터가 카메라 프레임 밖으로 벗어납니다.

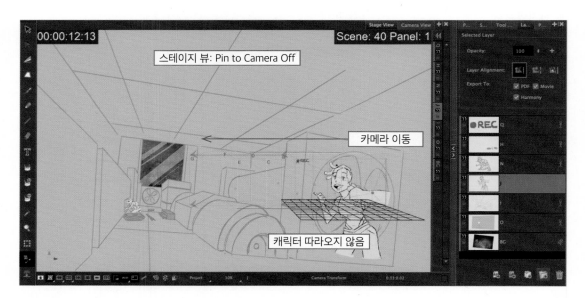

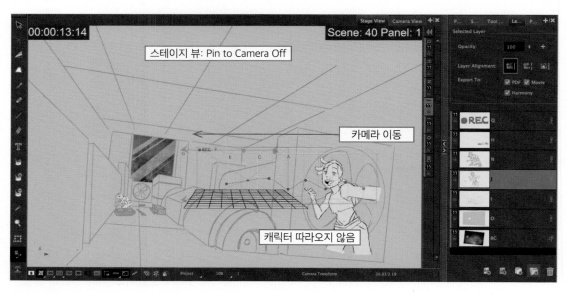

SCENE 08 팀 호지의 스토리텔링이 되는 스토리보드 제작

팀 호지(Tim Hodge)

어린 시절 팀 호지(Tim Hodge)는 두 여동생이 출연하는 영화를 만들고, 식탁 위의 점토 인형으로 애니메이션을 만들거나 광대 공연을 하는 등 항상 이야기꾼이었습니다.

현재 팀은 애니메이션 업계에서 30년 넘은 경력의 베테랑 아티스트입니다. 텔레비전 광고 제작을 시작으로 월트 디즈니에서 장편 애니메이션으로 옮겨 「라이온 킹」, 「포카혼타스」, 「뮬란」 등의 영화를 작업했습니다. 2000년에는 독립 스튜디오인 Big Idea Productions으로 자리를 옮겨 수상 경력에 빛나는 비디오 시리즈인 「야채극장 베지테일(VeggieTales)」의 각본과 감독을 맡았습니다.

그는 성우 연기에도 자질이 있습니다. Big Idea의 극장용 영화 「요나 : 베이지 테일즈 무비」에서의 Khalil 역할로 최우수 성우 연기 부문에서 애니 어워드 후보에도 올랐습니다.

팀은 Big Idea에서 TV 시리즈 「3-2-1 팽퀸즈」의 업무를 맡은 총괄 프로듀서로 임기를 마무리했으며, 일부 에피소드의 각본과 감독도 맡았습니다.

현재 팀은 워너 브라더스, 카툰 네트워크 등 여러 스튜디오에서 프리랜서 스토리보드 아티스트로 일하고 있습니다. 그는 세계적인 어린이 프로그램인 「마샤와 곰」의 여러 에피소드를 스토리보드에 담았습니다. 또한 애론 블레이즈(Aaron Blaise)의 CreatureArtTeacher.com에서 젊은 예술가들을 위한 다양한 드로잉 강좌를 제공하고 있습니다.

참여 작품	• 디즈니, 「라이온 킹」 (동화)
	• 디즈니, 「포카혼타스」 (애니메이터)
	• 디즈니, 「뮬란」 (스토리보드 아티스트)
	• 디즈니, 「브라더 베어」 (스토리보드 아티스트)
	• 디즈니, 「로저 래빗 단편 <트레일 믹스업>」 (동화)
	• 빅아이디어 프로덕션, 「야채극장 베지테일(VeggieTales)」 (감독, 작가, 스토리보드 아티스트)
	• 빅아이디어 프로덕션, 「3-2-1 팽퀸즈」 (감독, 스토리보드 아티스트, 총괄 프로듀서)
	• 「마샤와 곰」 (스토리보드 아티스트)
	• 「스쿠비두 Guess Who(2017/2018)」 (스토리보드 아티스트)
	• 「톰과 제리(2012)」 (스토리보드 아티스트)
	• 「The Dead Sea Squirrels(2024)」 (스토리보드 아티스트)

작가 홈페이지
www.timhodgeart.com

인스타그램
instagram.com/BaldMelon

 Panel 1

팀 호지(Tim Hodge)의 스토리보드 노하우 QnA

이번 챕터에서는 팀 호지의 개인 작품 「Booty Call」과 스토리보드에 대한 이야기를 소개합니다.

Q 「Booty Call」에 관해서 간략한 소개 부탁드립니다.

A 이 작품은 'TV 애니메이션 스토리보드 제작' 강의 시리즈의 일부로 스토리보드를 제작했습니다. 부티 콜은 해적들이 'booty'라고 부르는 금을 찾기 위해 보물 지도를 따라가는 해적의 이야기입니다. 하지만 먹을 것을 원하는 원숭이 한 마리의 방해에 가로막히게 됩니다. 해적은 화를 내며 원숭이를 쫓아내고, 원숭이가 원하는 보물에서 원숭이를 떼어내는 데 집중합니다. 일련의 재미있는 만남 속에서 꼬마 원숭이는 매번 해적을 방해합니다. 그리고 해적이 퀘스트가 끝났다고 생각할 때쯤 원숭이는 해적의 배를 타고 섬을 탈출하고, 해적은 보물을 손에 넣었지만 보물을 사용할 방법이 없는 섬에 갇혀 버립니다. 제 목표 중 하나는 언어가 다른 모든 관객에게 대사 없이 재미있는 이야기를 전달하는 것이었습니다.

Q 이 작업에서 가장 유용했던 툴은 무엇인가요?

A 저는 스토리보드 프로로 작업하는 것을 꽤 좋아합니다. 펜, 연필, 종이로 작업하는 전통적인 환경에서 왔기 때문에 스토리보드 프로의 카메라( ) 툴은 제 업무를 더 쉽게 만들어 줍니다. 레이어 트랜스폼( ) 툴은 그림을 움직이거나 크기를 변경할 때 제가 가장 많이 사용하는 기능입니다. 이 두 가지 기능은 애니메틱의 타이밍을 맞추는 데 도움이 되고, 편집자에게 제가 원하는 것을 설명할 수 있게 해줍니다. 좋은 편집자는 스토리보드 프로에서 제 작업을 가져와서 훨씬 더 좋게 만들 수 있지만, 제대로 된 타이밍을 설정해 애니메틱을 제공한다면 편집자에게도 유익한 도구입니다. 물론 종이와 연필로 작업할 때처럼 기본 모드로 작업하고 싶을 때도 스토리보드 프로를 사용하면 빠르고 효율적으로 작업할 수 있습니다.

Q 스토리보드 프로를 처음 접하는 초심자에게 한마디 해 주세요.

A 레이어 모션 확장(spread layer motion) 및 카메라 같은 도구는 실제로 큰 도움이 되지만 초보 스토리보드 아티스트에게는 먼저 기본에 집중할 것을 강력히 권장합니다. 효과적인 샷으로 좋은 스토리를 전달하세요. 그게 가장 어려운 부분입니다. 이 부분에 능숙해진 뒤 카메라 팬 및 레이어 팬과 같은 효과를 추가하면 멋진 스토리보드가 더욱 돋보이게 됩니다. 하지만 이러한 기능에 너무 일찍 의존하면 속도가 느려지고 그림 그리는 데 방해가 됩니다. 큰 캔버스에 그림을 그리는 것과 비슷합니다. 간단한 툴로 시작하여 구도를 계획합니다. 구도가 완성되면 색상과 뉘앙스를 추가할 수 있습니다. 세부적인 부분부터 그리기 시작하면 구도를 바꾸고 싶을 때 후회하게 될 것입니다.

즉, 이러한 도구, 특히 카메라 움직임은 스토리텔링의 일부가 될 수 있습니다. 카메라를 사용하여 청중의 주의를 집중시키고 놀라움과 유머, 긴장감을 조성할 수 있습니다. 카메라는 스토리에서 또 다른 캐릭터가 되기도 합니다. 알프레드 히치콕 감독은 시각적 효과를 극대화하기 위해 카메라를 필요한 곳에 배치하는 데 절대적인 달인이었습니다.

Q 스토리보드 프로가 'Booty Call' 단편 애니메이션 제작에 어떻게 도움이 되었나요?

A 스토리보드 프로는 시간도 상당히 절약해 줍니다. 물론 저는 오래 전 종이로 작업하던 시절의 경험을 바탕으로 이야기하는 것입니다. 스토리보드 작업에서 가장 중요한 부분은 변경을 하는 것입니다. 패널을 다시 그리거나 스토리를 더 잘 전달하기 위해 패널과 장면을 이동하는 것 등이 이에 해당합니다. 어렸을 때는 몇 시간이 걸리던 작업을 스토리보드 프로를 사용하면 몇 초 만에 할 수 있습니다.

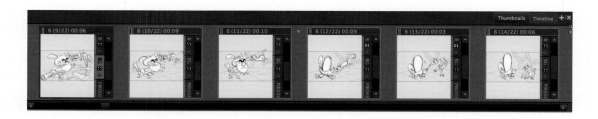

또한, 스토리보드 프로는 완벽한 패키지입니다. 그림을 그릴 수 있을 뿐만 아니라 내장된 타임라인 기능으로 매우 완벽한 애니메틱으로 편집할 수 있습니다.

Panel 2 아티스트의 노하우 살펴보기

이 챕터에서는 그의 단편 애니메이션 「Booty Call」에서 활용한 스토리보드 프로의 도구에 대해서 알아보겠습니다. 특히 그의 장면을 만들어 나가는 연출 기법을 주목하세요.

1. 카메라 툴을 이용한 카메라 팬
📁 실습 파일 : Booty_Call_camera.sbpz

아래 씬은 카메라(🎥)가 A 지점에서 B 지점으로 이동하고, 해적 캐릭터와 원숭이, 새는 레이어 트랜스폼(☐) 툴로 이동하는 장면입니다. 이 장면에 앞에서 말했던 팀이 가장 좋아하는 툴이 사용되었습니다. 앞에서 다룬 알버트 맥클레랜드 주니어의 패럴랙싱 기법(377p)과 같은 연출 방법으로 만든 장면입니다.

1) 카메라 팬 키프레임 설정

255p, *Sequence4 scene2 panel3* 카메라 키프레임 챕터를 참조하세요.

01 타임라인 뷰에서 시작과 끝 지점에 카메라 키프레임을 만듭니다.

02 카메라 프레임을 A에서 B로 이동시킵니다. 시작 키프레임에 A, 끝 키프레임에 B를 놓습니다.

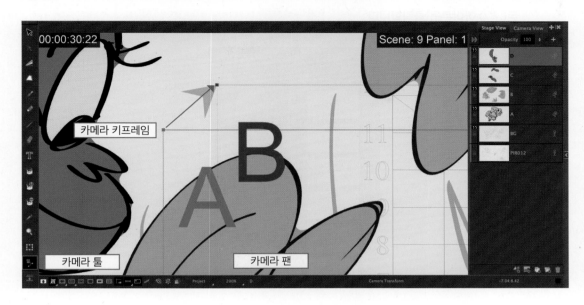

03 타임라인 뷰의 플레이 헤드를 좌우로 드래그하면 카메라가 움직이는 그림이 스테이지 뷰에 보입니다.

2) 패럴랙싱 팬 만들기

레이어 트랜스폼(▭) 툴로 그림이 이동하는 애니메이션을 만듭니다. 그림 또는 레이어를 이동하는 애니메이션을 만들 때는 레이어 트랜스폼 툴을 사용합니다.

01 도구 툴바에서 레이어 트랜스폼(▭) 툴을 선택합니다.

02 스테이지 뷰 오른쪽의 레이어 패널에서 애니메이션 시킬 레이어(레이어 A)를 선택하고 애니메이트(👤) 아이콘을 클릭합니다.

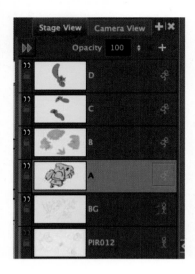

03 타임라인 뷰에서 시작과 끝에 키프레임을 생성합니다.

04 타임라인 뷰에서 플레이 헤드를 끝 키프레임으로 가져갑니다.

05 스테이지 뷰에서 캐릭터(레이어 A)를 움직이고 싶은 장소까지 이동합니다.

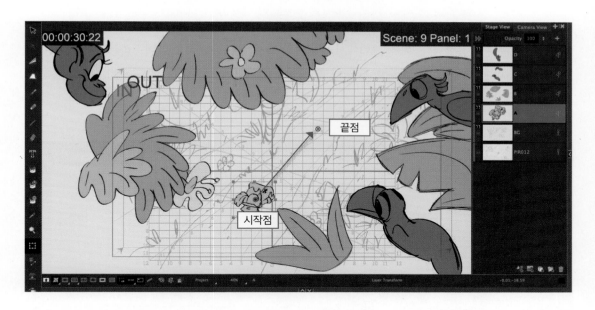

06 나머지 레이어에도(B, C, D 레이어) 같은 방법으로 이동하는 애니메이션을 만듭니다.

2. Spread Layer Motion 시퀀스

📁 실습 파일 : Booty_Call_layermotion.sbpz

현재 패널에서 사용한 애니메이션을 다른 패널에 적용해야 할 때 레이어 모션 확장(Spread Layer Motion) 기능을 사용합니다. 아래 그림에서 패널 1의 액션(배가 오른쪽으로 이동하는 애니메이션)을 나머지 패널에 전부 똑같이 적용하고 싶을 때, 스토리보드 프로에서는 Spread Layer Motion 옵션으로 간단히 해결됩니다.

예제 파일에서 Boat_1에는 레이어 모션 확장이 적용되어 있고, Boat_2 레이어에는 적용되어 있지 않습니다. 따라서 Boat_1 레이어는 오른쪽으로 계속 이동하지만, Boat_2 레이어는 그 자리에 정지되어 있습니다.

아래와 같이 보트가 오른쪽으로 계속 이동하는 장면을 Boat_2 레이어로 만들어 봅시다.

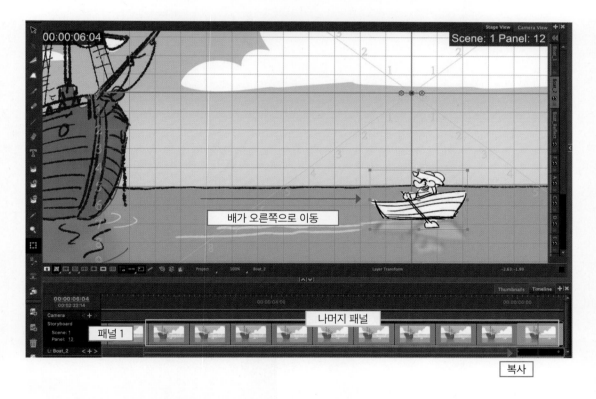

01 스테이지 뷰의 오른쪽 레이어 패널에서 Boat_2를 선택합니다. 패널 1에는 이미 보트가 이동하는
애니메이션 키프레임이 만들어져 있습니다.

02 타임라인 뷰에서 Boat_2의 패널이 선택된 상태
에서 탑 메뉴 Layer → Spread Layer Motion을
선택합니다.

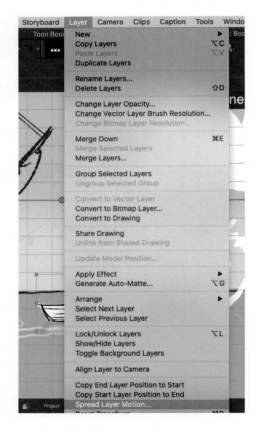

03 Spread Layer Motion 창에서 All panels in
the same scene을 선택하고 OK를 클릭합니
다.

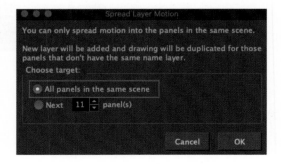

04 타임라인 뷰에서 앞에서 선택한 다음 패널을 선택하면 레이어 키프레임이 적용된 것을 확인할 수 있습니다. 패널 1에 있던 키프레임이 패널 2에도 적용됩니다. 그 뒤로 이어지는 나머지 패널도 확인해 보세요. 전부 레이어 모션 확장이 적용됩니다.

3. 스토리텔링의 일부가 되는 카메라 팬

🗀 실습 파일 : Booty_Call_camerapan.sbpz

1) 캐릭터의 액션을 보여주는 카메라 팬

카메라 팬은 239p, *Sequence4 scene2 panel1*를 참조하세요.

01 아래 그림처럼 캐릭터가 왼쪽으로 걷는 장면입니다. 왼쪽에 구멍이 있는데, 카메라가 오른쪽으로 고정되어 있다면 관객은 booty의 재미난 액션을 관람할 수 없습니다.

02 카메라 프레임에 캐릭터가 잡히도록 카메라가 움직여야 관객은 booty의 상황을 보고 웃을 수 있습니다. 카메라는 booty가 걸을 때 같이 따라서 움직여야 합니다.

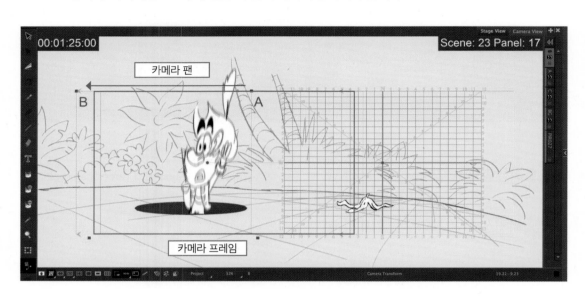

2) 보여주지 않고도 더 효과적인 연출 기법 : 카메라 쉐이크

📁 **실습 파일** : Booty_Call_camerashake.sbpz

앞 씬에서 사자와 맞닥뜨린 주인공. 카메라 쉐이크로 흔들어 줌으로써 둘의 격투가 벌어지고 있다는 사실을 알게 됩니다. **보여주지 않는 것이 보여주는 것보다 더 효과적일 수 있습니다.**

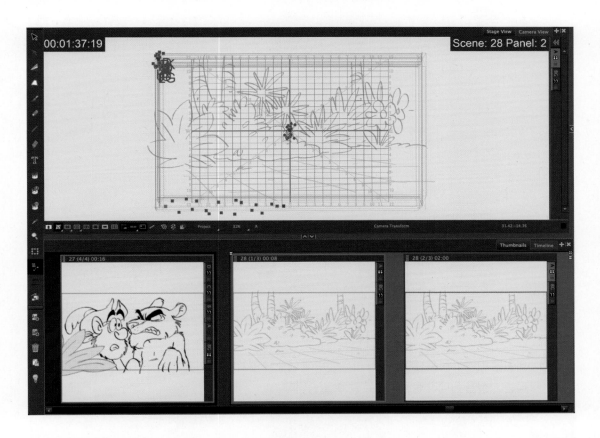

01 도구 툴바에서 카메라(🎥) 툴을 선택합니다.

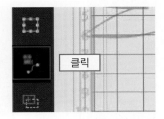

02 타임라인 뷰의 카메라 트랙에서 (➕) 아이콘을 누르면서 키프레임을 추가합니다.

03 타임라인 뷰에서 플레이 헤드를 키프레임으로 이동하면서 스테이지 뷰에서 카메라를 상하좌우로 움직입니다.

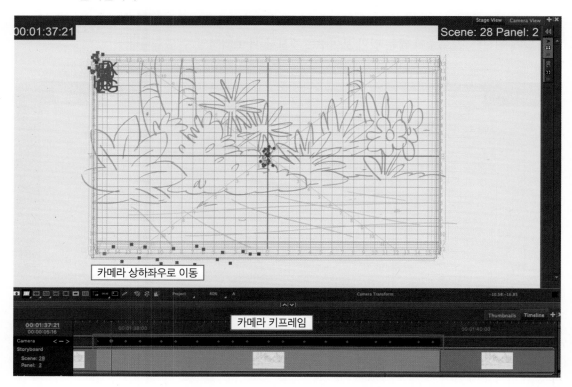

04 화면은 배경이 상하좌우로 흔들리는 것밖에 나오지 않지만, 주인공과 사자의 격투가 벌어지고 있다는 사실을 카메라 움직임으로 알 수 있습니다.

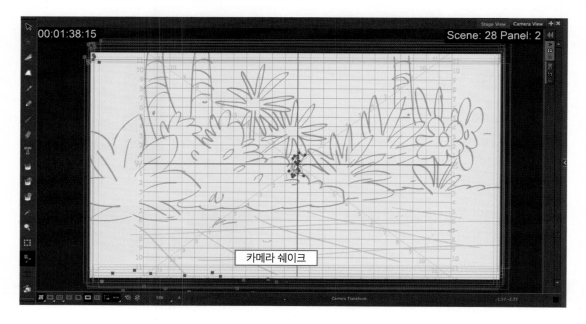

4. 시간 절약하는 특별한 붙여넣기 Paste Special 📁 실습 파일 : Booty_Call_paste.sbpz

감독이 작업이 끝난 스토리보드의 배경을 수정해 달라는 요구를 할 때, 아래와 같이 붉은색으로 바뀐
배경을 나머지 패널도 아주 쉽게 수정할 수 있습니다.

아래 그림처럼 브러시(🖌) 툴로 BG 레이어에 적당하게 그립니다.

변경된 배경을 나머지 패널에 적용하고 싶을 때?

01 레이어 패널에서 변경한 BG 레이어를 선택하고 마우스 우클릭으로 Copy Selected Layers를 선
택합니다.

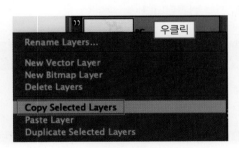

02 썸네일 뷰에서 수정할 패널을 다중 선택합니다. 선택할 첫 패널을 클릭하고 [Shift] 를 누른 채 마지막 패널을 클릭하면 됩니다.

03 메인 메뉴에서 Layer → Paste Layers Special을 선택합니다.

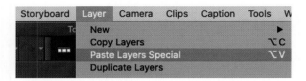

04 Paste Layers Special 팝업 창에 선택한 패널 리스트가 나타납니다. 오른쪽 Once Hold를 선택하고 OK를 클릭합니다.

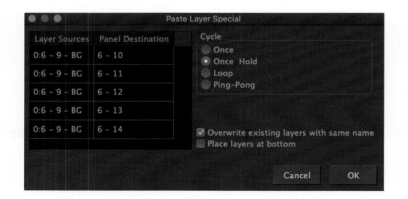

05 나머지 패널의 배경이 전부 변경됩니다.

5. 오디오 편집: Fade In & Fade Out.

📁 실습 파일 : Booty_Call_audio.sbpz

사운드 파일은 타임라인 뷰의 오디오 트랙을 활용합니다. 오디오 파일은 .mp3 또는 .wave 파일을 사용합니다.

1) 페이드 아웃(Fade Out)

01 타임라인 뷰의 오디오 트랙에서 사운드의 강약을 쉽게 조절할 수 있습니다. 오디오 트랙을 선택하고 Alt + 클릭하면 키프레임이 생성됩니다.

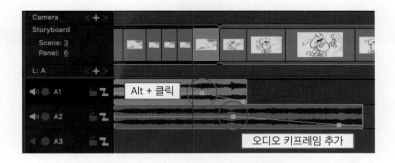

02 키프레임을 드래그해서 아래로 당기면 해당 사운드의 크기가 작아져 사운드가 사라지는 효과를 만들 수 있습니다.

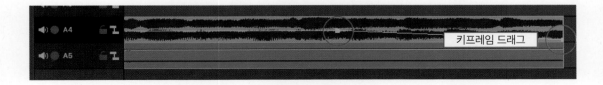

2) 페이드 인(Fade In)

01 주인공이 보석 상자를 끌어안고 뽀뽀하는 사운드에 페이드 인 효과를 설정해서 장면이 더욱 현실감 있게 탈바꿈합니다.

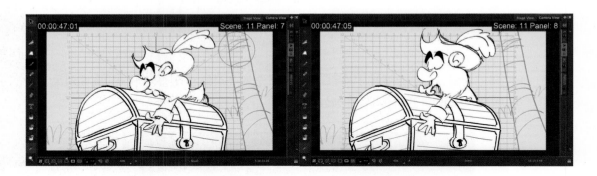

02 타임라인 뷰에서 오디오 트랙을 선택하고 [Alt] + 클릭하면 키프레임이 생성됩니다. 키프레임을 드래그해서 위로 당기면 해당 사운드의 크기가 커져 페이드 인 효과를 만들 수 있습니다.

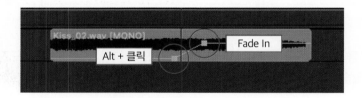

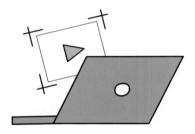

Scene 09

세계 무대로 나온 멕시코의 스토리보드 아티스트

레오 가르시아(Leo Garcia)

레오 가르시아(Leo Garcia)는 2016년 카툰 네트워크의 제작 인턴으로 업계에 입문한 스토리보드 아티스트입니다. 이후 2018년 Duncan Studio에서 주니어 컴포지팅 아티스트로 일한 후 스토리보드 아티스트로 자리를 옮겼습니다. 현재 그는 니켈로디언에서 스토리보드 리비전(수정) 아티스트로 일하고 있습니다.

레오 가르시아는 대학을 졸업한 직후 패서디나에 있는 Duncan Studio에서 「메리 포핀스 리턴즈(Mary Poppins Returns)」의 시각 효과 작업을 했습니다. 그 후 멕시코에서도 프로젝트에 참여했습니다. 그는 A.I. Animation Studios에서 카툰 네트워크(Cartoon Network)와 HBO Max의 「빌러너즈(Villainous)」 시리즈에 참여했습니다. 이 시리즈의 스토리보드 작업을 하다가 스카우트되어 「원더루스(Wonderoos)」 넷플릭스 쇼에 참여하게 되었습니다.

참여 작품
- 니켈로디언, 「스폰지밥 캠프 코랄(Kamp Koral)」(스토리보드)
- 디즈니, 「메리 포핀스 리턴즈(Mary Poppins Returns)」(시각효과)
- 넷플릭스, 「원더루스(Wonderoos)」(스토리보드)
- 카툰 네트워크, 「빌러너즈(Villainous)」(스토리보드)

작가 홈페이지
https://www.leogarcia.art

인스타그램
@hiyaleo

X (구 트위터)
@hiyaleo

레오 가르시아(Leo Garcia)의 스토리보드 노하우 QnA

이번 챕터에서는 멕시코 출신의 레오 가르시아가 하청 작업에서 벗어나 기획물 스토리보드 작업을 시작한 이야기와 개인 프로젝트 「Frog King」을 소개합니다.

Q 멕시코를 기반으로 활동하는 스토리보드 아티스트로서 주로 미국 스튜디오에서 작업하는 편인가요, 아니면 현지에서도 작업하는 편인가요?

A 현대 애니메이션 업계의 장점은 원격 작업 기회가 많아서 미국뿐만 아니라 멕시코 스튜디오에서도 일할수 있다는 점입니다. 이는 최근 몇 년간 팬데믹으로 인한 이동 제한으로 인해 일어난 변화입니다. 이로 인해 업계에서는 재택근무 방법을 찾아야 했습니다. 팬데믹 이전에는 스토리보드 수정 작업은 협업과 의사소통이 많이 필요하기 때문에 원격으로 수행할 수 없다는 말을 들었던 기억이 있습니다. 그러나 4년이 지난 지금은 원격으로도 수정 작업을 아주 잘 수행하고 있습니다.

레오 가르시아의 작업실

Q 미국 스튜디오에서 일하는 것과 멕시코 스튜디오는 어떻게 다른가요?

A 차이가 있다는 것을 알았습니다. 멕시코의 애니메이션 산업은 대부분 외주 작업에 중점을 둡니다. 상업용 작업, 광고, 특정 산업의 작업이 많죠. 저희는 애니메이션 작업을 많이 하지만, 이곳에서 자체 제작하는 프로그램은 한 개도 없었습니다.

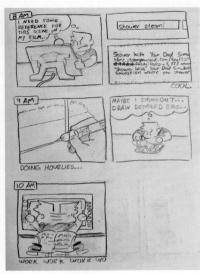

이것이 바로 빌러너즈(Villainous)를 특별하게 만든 이유입니다. 단순한 멕시코 쇼가 아니었습니다. 이것은 세계 무대로 나온 카툰 네트워크(Cartoon Network)의 쇼였습니다. 이는 멕시코에서 일반적으로 하는 커머셜 작업과는 달랐습니다. TV 시리즈 제작은 상대적으로 여기에서는 새로운 분야이며, 그래서 어느 정도의 성장통이 있었지만, 앞으로 이 산업이 어떻게 발전할지 기대가 됩니다.

멕시코의 애니메이션 산업과 미국의 애니메이션 산업을 비교했을 때 가장 큰 차이점은 미국 애니메이션 산업이 매우 오랜 역사를 가지고 있다는 점입니다. 장편 애니메이션, TV 시리즈, 광고 등 모든 애니메이션 분야에 걸쳐 매우 탄탄한 기반을 갖추고 있습니다.

Q 스토리보드 프로를 사용하게 된 계기는 무엇인가요?

A 대학에 다닐 때 스크린 디자인에 관한 수업이 있었습니다. 이 수업에서는 처음으로 스토리보딩을 해야 했는데, 그때는 포토샵을 사용해서 작업했습니다. 포토샵으로 스토리보딩을 하다 보니 기능이 부족해서 정말 짜증이 났습니다. 예를 들어, 패널 간에 왔다 갔다 할 수 없으니 뭔가를 스토리보드로 만들기가 정말 어려웠어요.

스토리보드 프로의 패널

대학에서 다른 수업을 듣고 나서야 스토리보드 프로 사용법을 배우게 되었습니다. 그 수업은 10주 동안 짧은 영화를 만들어야 하는 매우 재미있는 수업이었어요. 그 과정에서 우리는 간단한 피드백 이외에는 거의 도움을 받지 못했습니다. 주된 초점은 학생들이 각자의 비전을 구현하는 데에 있었습니다.

이 10주 동안 저는 스토리보드 프로와 툰붐 하모니를 배웠습니다. 단순히 프로그램을 사용하는 방법뿐만 아니라 응용하는 방법을 배웠기 때문에 정말 즐거운 시간이었습니다. 졸업 포트폴리오를 작업할 무렵에는 스토리보드 작업에 대한 접근 방식이 매우 익숙한 작업 흐름으로 성장했고, 이를 오늘날까지 계속 사용하고 있습니다.

Q 스토리보드 작업에서 가장 흥미로운 것은 무엇인가요?

A 저는 스토리보드가 큰 퍼즐을 맞추는 것 같은 느낌이 들어 좋습니다. 처음에는 아무것도 없는 페이지에서 시작하면서 보통 몇 가지 중요한 순간을 머릿속에 그려봅니다. 저는 그 순간들을 적어 두는 것부터 시작합니다. 거기서부터 거꾸로 거슬러 올라가서 빠진 조각을 채웁니다. 그 핵심 순간에 어떻게 도달할지 퍼즐을 맞추는 것과 같습니다.

또한 스토리보드는 대사에 없는 내용이나 암시적인 내용을 시각적으로 전달할 수 있다는 점도 마음에 듭니다. 관객에게 직접 이야기를 전달하는 대신 시각적 언어를 사용하는 것은 정말 흥미롭습니다. 스토리보드 아티스트로서 저는 시각적 언어를 만드는 데 큰 역할을 할 수 있다는 것이 가장 흥미롭습니다. 그림으로 소통하는 것 외에도 은근한 재미를 느낄 수 있습니다. 장면의 배경에 사물을 몰래 숨기거나 관객이 찾을 수 있도록 이스터에그를 만들기도 합니다.

Q 스토리보드 제작 과정에 대해 소개해 주세요.

A 대본에서 스토리보드 작업을 시작할 때는 난이도를 세분화하는 것을 좋아합니다. 어떤 장면이 스토리보드를 만들기에 더 어려울지, 어떤 장면이 중간 난이도인지, 어떤 장면이 가장 쉬울지 결정합니다.

그 다음에는 최대한 많은 썸네일을 만들어 난이도별로 접근합니다. 이 썸네일 단계는 중요하게 생각할 필요는 없습니다. 저는 일반 용지에 손으로 대충 썸네일을 그리는 경우가 많습니다. 썸네일에는 많은 것을 담을 수 없기 때문에 이 단계에서 실루엣이 어떻게 생겼는지, 샷에 어떤 요소를 넣을지, 각 샷에서 무엇을 전달해야 하는지 등 기본적인 사항을 파악하는 데 사용합니다. 썸네일은 정해진 것이 거의 없기 때문에 다양한 시도를 해 볼 수 있는 과정입니다. 썸네일 제작은 지루하지만 매우 중요합니다. 제가 실제로 스토리보드를 시작할 때 참고하는 로드맵이기 때문입니다.

일단 디지털로 옮기기 시작하면 대화하는 헤드샷과 같은 쉬운 포즈부터 시작하는 것을 좋아합니다. 이런 장면에서는 일반적으로 바로 클린업 작업에 들어갈 수 있습니다. 좀 더 복잡한 장면의 경우, 러프 작업을 추가하는 것을 좋아해서, 썸네일에서 러프 작업을 거쳐 클린업 작업으로 넘어갑니다. 좋은 모델이 있으면 그 캐릭터를 어떻게 포즈로 옮길지 실험해 볼 수 있기 때문에 클린업 작업은 정말 재미있어요.

Frog King - 헤드샷

간단히 말해서, 제 작업 과정은 썸네일에서 러프, 클린업으로 이어집니다. 다만 제가 작업 중에 조금씩 왔다 갔다 하는 경향이 있습니다. 앞서 난이도별로 장면을 표시한다고 말씀드렸습니다. 어려운 장면을 먼저 끝내고 정리하는 것을 좋아하기 때문입니다. 그리고 도전적인 작업으로 힘들 때는 간단한 장면으로 전환하여 작업할 수 있습니다.

Q 개인 프로젝트 「Frog King」은 어떤 작품인가요?

A 「Frog King」은 대학 졸업 직후에 만든 첫 번째 작품 중 하나였습니다. 캐릭터가 무엇을 하는지, 어디로 가는지 정확히 알 수 없는 단편을 만들고 싶었습니다. 그저 그들의 관계를 전달하고 싶었습니다. 전에는 대사를 많이 써 본 적이 없었기 때문에 Frog King을 만들 때 그 점에 중점을 두었습니다. 전체 스토리 중 큰 이야기에서 일어나는 일의 작은 부분을 관객에게 어떻게 전달할 수 있는지 알아내는 것이 즐거웠습니다. 관객에게 모든 세부 사항을 알려 줄 수 없기 때문에 어려움이 있었습니다. 대신 스토리를 따라갈 수 있고 흥미를 끌 만한 충분한 정보를 제공하려고 노력했습니다.

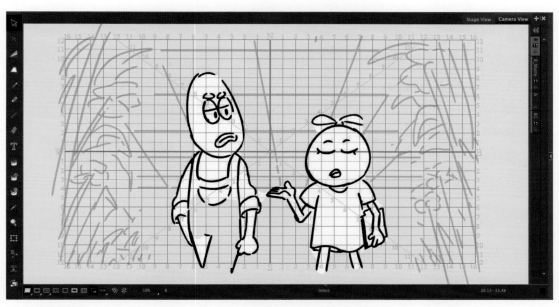

Frog King의 한 장면

작품의 두 주인공은 머리에 씨앗을 가진 아이입니다. 웃길지 모르겠지만 제가 씨앗을 선택한 이유 중 하나는 식물을 많이 그리고 싶어서이기도 합니다! 하지만 씨앗이 성장하는 모습을 표현하기에 좋은 소재라는 것도 알게 되었죠. 예를 들어 두 아이 중 여동생에게 새싹이 있는 것은 아직 새싹이 없는 오빠보다 더 성숙했음을 의미하죠.

Q 스토리보드 지망생에게 도움 될 이야기가 있다면?

A 저는 자신을 흥분시키는 작품을 만드는 것이 매우 중요하다고 생각합니다. 스튜디오나 채용 담당자들이 보고 싶어 하는 작품을 만들려고 하는 마음가짐에 빠지기 쉬운데, 저는 자신에게 충실한 작품을 만들 때 더 큰 열정과 열기가 전달된다는 것을 발견했습니다. 아이디어가 너무 엉뚱하거나 이상하거나 좋지 않더라도 걱정하지 마세요. 그냥 자신을 위한 무언가를 만들어 보세요.

예를 들어 사람들이 「Frog King」을 보고 싶어 한다고 아무도 말해 주지 않았습니다. 그냥 제가 만들고 싶었던 프로젝트 중 하나였습니다. 그래서 샘플로 만들어 보면 어떨까 생각했어요. 결과적으로 「Frog King」에 사람들이 더 좋은 반응을 보였고, 기대에 부응하는 것보다 더 좋게 다가왔습니다. 그냥 자신이 행복해하는 작품을 만들어 보세요!

Q 스토리보드 프로의 가장 유용한 기능은 무엇인가요?

A 스토리보드 프로의 라이트 테이블( ) 기능은 정말 생명의 은인입니다. 이 기능이 없었다면 제가 원하는 스토리보드를 만들 수 없었을 거예요. 같은 패널에서 어떤 작업이 진행 중인지 식별하는 데 정말 유용합니다. 때로는 이전 장면에서 포즈를 새로운 패널에 복사한 다음, 라이트 테이블을 사용하여 크기를 일관되게 유지합니다.
또한 각진 브러시(🖌)는 제 그림에 맞는 편한 그림을 그리는 데 도움이 되었습니다. 기본 원형 브러시와는 다른 선의 질감이 마음에 듭니다.

Panel 2 ▶ 아티스트의 노하우 살펴보기

이 챕터에서는 레오 가르시아가 가장 좋아했다고 말했던 라이트 테이블, 자동 채색, 커스텀 브러시에 대해서 설명합니다.

📁 전체 실습 파일 : sequence5_9_leo_garcia.sbpz

1. 라이트 테이블   📁 실습 파일 : sequence5_9_leo_garcia_light.sbpz

라이트 테이블은 아래 레이어의 그림을 볼 수 있는 기능입니다.

1) 라이트 테이블 ON & OFF

01 스테이지 뷰의 레이어 패널에서 B 레이어를 선택합니다.

02 B 레이어가 선택되면 아래에 있는 그림은 보이지 않습니다. 일반적으로 레이어 아래에 있는 레이어는 보이지 않기 때문입니다.

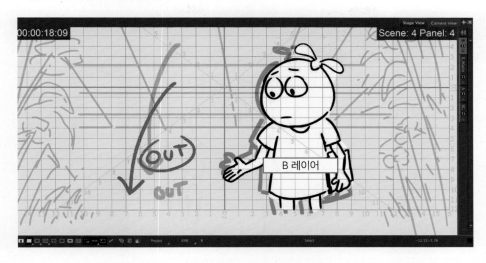

03 아래에 있는 레이어의 그림을 보기 위해서 도구 툴바에서 라이트 테이블(💡) 아이콘을 클릭합니다. 개인마다 작업 환경이 다르기 때문에 독자의 화면에서는 라이트 테이블 아이콘이 왼쪽 도구 툴바에 있을 수도 있습니다.

04 라이트 테이블 아이콘을 누르면 선택한 레이어의 아래에 있는 그림이 투명하게 표시됩니다. A 레이어가 희미하게 나타납니다. 실습 파일에서 A 레이어에 러프 스케치를 그렸기 때문에 러프를 참고하면서 B 레이어에 클린업 작업을 쉽게 할 수 있습니다.

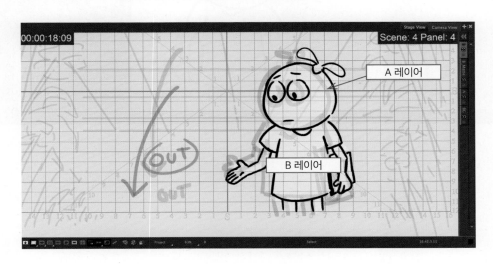

05 라이트 테이블을 사용하지 않은 경우

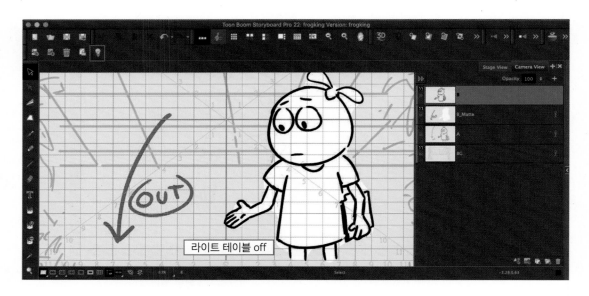

06 라이트 테이블을 사용한 경우

2. Generate Auto-Matte

📁 실습 파일 : sequence5_9_leo_garcia_automatte.sbpz

auto-matte 기능은 레오 가르시아가 가장 좋아하는 기능 중 하나입니다. 이 버튼 하나만 누르면 캐릭터가 하얗게 채색되어 시간을 크게 절약할 수 있습니다.

1) 자동 채색 매트 만들기

아래 그림에서 캐릭터에 컬러가 채워지지 않아서 배경이 투과되어 나타나면 캐릭터에 집중하기 어렵습니다. 배경과 섞이면 장면의 설득력이 떨어지기 때문입니다. 이럴 때, Generate Auto-Matte 기능을 사용합니다.

컬러가 칠해지지 않은 그림

01 채색되지 않고 라인만 있는 그림(실습 파일의 C 레이어)을 선택합니다.

클릭

02 레이어를 선택하고 우클릭해서 Generate Auto-Matte를 선택합니다.

03 Auto-Matte 팝업 창에서 Create Matte on New Layer를 선택합니다.

04 선택한 레이어 바로 아래에 선택한 레이어의 이름_Matte, 여기서는 C_Matte라는 이름의 레이어
가 생성되고 캐릭터는 선택한 컬러로 채워집니다.

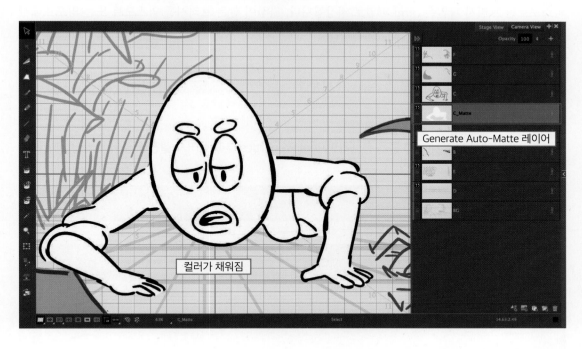

05 Auto-Matte 팝업 창에서 Create Matte on New Layer를 선택하지 않았을 때는 다음 그림처럼
C 레이어에 채색이 됩니다.

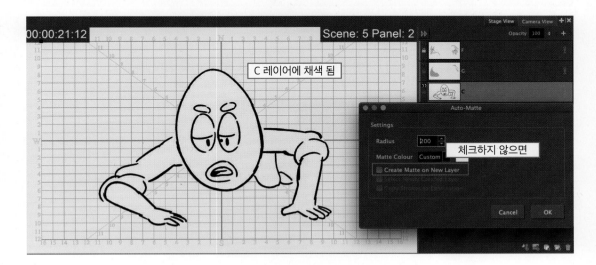

3. 커스텀 브러시 　　　📁 실습 파일 : sequence5_9_leo_garcia_brush.sbpz

익스포트한 브러시 파일은 .xml 파일로 저장됩니다. 자신이 만든 브러시를 익스포트 또는 임포트해서 다른 사람과 공유해서 사용할 수도 있습니다.

1) 레오 가르시아의 커스텀 브러시 가져오기 　　　🖌 레오의 브러시 파일 : LG_BRUSHES.xml

01 툴바에서 브러시(🖌) 툴을 선택하면 Tool Properties 뷰에 브러시 설정 패널이 나타납니다.

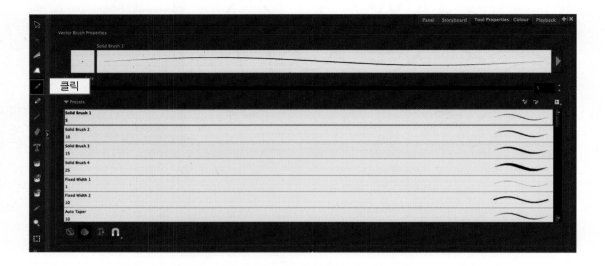

02 Presets 오른쪽의 문서(📄) 아이콘을 클릭하고 Import Brushes를 클릭합니다.

03 브러시 파일이 있는 폴더에서 LG_BRUSHES.xml 파일을 불러옵니다.

04 브러시 설정 패널에 임포트한 브러시 두 개(New, THUMBS)가 나타납니다.

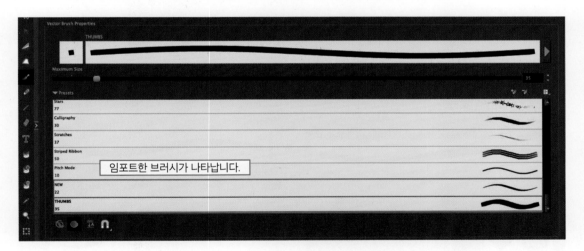

임포트한 브러시가 나타납니다.

05 커스텀 브러시로 그리면 이런 라인의 느낌이 나옵니다.

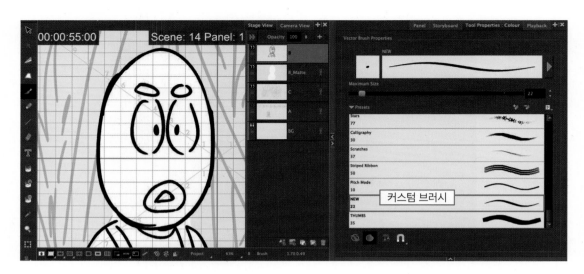

2) 커스텀 브러시 만들어서 익스포트하기

브러시를 수정하고 싶다면 Show Extended Properties(▶) 아이콘을 클릭해서 자신이 원하는 스타일로 변경할 수 있습니다.

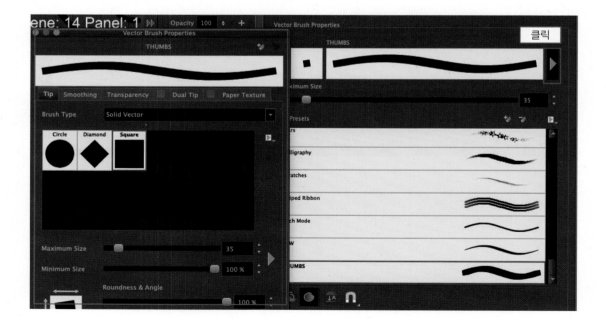

01 브러시 Tool Properties 창의 Presets 오른쪽 New Brush() 아이콘을 클릭하고 새 브러시를 추가합니다. Brushleo 브러시 프리셋이 추가되었습니다.

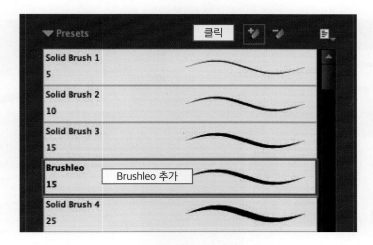

02 Vector Brush Properties 항목 아래 Show Extended Properties(▶) 아이콘을 클릭합니다.

03 여러 가지 설정을 변경해 보고 마음에 드는 브러시 설정이 끝나면 Update Brush Preset( ) 아이콘을 클릭하고 브러시 업데이트를 합니다.

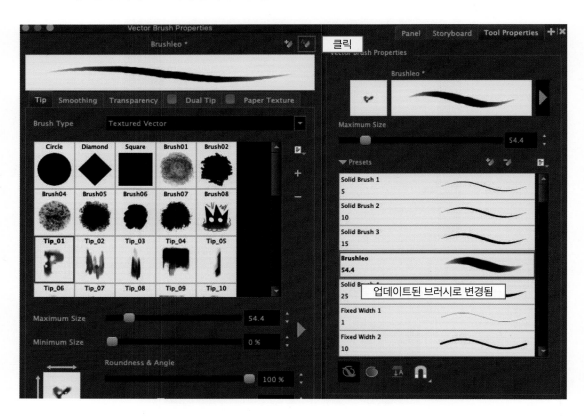

04 Brush Menu( ) 아이콘을 클릭하고 새로 만든 브러시를 익스포트하면 됩니다.

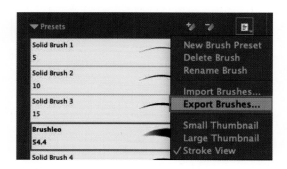

05 Export Brushes 창에서 새로 만든 브러시를 찾아서 Export 아이콘을 클릭합니다.

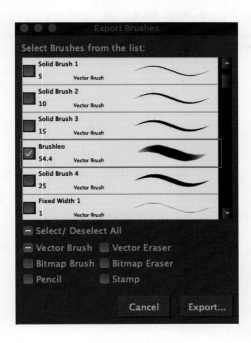

06 Brushleo.xml 브러시 파일이 만들어집니다.

Scene 10 샘 텅의 게임 스토리보드 제작

샘 텅 (Sam Tung)

샘 텅은 캘리포니아주 로스앤젤레스에 거주하며 미국 미술감독 조합(Art Directors Guild) 소속 스토리보드 아티스트입니다. 현재 미국 헐리우드에서 영화, 애니메이션, 비디오게임, 광고용 스토리보드 아티스트로 활약하고 있습니다. 그의 주요 고객으로는 유니버설, 레트로 스튜디오, 애플, A24, 마블, 아마존 프라임, 루스터 티스, NBC, 넷플릭스, 워너 브라더스, 소니 등이 있습니다.

「메트로이드 프라임 4」(게임/예정), 「트위스터즈(2024)」, 「엑스맨 97(2024)」, 「써니(2024)」, 「앤젤린(2022)」, 「젠: 락 시즌 2(2021)」, 「다크 타워(2017)」 등 다양한 작품에 참여했습니다. 특이 사항으로 가수 박효신의 'Goodbye' 뮤직비디오 스토리보드를 제작한 커리어를 가진 아티스트입니다. 그의 인스타그램에서 다양한 그림과 작품을 볼 수 있습니다.

참여 작품
- 유니버설 스튜디오, 「트위스터즈」 (스토리보드 아티스트)
- 애플/A24, 「Sunny」 (스토리보드 아티스트)
- 마블 스튜디오, 「엑스맨 '97」 (스토리보드 아티스트)
- 니켈로디언, 「스타트렉: 프로디지 시즌 2」 (스토리보드 아티스트)
- 아마존 프라임, 「헌터스 시즌 2」 (스토리보드 아티스트)
- 루스터 티스, 「gen:LOCK (Rooster Teeth)」 (스토리보드 아티스트)
- 뮤직 비디오, '박효신 굿바이' (스토리보드 아티스트)
- 넷플릭스, 「메시아」 (스토리보드 아티스트)
- 광고, '삼성 갤럭시 노트 7' (스토리보드 아티스트)
- 영화, 「아이언 맨 3」 (시각효과)
- 영화, 「지.아이.조 2」 (시각효과)
- 영화, 「다크 타워」 (스토리보드 아티스트)
- 디즈니, 「정글북」 (시각예술)
- 「애니멀 크래커」 (스토리보드 아티스트)
- 「톰과 제리 2012」 (스토리보드 아티스트)

작가 홈페이지
stungboards.blogspot.com

인스타그램
stung_art

X (구 트위터)
@stung_art

이번 챕터에서는 샘 텅의 「DragonGameBoard」 게임 스토리보드 작법에 대한 이야기를 소개합니다. 다른 작가와는 달리 게임 업계의 스토리보드 작업을 소개하는 이야기가 아주 흥미롭습니다.

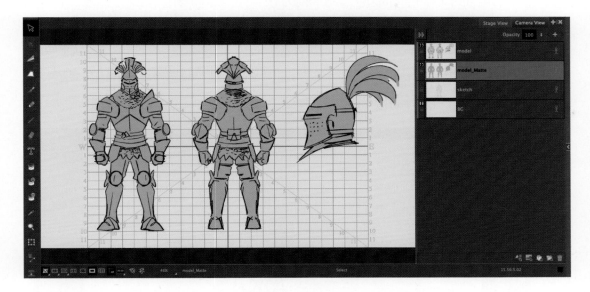

Q 「DragonGameBoard」에 관해서 간략한 소개 부탁드립니다.

A 이 작품의 아이디어는 기사와 용의 가상 비디오 게임 보스 싸움을 위한 스토리보드를 보여주는 것입니다. 스토리보드의 'Notes' 섹션에 제 생각 과정과 게임을 위한 스토리보드의 필요성에 대한 정보가 적혀 있습니다. 싸움은 3단계로 진행되며 그 사이에 컷과 씬이 있습니다.

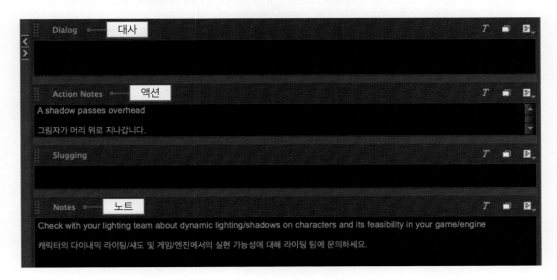

Q 게임과 다른 장르의 스토리보드는 어떤 차이가 있나요? DragonGameBoard를 기준으로 설명 해주세요.

A Step 1.

게임 스토리보드에는 몇 가지 고유한 고려 사항이 있습니다. 플레이어가 컷과 씬을 보는 것보다 게임을 플레이하는 것이 가장 바람직하지만, 플레이어에게 반드시 전달되어야 하는 정보가 있습니다. 이를 위해 서는 시네마틱을 사용하여 플레이어에게 정보를 전달해야 하는데, 이는 게임 내에서 놓치기 쉬운 정보(새로 열린 문이나 중요한 대화와 같은)거나 게임 플레이에서 복잡하게 다루기 어려운 정보(예를 들어 1 인칭 게임에서 복잡한 고난이도 동작)일 수 있습니다. 가능한 한 시네마틱하게 표현하면서도 효율적으로 정보를 전달하는 것이 중요합니다.

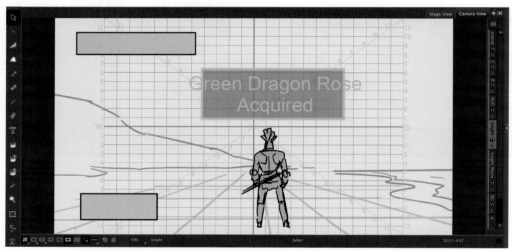

게임 내의 스테이지 클리어 정보

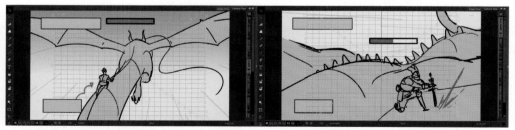

기사가 용 위로 올라가 칼로 찌르는 액션

Step 2.

게임 작가뿐만 아니라 게임 디자이너와의 소통도 중요한데, 플레이어가 알아야 할 정보를 파악하기 위해 서입니다. 게다가 게임 엔진, 환경, 조명 팀과의 소통 역시 중요한데, 영화나 애니메이션과는 달리 비디오 게임은 기술적 제약 사항(예: 투명 오브젝트 수 제한, draw distance of an area, 화면에 표시되는 캐릭터 수 등)이 있을 수 있습니다. 때로는 이러한 제한으로 인해 필요한 스토리 정보를 전달하기 위해 영리한 솔루션이 필요할 수 있습니다.

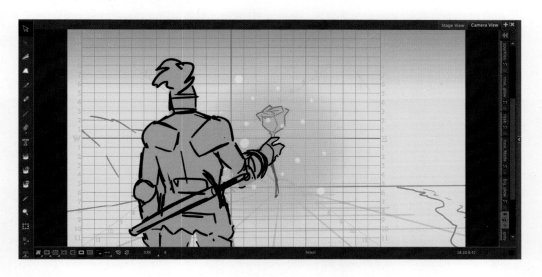

 TIP! 비디오게임의 스토리보드 작업 시 고려할 기술적 제약 사항의 예시

• draw distance of an area : 게임 디자인에서 사용되는 용어로, 게임 환경 내에서 오브젝트나 지형 등이 얼마나 멀리까지 그려지는지를 나타내는 개념입니다. 게임 엔진은 화면에 그려지는 오브젝트와 지형의 수를 관리해야 하므로, 멀리 떨어진 오브젝트는 세부적인 텍스처나 모델이 제한되거나 표현되지 않을 수 있습니다.
게임에서는 성능을 최적화하고 부하를 줄이기 위해 플레이어 시야에서 멀리 떨어진 지역에서는 그래픽의 품질을 낮추는 방식을 사용합니다. 이것은 게임의 세계가 어떻게 구성되었는지에 따라 달라질 수 있습니다. 예를 들어, 멀리 있는 도시의 스카이라인은 더 간단한 모델이나 텍스처로 그려지며, 플레이어가 접근할 때까지 자세한 모델과 텍스처가 로딩됩니다. 따라서 'draw distance of an area'는 플레이어가 있는 특정 지역에서 얼마나 먼 거리까지 그래픽이 표현되는지를 의미하며, 이것은 게임의 성능과 시각적 품질 간의 균형을 맞추는 중요한 설계 요소입니다.

• 투명 오브젝트 수 제한 : 투명한 오브젝트가 너무 많으면 엔진이 렌더링하는 데 어려움을 겪을 수 있으며, 특히 오브젝트가 서로 겹쳐져 있는 경우 더욱 그렇습니다. 한 번에 너무 많이 표시되지 않는 카메라 각도를 찾거나, 유리를 불투명하게 만들거나(예: 투명 유리 대신 반투명 유리), 불투명하지만 다공성인 오브젝트(예: 유리 대신 메쉬 스크린이나 막대)를 사용할 수 있습니다.

• 화면에 표시되는 캐릭터 수 제한 : 엔진은 화면에 표시되는 캐릭터 또는 에셋의 수에 제한이 있을 수 있습니다. 예를 들어 거대한 적의 군대가 공격하는 경우입니다. 해결책은 작은 그룹의 적을 더 가까이서 보여주고 적의 수를 밀도 있게 표현하는 것입니다. 또는 씬을 엔진 내에서 렌더링하지 않고 미리 렌더링해야 할 수도 있습니다.

Step 3.

마지막으로, 게임의 제작 과정에 따라 캐릭터의 포즈를 취하거나 모델에 가깝게 그려야 할 수도 있고 그렇지 않을 수도 있습니다. 모션 캡처를 사용하는 3D 게임의 경우 모델과 캐릭터가 일치하고, 배우가 세트에서 직접 상황에 맞는 연기를 하기 때문에 2D 애니메이션처럼 정확한 스토리보드가 필요하지 않을 수 있습니다.

Step 4.

보통 애니메이션은 22분 정도 스토리보드 분량이 있는데, 게임마다 다르지만 보통은 그보다 훨씬 많습니다. 유튜브 기준으로 Witcher 3는 약 13시간, The Last Of Us 2는 약 10시간, 젤다의 전설: 왕국의 눈물은 2~3시간 정도의 장면이 있습니다. 또한 스튜디오에 따라 모든 컷과 씬이 반드시 스토리보드로 작업되지 않을 수 있습니다. 일부 컷과 씬은 바로 레이아웃으로 넘어가는 경우도 있습니다.

Step 5.

애니메이션에서는 액션이 바뀔 때마다 모든 액션을 패널에 그려야 하지만 게임은 약간 다릅니다. 이 역시 씬과 스튜디오/프로젝트에 따라 달라집니다. 특히 완전히 수작업으로 키프레임 애니메이션된 캐릭터 (예: 비인간적인 체형의 괴물)의 경우 명확성을 확보하고 원하는 퍼포먼스와 액션을 구현하기 위해 어느 정도의 포즈가 필요합니다. 그러나 캐릭터가 모션 캡처 되는 경우에는 라이브 액션 영화의 스토리보드와 비슷하게 많은 포즈가 필요하지 않습니다. 이 경우 시네마틱의 구도와 블로킹이 명확하다면, 각 샷당 하나 또는 두 개의 그림만으로 충분할 수 있습니다. 모션 캡처 단계에 들어가면 배우가 캐릭터의 동작을 연기하게 됩니다. 좋은 배우라면 스토리보드 아티스트의 엄격한 연기 지시 없이도 스스로 연기할 수 있어야 하며, 그렇게 하는 것을 선호할 것입니다.

Q DragonGameBoard의 스토리보드 제작 과정에 대해서 알려주세요.

📁 **전체 실습 파일 : dragonGameBoards_v02.sbpz**

A 첫 번째 단계가 시작되기 전에 기사가 드래곤과 대면하는 '보스 인트로' 스토리보드가 있습니다. 이 부분
에서는 컷과 씬이 트리거되는 방법과 전투의 중요성이 설정됩니다.

▶️ 실습 파일 scene 0 panel 1, 2

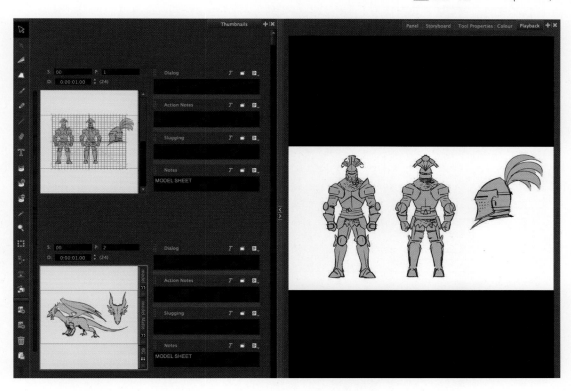

Step 1.

첫 번째 단계에서는 전투 방식에 대한 몇 가지 다이어그램이 있을 수 있습니다. 이러한 작업은 게임 디자이너의 계획 수립에 도움이 될 수 있습니다.

▶ 실습 파일 scene 8

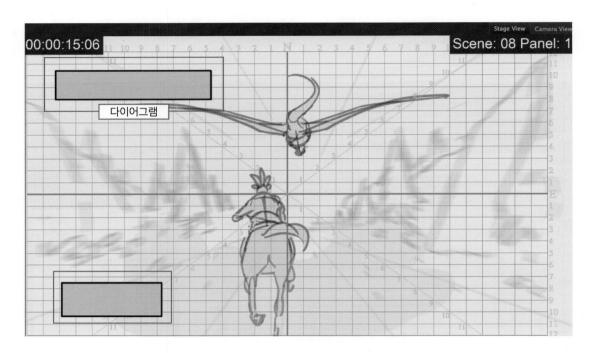

그런 다음 기사가 드래곤을 올가미에 성공적으로 묶고 하늘로 끌어올려집니다.

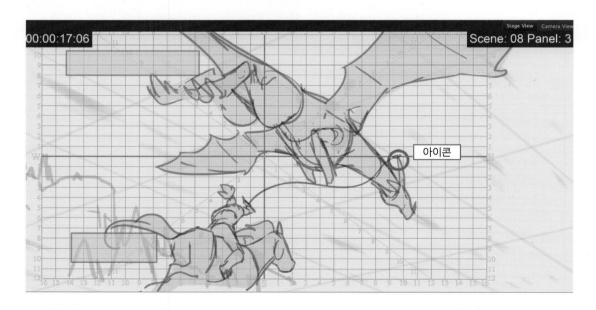

이때부터 두 번째 단계가 시작됩니다.

▶ 실습 파일 scene 13

Step 2.

두 번째 단계에서는 기사가 드래곤의 날개를 칼로 찔러서 땅에 떨어뜨려야 합니다. 다시 말하지만, 몇 가지 다이어그램이 있을 수 있습니다. ▶️ 실습 파일 scene 14

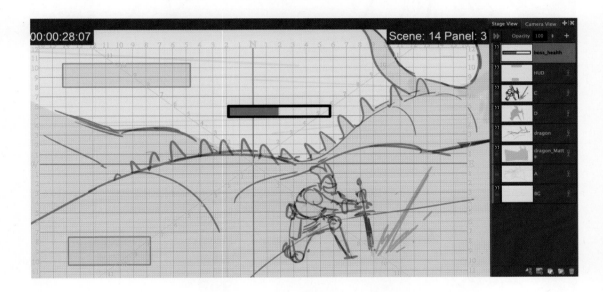

두 번째 단계와 세 번째 단계 사이에서 드래곤이 땅에 떨어지고 기사와 드래곤은 지상에서 마지막 전투를 위해 대결을 펼칩니다. ▶️ 실습 파일 scene 15 ~19

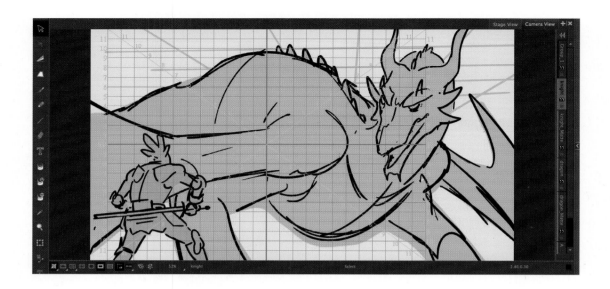

Step 3.

세 번째 단계에서는 기사가 드래곤과 싸웁니다. 다시 한번 다이어그램이 있을 수 있지만, 전투 장면은 플레이어가 직접 조작해야 하는 부분이기에 따로 스토리보드가 필요하지 않을 것입니다.

▶ 실습 파일 scene 22

Step 4.

마지막으로 보스의 죽음과 전투에 대한 기사/플레이어의 보상을 보여주는 '보스 아웃트로'가 나옵니다.

제 목표는 스토리보드에서 게임 플레이의 상호작용을 보여주고, 플레이어에게 전달되어야 하는 정보, 어느 정도의 그림과 포즈가 필요한지 등을 보여주는 것입니다.

▶ 실습 파일 scene 26

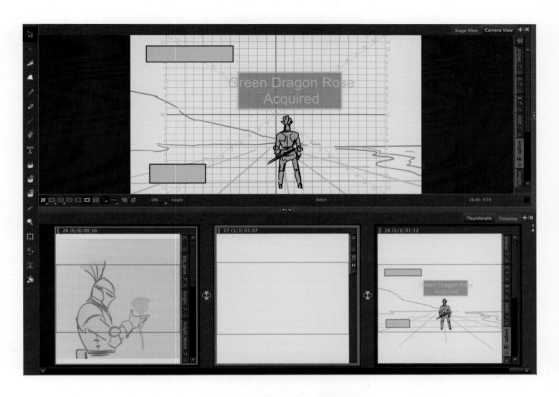

Q DragonGameBoard의 스토리보드 제작 과정에서 어떤 툴이 가장 유용했나요?

A 저는 '오버보드(과하게 디테일한 스토리보딩)'하고 싶은 충동을 억제하려고 노력합니다. 즉, 디테일을 그리거나 애니메이션을 적용하거나 레이어를 슬라이딩하거나 모든 애니메이션의 포즈를 잡는 데 너무 많은 시간을 소비하거나 길을 잃는 것을 의미합니다. 따라서 이 시퀀스에서는 드로잉, 카메라 이동, 타임라인의 패널 배치 등 기본적인 요소를 사용했습니다.

Q 스토리보드 프로에서 가장 좋아하는 기능이나 툴이 있나요?

A 솔직히 말해서, 스토리보드 프로의 가장 기본적인 툴들은 여전히 저에게 매우 가치가 있습니다. 번호가 매겨진 파일을 모든 형식(JPG, PSD, PDF, MOV)으로 빠르게 내보낼 수 있어 체계적으로 정리하고 프로덕션에 필요한 것을 전달할 수 있다는 점이 여전히 제게 매우 유용합니다. 템플릿에서 수동으로 파일에 번호를 매기거나 여러 프로그램 사이를 이동할 필요가 없으므로 드로잉과 스토리텔링에 집중할 수 있습니다. 저는 시청자가 필요로 하는 정보를 명확하고 재미있게 보여줄 수 있는 가이드를 제작하는 것, 즉 제 아래 단계의 작업자를 위한 가이드를 제작하는 것이 저의 전반적인 목표라는 것을 기억하려고 노력합니다. 하지만 좀 더 재미있는 대답을 하자면 카메라 움직임에 레이어를 고정할 수 있는 pin to camera 기능은 정말 멋진 기능입니다! (pin to camera 설명은 483p, scene7의 케이트린 스노드그래스 챕터에 자세히 설명되어 있습니다.)

이 챕터에서는 샘 텅의 몰입감을 높이는 연출과 프로젝트 파일 관리에 대해서 알아봅니다.

1. 카메라 쉐이크   ▶ 실습 파일 scene 3 panel3

이 장면에서는 카메라( ) 툴을 사용합니다. 드래곤이 땅에 착지할 때 다양한 충돌과 충격에 대한 몰입감을 높이기 위해 카메라에 진동을 만들어 줍니다.

01 도구 툴바에서 카메라( ) 툴을 선택합니다.

02 카메라 키프레임을 추가합니다. (255p, *Sequence4 scene2 panel3* 키프레임 참조)

03 추가한 키프레임을 하나하나 선택해가면서 카메라를 상하좌우로 움직입니다.

04 카메라 쉐이크가 완성되면 타임라인 뷰의 플레이 헤드를 좌우로 드래그하면서 카메라 진동이 제대로 나왔는지 확인합니다.

2. 익스포트의 또 다른 기능

번호가 매겨진 파일을 모든 형식(JPG, PSD, PDF, MOV)으로 빠르게 내보낼 수 있어 체계적으로 정리하고 프로덕션(후반 파트)에 필요한 것을 전달할 수 있습니다. 이 기능은 아주 유용한 기능입니다. 쇼한 편을 작업하면 수많은 씬과 패널이 생성됩니다. 예를 들어 일정을 맞추기 위해 여러 명이 작업을 나눠서 해야 할 경우, 스토리보드는 아주 강력한 익스포트 기능을 가지고 있습니다.

1) 씬을 쪼개서 익스포트 하기   ▶ 실습 파일 scene2

01 스테이지 뷰의 오른쪽 View 패널에서 Project Management 탭을 꺼냅니다. (＋) 아이콘을 클릭합니다.

02 문서(📃) 아이콘을 클릭하고 Extract를 선택합니다.

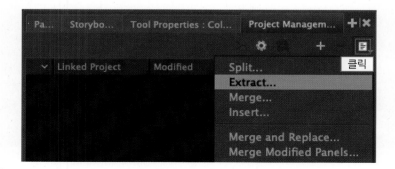

03 Extract Storyboard 팝업 창의 Scenes 리스트에서 분리하고 싶은 씬을 선택 후 Extract Selected Scenes를 클릭합니다.

04 파일 이름을 입력하고 저장할 위치를 선택해서 save 버튼을 클릭합니다.

05 다시 Extract Storyboard 팝업 창에서 OK 버튼을 클릭합니다. 선택한 씬(scene2)만 익스포트가 완료됩니다.

06 잘린 씬을 열어보면 다음과 같습니다. 자른 씬의 파일에는 오리지널 씬의 2번 씬만 들어 있습니다.

📁 **전체 실습 파일 : 실습파일 – dragon02.sbpz**

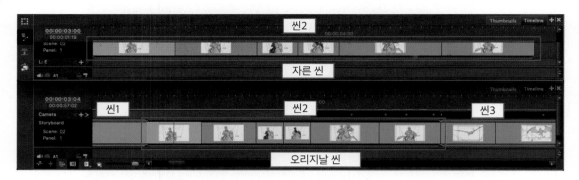

Scene 11
루이사 크루즈의
스토리보드 아티스트로 가는 길

루이사 크루즈(Luisa Cruz)

루이사 크루즈는 콜롬비아 국립대학교에서 미술 학사 학위를 받았으며, 영국 브리스톨 애니메이션 스쿨에서 애니메이션 석사 학위를 받았습니다.

그녀는 4년 경력의 콜롬비아 출신 애니메이션 스토리보드 아티스트로, 주로 어린이용 시리즈에 전념하고 있습니다. 루이사는 액션이 가미된 코미디 스토리 작업을 좋아합니다. 루이사는 다음과 같이 말합니다. "스토리보드를 명확하고 재미있게 만드는 것이 이 작업의 핵심이라고 생각하는데, 그래야 다음 작업자(디자이너, 애니메이터 등)가 특정 방향을 따르면서도 자신만의 예술적 아이디어를 발전시키고 최종 결과물을 향상시킬 수 있는 영감과 공간을 확보할 수 있기 때문이죠."

2020년과 2022년에 툰붐 앰배서더 프로그램에 참여했고, 2020 포트폴리오 Domestika Talento Joven Colombia에 참여할 기회를 가졌습니다.

그녀의 작품은 동화, 대중문화, 특히 동물과 자연에서 영감을 얻습니다.

참여 작품
- Chris P. Duck, '2018 TV 미니시리즈 (Wildseed Studio)' (스토리보드 아티스트)
- The Donut King, '2020 Documentary' (스토리보드 아티스트)
- Matchbox Adventure, '2021 TV 시리즈' (스토리보드 아티스트)
- Polly Pocket Adventure Studios, '2022 TV 시리즈' (스토리보드 아티스트)
- Flashlight, '2023 TV 시리즈' (스토리보드 아티스트)
- 「My Flaky Friend」(BBC Listening project) (감독)
- 「Light Trail」(단편 영화) (스토리보드 아티스트, 애니메이터, 디자이너)
- El Dia Blanco (동화책) (작가)
- The Carnival Street (웹툰) (작가)

작가 홈페이지
https://www.linipik.net

인스타그램
linipik

X (구 트위터)
@linipik

이번 챕터에서는 루이사 크루즈의 작품 「The Little Goat」의 스토리보드 작업에 대한 이야기를 소개합니다.

Q 「THE LITTLE GOAT」에 관해서 간략한 소개 부탁드립니다.

A 「THE LITTLE GOAT」 스토리보드는 제가 가장 좋아하는 동화 중 하나의 시작 부분을 바탕으로 한 개인 프로젝트입니다. 이웃 산에서 자라는 이국적인 풀을 먹고 싶어 하지만 집과 산 사이에 큰 틈이 생겨서 먹을 수 없는 작은 염소의 이야기입니다.

Q 이 작업에서 가장 유용했던 툴은 무엇인가요?

A 몇 가지 소개하자면 다음과 같습니다.

스토리보드 프로에서 제가 좋아하는 기능 중 하나는 라이트 테이블(☝)입니다. 설정을 변경하지 않고도 사용 중인 레이어에 초점을 맞출 수 있고 여러 캐릭터의 연기를 작업하는 동안 그림을 선명하게 유지할 수 있습니다.

또한 카메라가 자유롭게 이동할 수 있는 무한 캔버스 기능은 스토리보드를 계획하는 데 매우 유용하기 때문에 제일 마음에 듭니다.

썸네일에 그리기 모드도 아주 편리합니다.
이 옵션은 스토리보드 아티스트들이 아주 좋아하는 기능 중 하나입니다. 스토리보드를 처음에 시작할 때, 스토리의 리듬을 설정하는 데 많은 도움이 되었습니다.

스토리보드 아티스트의 작업은 대부분 시간 제약이 있기 때문에 주요 단축키를 직접 설정할 수 있는 기능은 새 프로젝트의 작업 파이프라인을 개발하는 데 정말 유용했습니다.

📁 실습 파일 : The-Little-Goat_SB_by-Luisa-Cruz.sbpz

이번 챕터에서는 라이트 테이블, 단축키 설정, 무한 캔버스, 썸네일 그리기 모드를 소개합니다.

1. 라이트 테이블로 활성 레이어에 포커싱   ▶ 실습 파일 scene1

아래 예제는 THE LITTLE GOAT 파일의 씬 1번입니다. 라이트 테이블이 비활성 상태입니다. 따라서 모든 레이어의 농도가 같은 값으로 표시되기 때문에 많은 그림이 중첩되며 작업하기 힘들어집니다. 이럴 경우 라이트 테이블을 활성화시키면 작업이 편리해집니다. (522p, 레오 가르시아 챕터 라이트 테이블 참조)

01   라이트 테이블(💡) 아이콘을 클릭합니다.

02 또는 메인 메뉴 → View → Light Table을 클릭합니다.

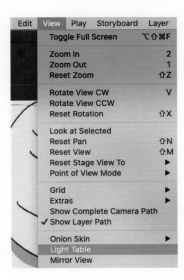

03 그림 그릴 레이어를 선택하면 나머지 레이어는 농도가 흐려져 작업하기 편리해집니다.

라이트 테이블 ON

선택한 레이어

나머지 레이어는 농도가 흐려짐

2. 커스텀 단축키 설정

스토리보드 프로의 기본 단축키는 사람들에 따라서는 불편할 수도 있습니다. 아래와 같이 자기만의 단축키를 설정하면 새 프로젝트의 작업 파이프라인을 개발하는 데 정말 많은 도움이 됩니다. 스토리보드 프로의 펜슬 툴 단축키는 Alt + 9 로 설정되어 있습니다. 이 설정이 누군가에게는 상당히 불편합니다. 아래에서 커스텀 단축키 설정과 단축키 변경 방법을 알아보겠습니다.

01
Keyboard Shortcuts 옵션 창을 오픈합니다.
(MacOs) 메인 메뉴 Storyboard Pro → Keyboard Shortcuts을 선택합니다.
(Windows) 메인 메뉴 Edit → Keyboard Shortcuts을 선택합니다.

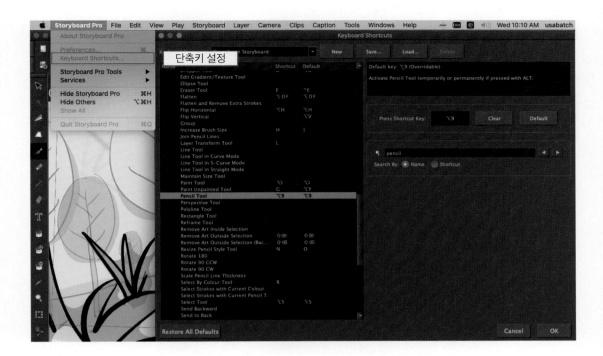

02 Keyboard Shortcuts 팝업 창에서 New 버튼을 클릭하고 자신만의 단축키 메뉴를 만듭니다.

03 Keyboard Shortcuts 항목에서 THE LITTLE GOAT 단축키 설정을 선택하고 자신만의 단축키를 설정하면 됩니다. 스토리보드 프로에서 기본 제공하는 단축키가 조금 불편하기 때문에 자신만의 스타일로 만들어 나가세요.

04 Keyboard Shortcuts 팝업 창에서 변경하려는 툴을 검색해서 찾습니다. 검색 필드에 pencil을 입력하고 찾고자 하는 툴이 선택될 때까지 오른쪽 삼각형 아이콘을 누릅니다.

05 기존에 설정된 단축키가 바로 위 화면에 나타납니다. 기존 설정된 단축키를 Clear 버튼을 누르고 지웁니다.

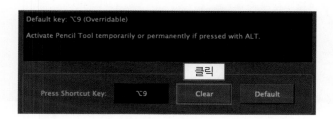

06 새 단축키를 입력합니다. 브러시 단축키(B) 바로 왼쪽 V 키로 변경합니다. 브러시와 펜슬은 자주 사용하는 툴이므로 함께 붙어 있으면 편리합니다. 중복된 단축키가 있다면 아래와 같이 중복되었다는 팝업창이 뜹니다. Replace 버튼을 클릭합니다.

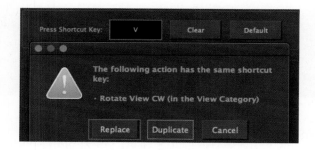

07 스테이지 뷰로 돌아와서 방금 설정한 단축키 V를 눌러서 확인합니다. 펜슬 툴로 바뀐다면 제대로 된 것입니다.

3. 무한 캔버스

스토리보드 프로는 카메라가 자유롭게 이동할 수 있는 무한 캔버스를 제공합니다. 이 기능은 스토리보드를 계획하는 데 매우 유용합니다. ▶ 실습 파일 scene8 panel 5, 6

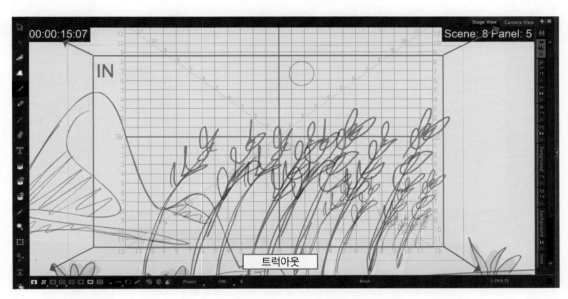

트럭아웃 하기 전의 캔버스

01 카메라가 아주 멀리 트럭아웃 하면 광활한 캔버스가 나타납니다. 카메라를 움직이지 않더라도 단축키 1, 2를 번갈아 가며 눌러보면 캔버스가 무한하다는 것을 알 수 있습니다. (트럭인, 아웃은 337p, 카린 샤를부아의 트럭인 챕터 참조)

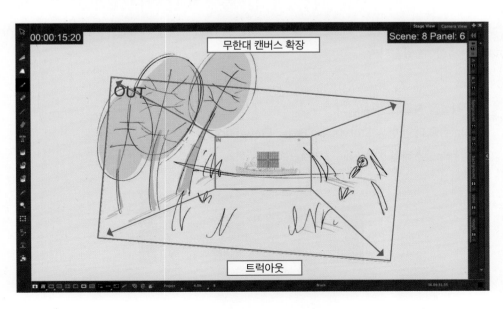

02 그림을 아무리 크게 그리더라도 카메라를 조정하면 한 화면에 다 담을 수 있습니다.

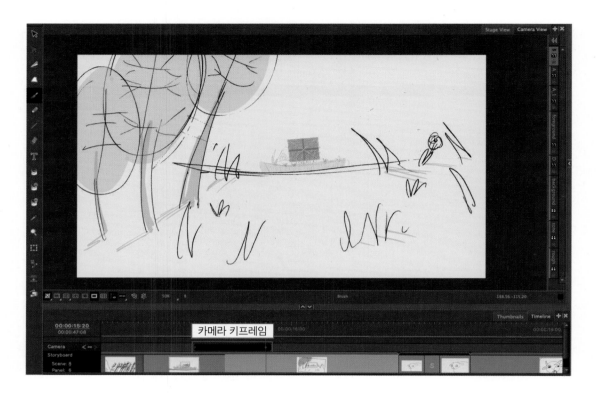

4. 썸네일에 그리기 모드 활성화

이 옵션은 스토리보드 아티스트들이 아주 좋아하는 기능 중 하나입니다. 스토리보드를 처음에 시작할 때, 스토리의 리듬을 설정하는 데 많은 도움이 됩니다. 특히 감독에게 피칭할 때, 감독이 요구한 사항을 신속하게 작업할 수 있습니다.

01 환경설정 창을 오픈 합니다.
(MacOS) 메인 메뉴 Storyboard Pro → Preferences
(Windows) 메인 메뉴 Edit → Preferences

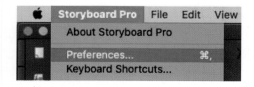

02 환경설정 창 General 탭에서 Forbid drawing on panel thumbnails 옵션을 체크합니다.

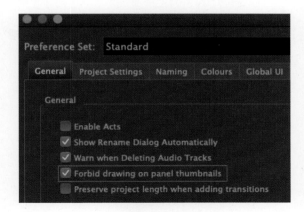

03 스토리보드 프로를 종료하고 다시 오픈합니다. 아래 그림처럼 Vertical 또는 Horizontal Workspace를 선택하면 브러시 툴로 썸네일 뷰에서 직접 그림을 그릴 수 있습니다.

루이사 크루즈가 말하는 스토리보드 아티스트가 되기까지의 여정, 그리고 미래 스토리보드 아티스트가 갖춰야 할 자세에 대해 알아보겠습니다.

1. 나에 대해서

Q 왜 스토리보드 아티스트인가?

A 저는 항상 이미지를 통한 서사에 관심이 많았고, 수년 동안 제 작업의 중심이 되어 왔습니다. 그래서 애니메이션 세계에 대한 연구는 그림에 대한 저의 타고난 관심이 거대한 파이프라인의 교차점에서 어떤 역할을 하는지 알아보는 것에서 시작되었습니다.

애니메이션 스토리보드 아티스트가 되기로 최종 결정한 이유는 다음과 같습니다.
- 첫째, 애니메이션 업계가 실제로 어떻게 돌아가는지 이해하고,
- 둘째, 애니메이션 제작진의 다양한 직책이 가진 범위를 탐색하여 어떤 직책에서 만족감을 느낄 수 있는지 알아보고,
- 셋째, 제가 참여하고 싶은 프로젝트 유형을 파악하는 긴 과정 끝에 이루어졌습니다.

그러나 이는 항상 실제 경험과 함께 고려해야 할 결정입니다. 창의적인 직업에는 단순히 작업의 측면을

아는 것을 넘어 그것을 수행해 본 경험 또한 중요하기 때문입니다.

저는 인터넷 검색으로 전 세계의 스토리보드 아티스트들과 이메일을 통해 소통하면서 업계에서 스토리보드 아티스트가 되기 위해 필요한 정보를 직접 찾았습니다. Levy, D.B.(2006)의 『애니메이션 커리어Your Career in Animation』와 같은 책이나 Creative Skillset(2016)의 『애니메이션 직무(Animation Job Roles)』와 같은 온라인 자료, 그리고 애니메이션 회사들의 웹페이지도 눈여겨보았습니다. 이들은 스튜디오의 다양한 직책에 지원하는 사람들에게 바라는 바를 숨기지 않고 공개하고 있습니다.

애니메이션 산업이 어떻게 돌아가는지에 대한 초기 조사를 마친 후 스토리보드에 대한 생각이 바뀌었고 이 분야에서 전문적으로 발전할 수 있는 가능성을 인식하기 시작했습니다. 애니메이션 스토리보드 아티스트가 되려면 다른 팀원들이 작업할 수 있도록 명확한 이미지를 생성하는 것이 최우선 과제입니다. 이러한 이유로 리처드 윌리엄스는 그의 저서 『애니메이터 서바이벌 키트』(리처드 윌리엄스, 2020, 한울)에서 "애니메이터가 실제 동작과 그 타이밍에 집중하고 퍼포먼스에 생명을 불어넣을 수 있도록 드로잉은 제2의 본능이 되어야 한다"고 말합니다.

THE LITTLE GOAT - Generate Auto-Matte로 자동 채색.

2. 스토리보드 업계

Q 스토리보드 아티스트를 목표로 하는 사람은 어느 업계에 초점을 맞춰야 하나요?

A 스토리보드 아티스트의 직업 전망을 조사할 때 고려해야 할 두 가지 주요 측면은 스토리보드 제작 자체와 실제 스튜디오에서 사용하는 기술입니다.

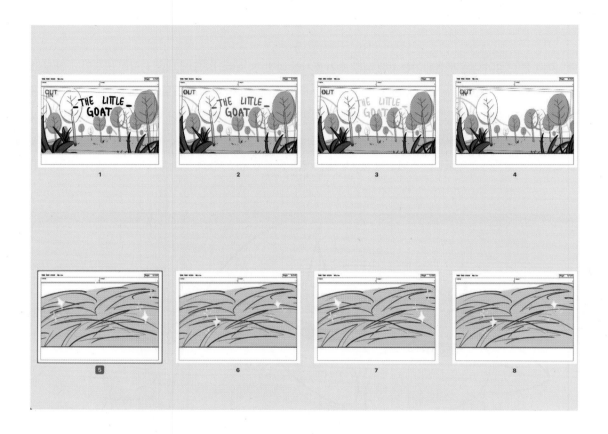

현재 업계에서 일하는 전문가를 찾는 것은 제 연구에 매우 유익하고 도움이 되었습니다.

스토리보드 아티스트는 시각 미디어의 모든 분야에서 일하고 있음을 알게 되었습니다. 단편 영화, TV 프로그램, 장편 영화 및 다양한 미디어의 광고에 따라 제작진의 규모, 제작 요구 사항 및 리소스가 크게 다르기 때문에 현장에서 작업하려면 적응력이 필요합니다. 제 주된 목표가 스튜디오에서 정직원으로 일하는 것이라 할지라도 프리랜서 직업의 특성에 대해 배워야 한다는 것을 알았습니다.

저는 스토리보드 아티스트로서 활동할 수 있는 가능성을 알고 싶었습니다. 애니메이션 경력을 시작하는 방법에 대해 더 깊이 연구하면서 애니메이션 업계가 전 세계적으로 어떻게 운영되는지 궁금해졌습니다. 스토리보드 아티스트 경력을 시작하는 한 가지 방법은 장편 영화 스튜디오보다는 TV 시리즈에서 시작하는 것입니다. 왜냐하면 스튜디오의 직무가 장편 애니메이션 영화에 비해 경험이 덜 필요하기 때문입니다.

3. 초보 스토리보드 아티스트에게 필요한 포트폴리오

Q 포트폴리오는 어떻게 준비하는 것이 좋을까요?

A 저는 현재 애니메이션 업계에서 고용하고자 하는 유능한 스토리보드 아티스트가 되기 위해, 세계 각지에서 지난 2년간 졸업한 스토리보드 아티스트들의 웹사이트와 온라인 포트폴리오를 찾아보았습니다. 저는 주로 이미 업계에서 일하고 있는 사람들에게 관심이 있었지만, 대부분의 대형 스튜디오에서 신입 사원으로 가장 먼저 선택하는 유명한 학교인 Calarts, Gobelins, Sheridan의 졸업생들이 만든 포트폴리오도 확인했습니다. 또한 전업 프리랜서 아티스트의 포트폴리오와 현재 영국에서 일하는 영국 애니메이션 졸업생의 특정 카테고리를 함께 그룹화했습니다.

많은 사례를 보면서 업계 표준을 파악하는 데 도움이 되었고, 이는 제 포트폴리오와 업계에서 입지를 다지는 데 유리하게 작용할 것이라고 생각했습니다. 저는 디스플레이 순서가 전문적인 느낌을 주는 것을 알게 되었습니다. 모든 샘플이 깔끔하고 일목요연하게 정리되어 있으면 포트폴리오 소유자의 기술과 강점을 파악할 수 있습니다. 또한, 소셜 미디어에 활동하고 영향력을 유지하는 것이 프로젝트를 찾고 참여하는 데 필수적이라는 것을 깨달았습니다. 전문적으로 다룰 수 있는 프로그램을 기재하고 웹사이트에 이력서를 공개하는 것도 유용합니다.

linipik [팔로잉 ∨] [메시지 보내기] [+🙍] [•••]

게시물 **407**   팔로워 **5933**   팔로우 **765**

Luisa Cruz she
예술가
Storyboard Artist and cat enthusiast from Colombia
🔗 linipik.net

digitalgravy.animation, aidan_esc, toonboomanimation님이 팔로우합니다

루이사 크루즈의 인스타그램

전문 아티스트 포트폴리오의 또 다른 큰 특징으로, 스토리보드 아티스트일지라도 대부분의 포트폴리오에는 스토리보드 샘플 외에 캐릭터 애니메이션, 디자인 작업, 만화 및 일러스트 샘플을 추가하여 시각적 표현에 능숙함을 보여주는 경우가 많다는 점입니다. 드림웍스 애니메이션의 스토리보드 아티스트인 크리스 페란(Kris Peran)은 애니메이션 장편 영화에서 스토리보드 아티스트의 업무는 애니메이션 프로세스를 이해하는 능력을 가지고 스토리보드를 통해 후반 작업 단계에서 문제가 발생하기 전에 문제를 해결하게 하는 것이라고 말합니다. 그는 또한 스토리보드는 "순간의 생각을 그림과 함께 소통하는 것"이라고 말합니다. (Peran, 2014)

일반적으로 포트폴리오는 기억에 남고, 쉽고, 빠르게 읽힐 수 있어야 합니다.

애니메이션 업계에서 스토리보드 아티스트가 되기 위해 필요한 모든 요구사항과 자격을 알게 되어서, 제 궁극적인 목표인 프로페셔널 포트폴리오를 개발하는 데에 적용할 수 있었습니다. 포트폴리오가 모든 능력을 보여줄 수 있어야 한다는 생각은 압박감을 줄 수 있지만, 좋은 포트폴리오는 성공에 큰 도움이 될 것입니다. 중요한 것은 포트폴리오를 통해 무엇을 전달하고 싶은지 생각하는 것입니다.

4. 어떻게 시작할까요?

Q 스토리보드 아티스트를 어떻게 시작해야 할까요?

A 포트폴리오에 포함할 프로젝트를 선택할 때는 막막했습니다. 어떤 프로젝트가 포트폴리오에 필요한 기술을 모두 다룰 수 있을지에 대해 고민했습니다. 사실 이것이 제가 무언가를 시작했을 때 가장 큰 장애물이었습니다.

자체적으로 몇 가지 캐릭터 디자인의 턴어라운드 애니메이션을 작업한 후, 다른 역할들에 대해 몇 가지 특정한 사항들을 깨닫게 되었습니다. 애니메이터로서 일관성 유지를 위해 구조가 중요하다는 것입니다. 캐릭터 디자이너로서 디자인이 목적에 맞는지 테스트하는 것은 정말 중요한 연습이었습니다. 처음에는 제 주요 야망과는 거리가 먼 연습처럼 보였던 것이, 더 전문적인 파이프라인에서 일하고 미래의 팀원들의 역할을 이해하는 순간 핵심이 되었습니다.

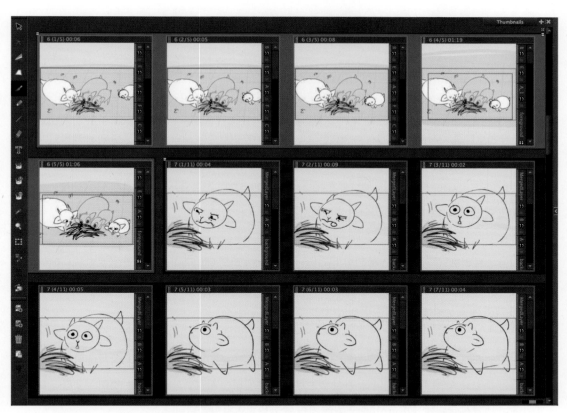

스토리보드 프로 Overview Workspace - THE LITTLE GOAT

올바른 프로젝트를 선택하는 데에 있어서 또 다른 주요 포커스 중 하나는 관련 경험의 중요성이었습니다. 업계 조사를 통해 스튜디오 대부분의 직책에 최소 2년 이상의 스토리보드 아티스트 경력이 필요하다는 사실을 알게 되었습니다. 그래서 이 경험을 쌓는 것이 제 도전 과제 중 하나였습니다.

스토리보드 아티스트와의 면접 중 일부는 이 특정한 측면을 다루었으며, 왜 여러 프로젝트에서 경험이 중요한지에 대해 이야기했습니다. 신입 사원은 보통 스토리보드 아티스트의 작업과 감독의 최종 요구 사항을 연결하는 수정 작업을 하는 리비전 아티스트로 일하게 됩니다. 전문 아티스트의 스토리보드를 직접 보고 감독의 코멘트를 직접 들을 수 있어 업계에 입문하기에 좋은 기회입니다.

스토리보드는 기획에 관한 것이므로 스토리보드 아티스트는 스토리텔링의 모든 측면을 염두에 두고 작업해야 합니다. 연기, 색감, 구도, 컷 등 모든 것이 스토리보드에 명확하게 드러나야 하며 스토리보드 아티스트에게는 자연스럽게 다가와야 합니다.

5. 학생으로서 그리고 스토리보드 아티스트로서

Q 지망생과 프로가 갖춰야 할 것에는 어떤 것들이 있나요?

A 스토리보드 아티스트가 되고자 할 때 가장 큰 문제는 스토리보드를 만드는 방법이 한 가지가 아닌 만큼 스토리보드를 시작하는 것이 쉽지 않다는 것입니다. 스토리보드는 해당 프로덕션을 위해 제작되며 프로덕션의 종류에 따라 모두 다릅니다. 주세페 크리스티아노가 집필한 책 『최고의 스토리보드 만들기』(2008, 시공사)에서는 감독 노트, 애니메이션용 스토리보드와 촬영용 스토리보드의 차이점 등 스토리보드의 여러 가지 측면에 대해 다양한 관점에서 접근합니다.

처음 스토리보드를 시작하면서 가장 두려웠던 점은 제 나라의 애니메이션 업계와 글로벌 애니메이션 업계에서 어떤 직업적 기회가 있는지, 그리고 앞으로 내가 어디로 갈 것인지, 나의 직업적 전망은 무엇인지에 대해 계속 생각해야 한다는 점이었어요.

현재 업계에서 일하는 전문가들에게 연락해 본 일은 스토리보드에 초점을 맞춘 저에게 매우 중요한 깨달음을 주었고, 매우 유용했습니다. 관심 있는 분야에서 일하는 사람들과 교류하는 것이 무엇을 기대해야 하고 어떻게 준비해야 하는지 알 수 있는 가장 좋은 방법이기 때문입니다.

Q 리서치는 어떻게 해야 하나요?

A 리서치를 통해 진행한 인터뷰는 스토리보드에 접근하는 저의 방식에 많은 영향을 미쳤습니다. 다양한 아티스트와의 대화를 통해 절제와 지속적인 개선의 중요성에 대해 알게 되었습니다. 이러한 인터뷰들은 서로 다른 클라이언트와 현장에서 어떻게 일하는지에 대한 중요한 통찰을 주었습니다. 또한 업계에서 일자리를 구하는 방법에 대한 정보도 많이 얻었습니다. 그들이 저에게 준 정보는 주로 몇 년 전, 다른 지역에서 시작했거나 다른 조건으로 첫 직장에 뛰어들었을 때 자신의 경험에 관한 것이었습니다. 저는 여전히 첫걸음에 있어 부족한 점이 많았습니다.

저는 그들의 조언이 좋은 의도를 가지고 있더라도 반드시 도움이 되지는 않으며 같은 이유로 맹목적으로 따르는 것이 실수일 수 있다는 것을 배웠습니다. 경력이 더 많은 전문가들은 전문 프로그램을 사용하는 것이 취업에 중요하지 않다고 했지만, 지구 반대편에서 일을 시작한 두 명의 캐나다 스토리보드 아티스트는 그것이 자신들이 가진 장점 중 하나라고 주장했습니다. 그 후 현지 스튜디오에서 스토리보드 테스트를 받았던 제 경험에 따르면, 그들은 이미 프로그램을 사용하고 있었기 때문에 프로그램에 익숙한 사람을 찾고 있었습니다. 신입 사원은 새로운 스튜디오 환경에 빠르게 적응해야 합니다. 업무 중에 프로그램을 배울 수 있다고 해도 업계 수준의 업무에 익숙해지기가 어렵고, 게다가 한 번만 사용해 본 프로그램으로 작업하는 것은 신입 사원에게 더 어렵습니다. 신입 사원들에게도 전문적인 환경에서 사용되는 기술에 대한 숙지가 요구되며, 이를 무시한다면 직업을 얻는 데에 어려움이 생길 수 있습니다.

6. 업계 스토리보드 아티스트의 생각

Q 프로 스토리보드 아티스트에게 어떤 것을 질문해야 하나요?

A 제가 만난 대부분의 아티스트는 프로젝트를 진행 중이거나 제가 오랫동안 팔로우해 온 온라인 플랫폼에서 활동하고 있었습니다. 다른 사람들로부터 추천 받은 경우도 있습니다. 열다섯 명에게 편지를 보냈고 그중 여덟 명으로부터 답변을 받았습니다.

제가 그들에게 보낸 질문은 다음과 같습니다:

- 업계에서 첫 직장은 어디였나요? 스토리보드 아티스트로 일하게 된 계기는 무엇인가요?
- 일상적으로 어떤 종류의 기술을 사용하나요?
- 애니메이션 분야에서 일하는 스토리보드 아티스트에게 도움이 되는 추가적인 기술은 무엇인가요?
- 대본은 어떻게 접근하나요? 짧은 프로젝트와 큰 프로젝트가 다른 점이 있나요?
- 그리고 감독의 경우 스토리보드 아티스트로서의 역할이 감독으로서의 역할에 어떤 영향을 미치는지 궁금했습니다.

Q 그런 것에서 얻을 수 있는 것은 무엇인가요?

A 제가 찾은 핵심 포인트는 다음과 같습니다:

- 각 프로젝트는 유니크하므로 완전히 새로운 사고방식으로 접근해야 합니다. 스토리보드 아티스트의 임무는 스토리의 구체적인 요구 사항과 이를 시각적으로 충족시킬 수 있는 가장 명확한 방법을 파악하는 것입니다.

- 감독마다 프로젝트에 접근하는 방식이 다르고 이에 따라 제작진의 작업 방식도 달라집니다. 스토리보

드 아티스트는 모든 새로운 경험에 적응하고 이를 최대한 활용할 수 있어야 합니다.

- 영화 업계에서 각 프로젝트마다 원하는 특기 분야가 존재합니다. 일부 작품에서는 액션이나 드라마 표현에 고도의 기술이 필요한 특정 장면을 기획하기 위해 스토리보드 아티스트가 선정되기도 하고, 전체 프로젝트의 전반적인 느낌을 위해 스토리보드 아티스트가 선정되는 경우도 있습니다.

- 이와 관련하여 스토리보드 아티스트와 감독이 서로를 이해하는 것이 중요합니다.

- 스토리보드는 계획에 관한 것이므로 스토리보드 아티스트는 스토리텔링의 모든 측면을 염두에 두어야 합니다. 연기, 색상, 구도, 컷. 이 모든 것이 스토리보드에 명확하게 드러나야 하고 이러한 요소들은 스토리보드 아티스트에게 자연스럽게 다가와야 합니다. 이러한 이유로 여러 프로젝트에 참여한 경험이 중요합니다. 특히 스토리보드 노트가 유용합니다.

- 관객에게 보여질 모든 것에 대해 의문을 제기하는 것이 중요합니다. 감독이 왜 이런 식으로 보여주기를 원하는지, 어떤 것이 가장 좋은 방법인지, 어떻게 하면 컷을 만들 수 있을 만큼 자료가 명확해질 수 있는지 등을 고려해야 합니다.

- 간결할수록 좋습니다.

- 숙련은 연습과 실험에서 비롯됩니다. 다양한 대본, 기법, 청중을 대상으로 시도해 보는 것은 물론 영화, 광고, TV 프로그램과 같은 완제품의 구성과 내레이션을 공부하는 것이 필수적입니다.

- 인터뷰 대상자 대부분은 주로 어도비 포토샵과 툰붐 스토리보드 프로를 사용하여 디지털 방식으로 작업합니다. 그들 중 일부는 후자의 숙련도가 업계에서 스튜디오 아티스트로 일하기 위한 필수 요건이라고 생각합니다.

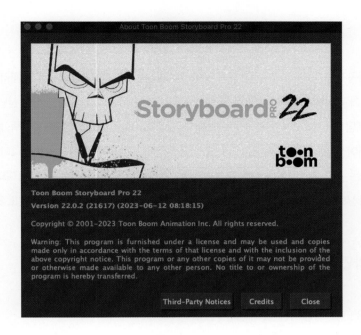

- 프로젝트 기간은 광고의 경우 하루나 이틀에서 장편 영화의 경우 2~3년까지 다양합니다.

인터뷰를 통해 여러 스토리보드 아티스트가 애니메이터나 콘셉트 아티스트, 캐릭터 디자이너로도 일한다는 이야기를 들었기 때문에 대형 스튜디오에서 스토리보드 아티스트에게 요구하는 사항, 포트폴리오에서 보고 싶은 것, 애니메이터에게 중요하게 생각하는 스킬 등을 찾아봤습니다.

프로덕션은 완성된 결과물을 스크린에 올리기 위한 팀의 노력이며 스토리보드 아티스트는 이 메커니즘의 작동에 중요한 역할을 하기 때문에 스토리보드 아티스트는 파이프라인을 이해하고 파이프라인이 원활하게 진행될 수 있도록 반드시 노력해야 합니다. 파이프라인은 전체 프로세스를 이해하고 각 단계에서 누가 작업해야 하는지 정의하는 도구입니다. 스토리보드 아티스트는 파이프라인을 통해 모든 부서에 청사진을 제때 전달하고 모든 것이 계획대로 진행되도록 관리할 수 있으며 스튜디오의 예산이 낭비되지 않도록 보장할 수 있습니다.

장편 영화의 비하인드 스토리 다큐멘터리는 스토리보드 아티스트의 작업이 다른 스태프와 어떻게 얽혀 있는지, 제작 과정에서 여러 스튜디오가 어떻게 접근하는지 자세히 볼 수 있는 좋은 기회입니다. 카툰 네트워크, 픽사, 드림웍스에서는 누구나 볼 수 있도록 온라인에 관련 정보를 제공합니다.

결론:

업계에서 성공적인 아티스트로 성장하기 위해서는 자신의 작업에 대해 비판적인 시각을 갖고, 시각적 아티스트로서의 목적에 어떻게 부합하는지를 이해하는 것이 중요합니다. 나 자신이 산업의 입문 단계에 있다는 것을 깨닫고, 나를 고용할 사람들도 이를 알고 있다는 것을 이해해야 합니다. 즉, 놀라운 통찰력을 가지고 애니메이션을 작업하는 사람들의 피드백을 적극적으로 찾아야 한다는 뜻입니다. 업계의 많은 기성 아티스트들은 수년간의 경험을 통해 자신만의 시그니처 스타일을 가지고 있으며, 이미 성공한 아티스트일지라도 자신의 스타일을 발전시키고 성장하기 위해 시간과 경험이 중요함을 알고 있습니다.

7. 스마트한 온라인 활동

Q 소셜 네트워크를 활용하는 것이 좋은가요?

A 애니메이션 업계와 크리에이터는 작품을 공유해야만 피드백을 받을 수 있기 때문에 그럴 필요가 있습니다. 온라인 활동은 네트워킹에 도움이 되며 프리랜서 커미션이나 스튜디오 일자리를 구하는 데 유용할 수 있습니다. 비주얼 스토리텔러로서 개인 프로젝트를 지원할 수 있는 잠재 고객을 구축하는 데도 도움이 됩니다. 최근 몇 년 동안 애니메이션 업계는 아티스트가 온라인에서 언제든지 자신의 작품을 공유할 수 있게 되면서 관객을 확보하고 특정 감독의 관심을 끌 수 있게 된 덕분에 변화했습니다. Anime News Network의 한 기사는 소셜 미디어에서 애니메이션을 제작하고 공유함으로써 업계에 진출한 미국, 유럽, 호주 애니메이터들의 경험을 소개합니다. "애니메이션을 배워보세요. 온라인에 작품을 게시하세요. 피드백을 받고 개선하세요. 유명 프로젝트에 핵심 애니메이터로 채용될 수 있습니다." 대중의 피드백은 다른 전문가들의 작품을 보면서 자신의 작품에 대한 비판적 안목을 키우는 것만큼이나 풍요로운 경험이 될 수 있습니다. 또한 온라인에 자신의 작품을 정리해 두면 다른 나라의 스튜디오와 연락이 닿아 커리어의 가능성을 넓힐 수 있습니다.

업계 사람들과 연락을 취하는 것은 종종 관련 피드백을 얻는 가장 중요한 방법이며 때로는 작은 팁이라도 이전에 하던 작업에 대한 접근 방식을 바꿀 수 있습니다. 업계 사람들과 대화를 나눌 수 있는 유일한 방법은 작업을 완료하고 그것을 조금이라도 보여주는 것입니다. 많은 애니메이터와 스토리보드 아티스트는 애니메이션 업계에 종사하는 것에 대한 질문에 기꺼이 답변해 주며, 자신의 소셜 미디어를 통해 더 쉽게 접근할 수 있는 경우가 많습니다.

제 콘티를 본 스토리보드 아티스트의 팁이 업무에 큰 도움이 되기도 했습니다. 종종 스토리보드 아티스트들은 자신이 제작하는 보드에 집중하기 때문에, 전경에 좀 더 주의를 기울이거나 캐릭터 디자인에서 음영 공간(negative space)을 활용하는 등의 작은 팁들이 트릭처럼 느껴질 수 있습니다. 이러한 팁들은 다양한 유형의 스토리보드를 작업하면서 얻은 경험을 반영하며, 직접적으로 리뷰해 주는 사람이 있어야만 발견되는 경우가 많습니다.

THE LITTLE GOAT

8. 드로잉 및 스토리텔링

Q 스토리보드 아티스트는 어떤 노력을 해야 하나요?

A 제 노력의 중심에는 그림 그리기가 있으며, 스토리보딩을 배우는 데 제한을 두지 않았기에 이미 존재하는 일러스트레이션 기술을 다양한 프로젝트에 적용할 수 있었습니다. 레이아웃과 나만의 애니메틱 및 최종 프로젝트 편집에도 참여했고, 더 중요한 것은 애니메이션 분야에서 경력을 쌓기 위해 다른 기술을 개발하는 것이었습니다. 이를 통해 시각적 내러티브와 스토리텔링에 대해 훨씬 더 깊이 있게 배울 수 있었습니다. 다양한 프로젝트에서 개발한 이 기술은 만화나 동화처럼 관심은 있지만 어떻게 발전시켜야 할지 몰랐던 분야에도 적용할 수 있는데, 모두 드로잉과 스토리텔링의 원리를 공유하기 때문이죠.

루이사 크루즈의 스케치

아직 개선의 여지가 있는 것은 분명하지만, 지금은 스토리보드 아티스트로서 전문적으로 활동할 수 있다고 말할 수 있습니다. 여러 가지 기술을 새로운 환경에 적용하고 다양한 프로젝트에서 다양한 역할을 수행하며 개선해야 할 부분에 대한 더 나은 아이디어를 얻으면서 경험을 쌓고 적용했습니다. 이 업계의 포인트는 팀으로 일하고 다른 사람들의 능력에 의존하여 크든 작든 프로젝트를 최대한 활용하는 것입니다. 그리고 스토리보드 아티스트는 불이 나기 전에 불을 끄는 사람으로서, 다양한 키포인트를 폭넓게 이해하여 발생할 수 있는 여러 상황에서 길을 잃지 않는 것이야말로 제가 가진 큰 장점입니다.

여전히 그림은 제 커리어를 발전시키는 축이며, 여러 방면에서 유용한 기술을 개발하는 것은 업계에서 직업을 유지하는 것뿐만 아니라 개인 프로젝트에서 창의적인 목소리를 내는 데도 중요합니다. 스토리보드 아티스트는 구도, 스토리텔링의 연속성, 캐릭터 간의 관계를 설정하고 시퀀스의 흐름을 보장하는 작업을 합니다. 그들은 "강력한 드로잉 기술과 해부학, 무대, 연기에 대한 좋은 지식 및 빠른 사고 능력"의 균형을 유지합니다. (Levy, 2006)
스토리보드는 이야기의 모멘텀을 그림으로 표현한 것으로, 이는 결국 영상을 시각화하는 도구입니다. 이러한 이유로 종종 이야기를 더 강력하게 전달하기 위해 버려질 수 있습니다. 즉, 시각적인 스토리텔링에 대해 생각하고 이러한 생각을 빠르게 번역하여 제안하고 검토하고 분석할 수 있도록 하는 것입니다. 이 모든 것은 이야기를 위해서입니다.

루이사 크루즈의 일러스트

9. 스토리보드 아티스트를 희망하는 모든 사람에게

Q 스토리보드 아티스트 지망생에게 조언을 한다면?

A 스토리보드를 많이 만드는 것부터 시작해야 하며, 미적 감각에 집중해서는 안 됩니다. 많은 사람이 외형에 집중하는데, **사실 가장 중요한 것은 스토리텔링**입니다. 그림을 아주 잘 그릴 수는 있지만 순서와 명확성을 연습해야 합니다. 요즘은 소셜 미디어에서 많은 애니메틱을 쉽게 찾을 수 있습니다. 예를 들어 트위터에는 수많은 동영상이 있지만, 실제로 '예쁘게' 보이지만 스토리텔링에서 많은 단점을 보여주는 아티스트의 작품이 많이 있습니다. 이는 스튜디오에서 신입 사원을 구할 때 우선적으로 보는 중요한 부분입니다.

루이사 크루즈의 스케치 - Girl of the Night

첫 번째 연습으로 추천하는 것은 이미 알고 있는 작은 스토리나 장면을 가져와 시퀀스를 만들고 썸네일(작은 프레임)을 그려서 빠르게 해 보는 것입니다. 효율적으로 하세요. 이것은 빈 페이지에 대한 두려움을 없애는 데 매우 유용합니다.

루이사 크루즈의 하루 일과 스케치

전문가 수준의 아티스트는 전문 프로그램을 사용해야 하지만, 처음 시도하는 사람이라면 전문 툴을 다룰 수 없는 것이 당연합니다. 그렇다고 해서 포기할 필요는 없습니다. 시작하려면 연필과 종이만 있으면 되고 이야기를 명확하게 전달하는 연습부터 하면 됩니다.

에미상에 빛나는 스토리텔러 데이비드 하워드의 스토리보드

데이비드 하워드(DAVID HOWARD)

데이비드 하워드는 미국 캘리포니아 글렌데일에 거주하는 스토리보드 아티스트이자 애니메이터입니다. 애슈빌에 있는 노스캐롤라이나 대학교에서 멀티미디어 예술 및 과학 학사 학위를 취득한 후 학업을 계속하여 애틀랜타에 있는 사바나 예술 디자인 대학에서 애니메이션 미술 석사 학위를 취득했습니다.

데이비드는 학교를 졸업하자마자 프리 프로덕션의 스토리보드 아티스트 분야로 진출하고 싶었습니다. 일자리를 찾기 위해 고군분투했고, 클린업 애니메이션부터 캐릭터 리깅까지 할 수 있는 일은 무엇이든 했습니다. 수년 동안 온라인 강의와 책을 통해 계속 배우면서 스토리보드 기술을 향상시키고 포트폴리오를 연마했습니다.

그 기간 동안 그는 애틀랜타, 뉴욕, 로스앤젤레스에서 일하면서 여러 도시를 옮겨 다녔습니다. 각 도시에서 「미드나잇 가스펠」, 「매지컬 걸 프렌드십 스쿼드」, 「하우스브로큰」, 「밥스 버거스」 등 무수히 많은 작품을 작업할 기회를 가졌습니다.

데이비드는 다음과 같이 말합니다.
"저는 다른 사람들과 협업하여 이야기를 만드는 것을 좋아합니다. 내러티브를 개발하고 캐릭터를 위한 전체 세계를 만드는 것은 정말 재미있는 도전입니다. 저는 종종 아트북에 빠져들거나 영화를 연구하며, 더 나은 스토리텔러가 되기 위해 노력하고 있습니다. 애니메이션은 무한한 잠재력을 가지고 있으며, 저는 스토리텔러로서 계속 성장하여 내러티브의 모든 가능성을 더 잘 다룰 수 있기를 바랍니다."

데이비드는 2021년 프라임타임 에미 어워드 Outstanding Variety Special(Live) 부문을 수상했습니다.

참여 작품	• 폭스, 「밥스 버거스」(스토리보드 아티스트)
	• 넷플릭스, 「멀리건」(스토리보드 아티스트)
	• 폭스, 「하우스브로큰」(스토리보드 아티스트)
	• 디즈니+, 「로키」(스토리보드 아티스트)
	• 넷플릭스, 「We The People」(스토리보드 아티스트)
	• 넷플릭스, 「미드나잇 가스펠」(스토리보드 아티스트)
	• SyFy, 「Magical Girl Friendship Squad」(스토리보드 아티스트)

작가 홈페이지
https://davidhfilms.com

인스타그램
davidhfilms

X (구 트위터)
@davidhfilms

 Panel 1 ## 데이비드 하워드(DAVID HOWARD)의 스토리보드 노하우 QnA

이번 챕터에서는 데이비드 하워드의 스토리보드 작업과 스토리보드 프로에 대해서 소개합니다.

데이비드 하워드의 홈페이지 대문

A 저는 하이브리드 스케줄로 작업하고 있어서 어떤 날은 스튜디오로 차를 몰고 가고, 어떤 날은 침대에서 일어나서 책상으로 걸어가 작업합니다. 대부분의 날은 중요한 작업의 데드라인을 지켜야 하기 때문에, 그 날 데드라인의 일부로서 달성할 수 있는 것에 집중하려고 노력합니다. 큰 작업을 더 이루기 쉬운 일일 목표로 나누는 것이 전체 작업량에 압도되지 않도록 하는 데 매우 도움이 된다고 생각합니다.

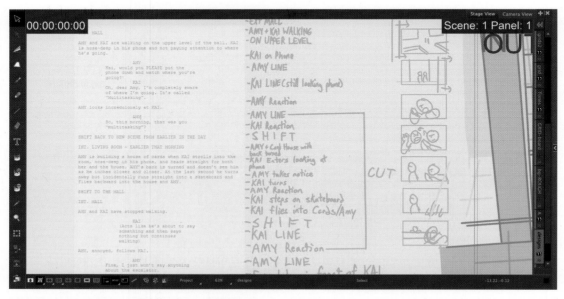

스토리보드 프로에 임포트한 스크립트 또는 대본 - scene 1 panel 1

프로젝트의 초기 단계에 있다면 대부분 시나리오 페이지의 내용을 받아들여 시각적 해석을 만드는 데 초점을 맞추고 있습니다. 처음부터 시작하면 상당히 부담스러울 수 있기 때문에 비슷한 시퀀스를 가진 해당 쇼나 감독의 의견을 참고하여 작품에 접근하는 가이드로 삼으려고 노력합니다. 다른 단계에서는 연기와 같은 재미있는 것에 집중할 수 있는데, 책상 거울을 보며 캐릭터 연기의 복잡한 부분을 파악할 수 있습니다. 프로덕션 스토리보드 후반 단계에서는 주로 클린업 작업을 하는데, 이 단계는 모든 큰 사고가 끝났으며 모든 그림을 정리하고 균일하게 만드는 작업이므로 가장 여유로운 단계일 것입니다.

클린업 - 러프 스케치를 깨끗한 라인으로 다시 그리는 작업

정오나 오후 1시까지 일한 후에는 헬스장에 가거나 사무실 사람들과 어울려 식사를 하며 휴식을 취합니다. 특히 재택근무를 할 때는 같은 공간에서 생활하고 일할 때 규율과 업무 집중력을 유지하기가 더 어렵기 때문에 가능한 한 일관성을 유지하려고 노력합니다.

오후에는 하루 동안 설정한 목표를 달성하려고 매진합니다. 때로는 화상 통화로 회의가 있어 하루 일정이 조금 바뀔 때도 있습니다. 때로는 리뷰와 피드백이 몇 시간 동안 계속될 수도 있습니다. 가끔은 에피소드를 마무리하고 더 이상 작업할 내용이 없는 날도 있습니다.

Q 스토리보드 제작 과정에 대해 알려주세요.

A 모든 프로덕션은 조금씩 다르며, 자신의 작업물과 스튜디오에서 시스템이 완비된 제작에 참여하는 경우의 프로세스도 다를 수 있습니다. 이 업계에서 일하려면 이 프로덕션 또는 저 프로덕션의 작동 방식을 관찰하고 적응할 수 있는 능력이 매우 중요합니다.

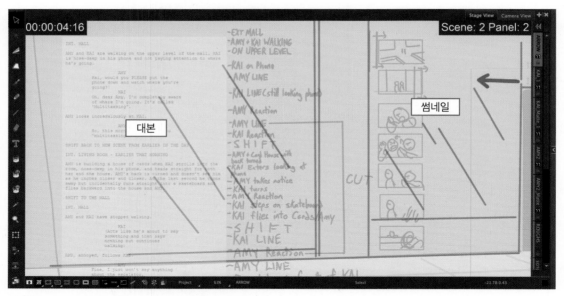

작업 순서 : 대본 임포트 → 썸네일 스케치 가이드로 사용

1. 썸네일 러프 스케치

🅰 제가 작업하는 각 에피소드는 러프 썸네일 단계부터 시작합니다. 먼저 저에게 할당된 대본 페이지를 스토리보드 프로로 가져와서 대본에 배치된 장면 옆에 러프한 그림으로 제가 선택한 장면을 매핑합니다. 그림을 그릴 때 참고할 무언가가 옆에 있는 것을 좋아하며, 그림 패널을 그릴 때 다시 참조할 수 있습니다. 때로는 감독이 이미 그 시퀀스에 대한 아이디어를 가지고 있기 때문에 시각적인 기획 방식에 대해 협력하여 최선의 방법을 찾는 과정이 조금 있습니다. 저는 이러한 협업 스토리텔링을 정말 좋아합니다.

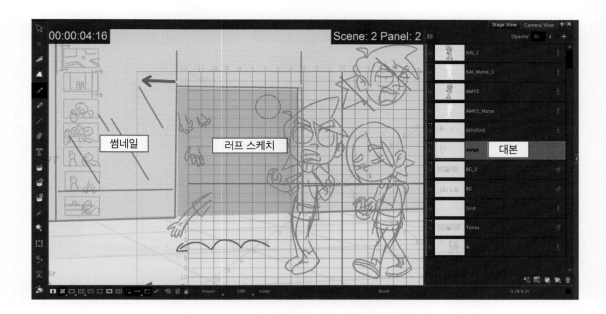

2. 오디오

아마도 제가 가장 좋아하는 부분은 이러한 토론을 통해 모든 것을 알아내는 것입니다. 이 단계에서 시퀀스에 대한 오디오가 있는 경우 스토리보드 프로에서 대략적인 타이밍을 맞출 수 있습니다. 감독과 조감독은 마감 일정을 정하고 이 시퀀스 또는 저 시퀀스에 소요되는 시간을 최대한 예측하여 샷을 할당합니다. 작업 스케줄은 여러 가지 요인이 작용하며, 아티스트의 속도에 따라 달라지기도 하므로 다른 사람이 맡은 시퀀스를 마무리하는 것을 돕거나 팀 내 다른 사람의 도움을 받을 수도 있습니다.

3. 클린업

스토리보드 단계에서는 보통 먼저 의견을 처리하고 각 샷의 첫 번째 패널을 클린업해 감독이 모든 것이 어떻게 설정되어 있는지 승인할 수 있도록 합니다. 그런 다음 시퀀스 내의 모든 것을 정리하기 전에 이런 작업을 진행합니다. 이 과정에서는 여전히 많은 이야기가 오가지만 연기나 초안 작성과 같은 핵심적인 내용이 더 많습니다. 배경에 대한 아이디어가 있을 때도 있고 배경 아트가 만들어질 때까지 무언가를 만들어야 할 때도 있습니다.

패널 클린업 (러프 스케치를 깔끔한 라인으로 정리)

4. 애니메틱 마무리

🅰 깔끔한 스토리보드 애니메틱을 완성한 후에는 다음 에피소드로 넘어가기 전에 모든 것을 한 번 더 살펴봅니다. 대개 같은 작업을 반복하면서 에피소드 최종 마감일이라는 압박감이 더해집니다. 작업을 일찍 끝내고 다른 사람들을 도울 때도 있지만, 때로는 전체 시퀀스를 다시 작성해야 하므로 크게 변경된 스토리보드를 빠르게 작업해야 합니다.

프로세스의 각 단계 사이에는 다음 단계를 위해 메모를 정리하는 동안 약간의 여유 시간이 있습니다. 때때로 이 시간을 활용하여 큰 변경 사항이 없었으면 하는 바람으로 할당된 시퀀스 작업을 시작할 수 있습니다. 때로는 캐릭터를 그리는 연습을 하거나 다른 에피소드를 공부할 수도 있습니다. 관찰은 특정 프로그램이나 특정 감독의 전반적인 스타일을 이해하고 구현하는 데 핵심적인 역할을 합니다. 사소한 것 하나라도 알아차릴 수 있다면 자신의 작업을 더 잘하고 더 빠르게 할 수 있습니다.

🆀 스토리보드 작업에 스토리보드 프로를 사용하게 된 계기는 무엇인가요?

🅰 저는 스토리보드 프로의 드로잉 툴을 정말 좋아합니다. 툴이 너무 좋아서 일러스트나 다른 그림을 그릴 때도 사용합니다. 실제로 아내에게 스토리보드 프로로 그린 미니 만화로 프로포즈를 하기도 했어요.

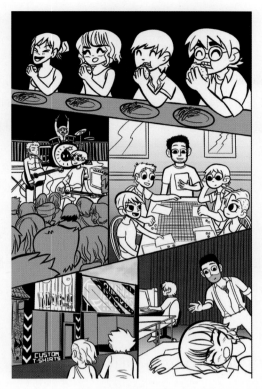

데이비드 하워드가 아내에게 프로포즈하기 위해 그린 만화. 스토리보드 프로로 작업.

Q 스토리보드 프로를 사용하기 전에는 어떤 방식으로 스토리보드를 제작했나요?

A 그전에는 스토리보딩을 스토리보드 패널들의 페이지로 접근하고 한 패널부터 다음 패널까지 채워 나가는 식으로 작업했지만, 영화와 애니메이션 업계에서 활동했기 때문에 그런 방식이 불편했습니다. 저는 타임라인 내에서 작업하는 것을 좋아하며, 이렇게 하면 일련의 샷을 스토리보딩하는 방식을 보다 잘 구상할 수 있습니다.

Q 스토리보드 아티스트는 주로 포토샵으로 작업하는 것으로 알고 있습니다. 보드 작업에 TVPAINT를 사용했다면, 그 도구와 스토리보드 프로의 차이점은 무엇인가요?

A 스토리보드 작업에 TVPAINT를 사용해 본 적이 없습니다. 어도비 플래시, 애니메이트는 사용해 봤지만 그 프로그램의 드로잉 툴이 마음에 들지 않습니다. 테스트를 위해 TVPAINT에서 애니메이션을 조금 만들었지만 애니메이션을 만들 때 주로 벡터 툴을 사용하는 것을 선호하기 때문에 비트맵 기반 작업은 저에게 맞지 않았습니다.

Q 스토리보드 프로에서 가장 좋아하는 기능은 무엇인가요?

A 제가 가장 좋아하는 기능은 단연 드로잉 툴입니다. 벡터 드로잉 툴 중에 툰붐 프로그램에서 제공하는 것만큼 부드럽고 반응이 빠른 도구는 없었습니다.

Q 스토리보드 프로를 사용한 후 작업 속도가 얼마나 빨라졌나요?

A 저는 애니메이션 석사 학위를 마치면서 스토리보드 프로로 전환했기 때문에 그 프로그램을 제대로 사용하지 못했습니다. 그렇지만 이 프로그램은 제 능력을 향상시키고 스토리보드 아티스트로서 성장할 수 있는 도구들을 많이 제공해 주었다고 말할 수 있습니다.

Q 훌륭한 스토리보드를 만들기 위한 팁이 있다면 무엇인가요?

A 다른 스토리보드를 최대한 많이 공부하세요. 다른 프로덕션의 스토리보드가 어떤지 관찰하고 그것을 따라 하기 위해 노력하세요. 영화를 보고 가능한 한 많은 미술 서적을 공부하세요. 작업의 절반은 가능한 많은 스토리보드를 그리는 것이며, 나머지 절반은 관찰과 공부입니다.

Q 채용 담당자에게 깊은 인상을 남기려면 스토리보드 포트폴리오를 어떻게 구성해야 하나요?

A 스토리보드 포트폴리오를 전시하는 방법에 대해 여러 신뢰할 만한 출처로부터 다양한 의견을 들어 본 적이 있습니다. 몇몇은 완전한 시트의 스토리보드를 가지고 있어야 한다고 말하고, 몇몇은 패널별로 넘기며 볼 수 있는 스토리보드를 가져야 한다고 합니다. 어떤 사람들은 애니메틱만 보길 원합니다. 저는 이 모든 것들을 포트폴리오 사이트에 넣어 두어 누가 보더라도 원하는 방식으로 확인할 수 있도록 했습니다. 결국 대부분의 프로덕션은 최종 애니메틱만 사용하게 되므로 저는 이를 보여주는 데 가장 중점을 둡니다. 또한 스토리보드 데모 릴을 제작하여 이해하기 쉬운 형식으로 작품을 더 잘 설명하는 것이 좋습니다.

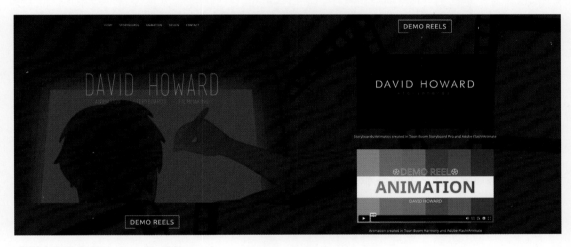

데이비드 하워드 홈페이지 – https://davidhfilms.com/

Q 스토리보드 아티스트가 되고 싶은 학생들에게 어떤 조언이 있을까요?

A 애니메이션을 공부하세요. 일부 스토리보드가 러프 키 애니메이션에 지나지 않는 현재의 분위기를 넘어, 스토리보드의 모든 것이 결국 애니메이션의 일부가 될 것입니다. 타이밍, 모션, 어필 등과 같은 애니메이션의 원리는 모두 좋은 스토리보드에 존재합니다. 그림을 잘 그린다고 해서 멀리 갈 수 있는 것은 아니며, 저보다 훨씬 더 잘 그리는 사람이 많다는 것이 그 증거입니다.

Q 「WELL THAT ESCALATED QUICKLY」는 어떤 작품인가요?

A 「WELL THAT ESCALATED QUICKLY」는 말 그대로 스토리보드 샘플입니다. 저는 포트폴리오에 새로운 작품을 넣고 싶었는데, 웃긴 글쓰기, 리듬, 그리고 피지컬 코미디를 보여줄 수 있는 작품을 만들고자 간단한 작업 대본을 써보고 기본적인 시퀀스를 그려보았습니다. 이 작품은 평범한 아이 둘을 그린 것으로, 전형적인 쇼핑몰 안에서 벌어지는 일상적인 상황 속에서 코미디를 찾아내는 내용을 보여줍니다.

아티스트의 노하우 살펴보기

데이비드 하워드의 작품 「WELL THAT ESCALATED QUICKLY」를 토대로 그가 자주 사용하는 스토리보드 프로의 기능에 대해서 알아봅니다.

📁 **실습 파일 : Watch_Out_SAMPLE.sbpz**

1. 대본 이미지 가져오기

데이비드는 썸네일 러프 스케치 단계에서 스토리보드 프로에 대본을 가져온다고 했습니다.

1) 씬에 이미지(대본 또는 썸네일) 가져오기 ▶️ 실습 파일 scene 1 panel 1

01 메인 메뉴 File → Import → Images as Layers를 선택합니다. 임포트하려는 이미지 파일을 찾아서 Open 버튼을 클릭합니다.

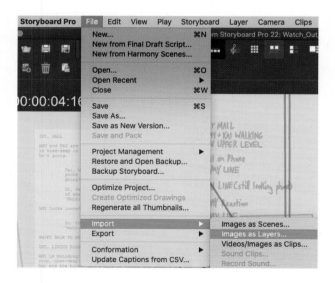

02 Import Images 팝업 창의 Import Options 항목에서 As Bitmap Layer를 선택합니다. 비트맵 포맷으로 임포트됩니다. 나머지 옵션은 벡터 포맷입니다.

03 다음과 같이 레이어 패널에 임포트한 이미지가 나타납니다. 예제 씬에서 script 레이어입니다.

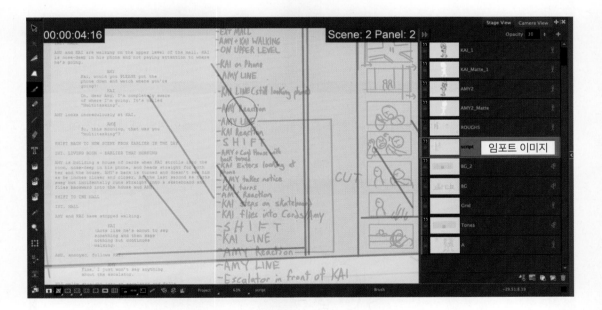

2. 트랜지션 효과 응용

▶ 실습 파일 scene 1~2

원경에서 두 캐릭터가 왼쪽으로 걷고 있고, 다음 씬에서도 두 캐릭터는 계속 왼쪽으로 걸으며 화면에 꽉 차게 들어와 있습니다. 아래 썸네일 뷰 패널 사이에 트랜지션 아이콘이 보입니다. **데이비드는 이 장면에서 일반적인 장면 전환 효과에 덧붙여 기둥을 하나 그려서 함께 전환되는 효과를 만들었습니다.**

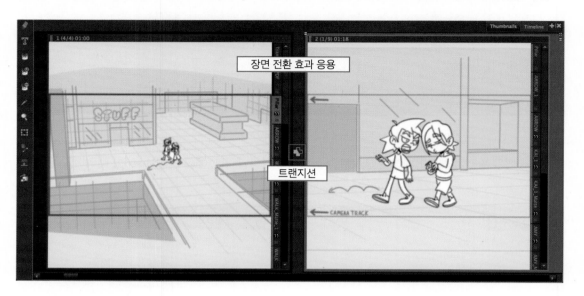

아래 그림처럼 트랜지션 효과와 더불어 와이프 효과를 따라가는 Pillar 레이어의 애니메이션이 혼합된 형태입니다.

1) 두 패널 사이에 트랜지션 효과를 추가하기

01 타임라인 뷰에서 효과를 적용할 패널을 선택합니다.   ▶ 실습 파일 scene 1 panel 4

02 메인 메뉴 Storyboard → Add Transition을 선택합니다. 또는 패널을 선택하고 마우스 우클릭한 뒤 Add Transition을 선택해도 됩니다.

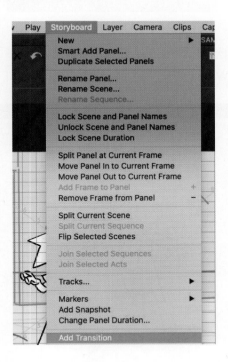

03 패널 바로 뒤에 트랜지션 효과 패널이 이어집니다.

트랜지션 효과 / 와이프

04 트랜지션 효과의 형태를 바꾸려면 스테이지 뷰 오른쪽 패널 뷰에서 트랜지션 스타일을 바꾸거나 타임라인 뷰에서 파란색 트랜지션 패널을 더블 클릭합니다.

05 아래 그림처럼 트랜지션 형태를 변경할 수 있습니다. 스토리보드 프로에서 지원하는 트랜지션 효과는 Dissolve, Edge Wipe, Clock Wipe, Slide 4가지 형태입니다.

2) 레이어 트랜스 폼(□) 툴로 트랜지션 효과 따라가게 하기

01 앞에서 트랜지션 효과를 만들었습니다. 이번에는 트랜지션 효과를 따라가는 Pillar 레이어 애니메이션을 적용합니다. Pillar 레이어의 애니메이트(👤) 아이콘을 클릭합니다.

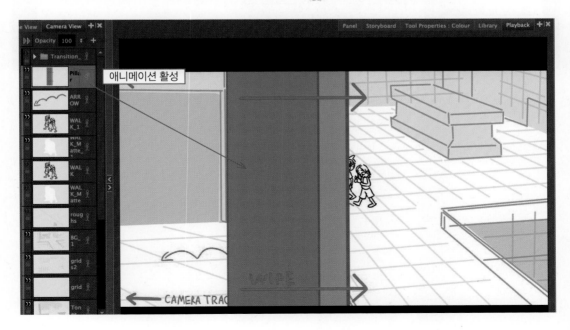

02 타임라인 뷰에서 슬라이드를 움직이며 키프레임을 추가합니다.

03 스테이지 뷰에서 레이어 트랜스폼(▢) 툴로 Pillar 레이어를 이동하면서 키프레임을 추가해 나갑니다.

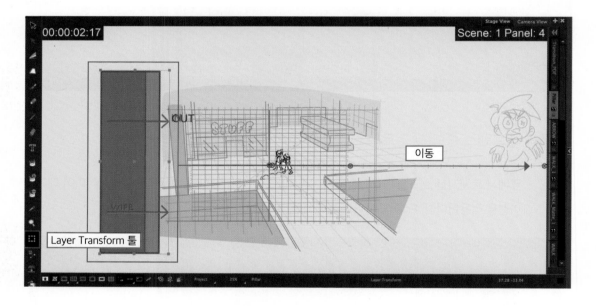

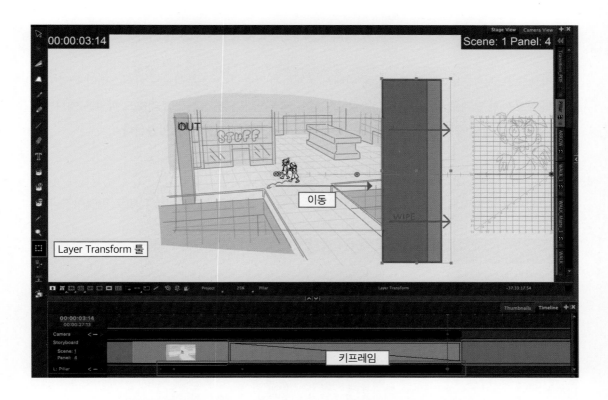

04 트랜지션 와이프를 따라가는 Pillar 레이어 애니메이션 완성. 이로써 일반적인 트랜지션 효과만 있는 것이 아닌, 트랜지션 효과 + 레이어 애니메이션이 완성됩니다.

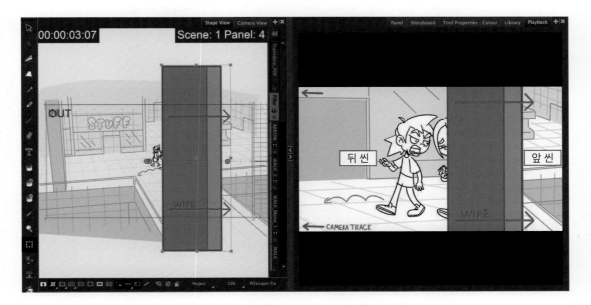

3. 스토리보드 완성 후의 프로세스, 익스포트 어드밴스

스토리보드 프로는 스토리보드 작업만을 위해서 존재하지 않습니다. 스토리보드 아티스트의 작업이 완료되면 프로덕션 단계로 바로 직행할 수 있는 기능을 제공합니다. **완성한 스토리보드 파일은 애니메이션 제작의 기초 작업에 바탕이 되며 레이아웃 부서에서 편리하게 활용할 수 있습니다.**

아래 그림처럼 스토리보드 프로에서 내보낸 파일은 바로 툰붐 하모니 프로젝트 파일로 만들어집니다.

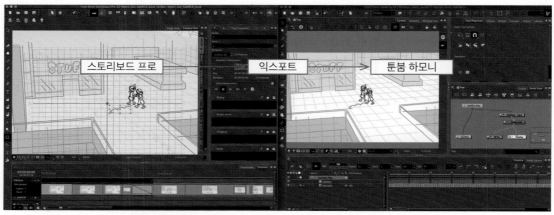

스토리보드 작업이 완료된 파일을 툰붐 하모니에서 오픈

스토리보드 프로는 툰붐 하모니에서 작업할 수 있게 두 가지 익스포트 옵션을 제공합니다.
이 옵션은 현재 스튜디오에서 애니메이션 제작에 아주 유용하게 사용하는 기능 중 하나입니다.

툰붐 하모니 - Rendered Animatic 모드(좌) / Original Scene 모드(우)

1) Rendered Animatic 모드

이 옵션은 완성된 스토리보드를 시퀀스 이미지 포맷으로 익스포트합니다.

01 메인 메뉴에서 Export → To Harmony → Rendered Animatic를 선택합니다.

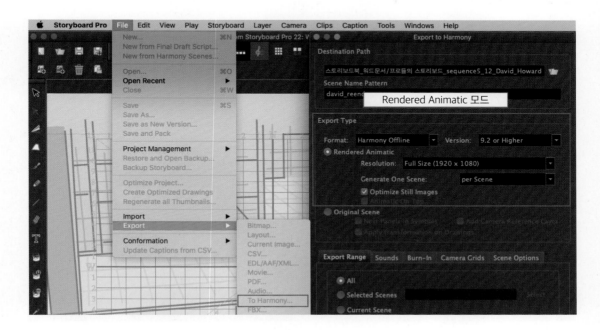

02 익스포트한 프로젝트를 툰붐 하모니에서 오픈했을 때, 모든 프레임이 비트맵 이미지로 변환됩니다.

2) Original Scene 모드

이 옵션은 완성된 스토리보드를 각각의 레이어로 분리해서 벡터 포맷으로 익스포트합니다.

01 메인 메뉴에서 Export → To Harmony → Original Scene를 선택합니다.

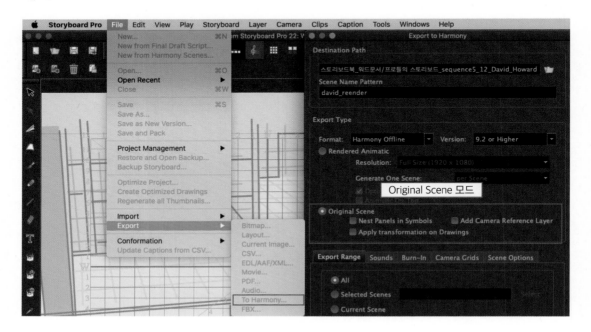

02 익스포트한 프로젝트를 툰붐 하모니에서 오픈했을 때. 스토리보드 프로의 레이어가 전부 분리된 상태로 나타납니다.

03 각각의 모드가 장단점이 있지만, 현재 스튜디오에서 활발히 사용하는 모드는 Rendered Animatic 모드입니다. 레이아웃 부서 아티스트에게는 이 타임라인 뷰가 심플하므로 조금 더 작업하기 편리합니다. 이렇게 완성된 애니메틱을 아래 레이어로 깔고 애니메이션 레이아웃을 만들어 나갑니다.

툰붐 하모니 타임라인 - Rendered Animatic 모드로 익스포트했을 때.

Scene 13
닉 페리스,
스토리보드를 배워봅시다!

닉 페리스(Nic Parris)

닉 페리스는 미국 버지니아 출신으로 현재 웨스트 코스트에서 활동 중인 동부 해안 아티스트입니다. 과거에는 그래픽 디자이너, 플래시 애니메이터, 감독, 캐릭터 디자이너, 스토리보드 아티스트, 프리 프로덕션의 거의 모든 직책을 맡았습니다. 그는 2016년에 대형 스튜디오에 입사하여 「틴 타이탄 GO!」, 「트롤 : 춤과 노래는 계속된다!」, 「카사그란데 가족」, 「Zokie of Planet Ruby」의 스토리보드를 작업했습니다. 그는 워너브라더스TV, 니켈로디언 스튜디오에서 경력을 쌓았습니다. 닉은 소셜 미디어에서도 활발한 활동을 이어가고 있습니다. 자신의 작품을 소개하며 팔로워를 확보하는 데 큰 도움이 된 것은 바로 그의 『Let's Learn Some Storyboarding』이라는 전자책이었습니다. 스토리보드를 만들지 않을 때는 캐릭터 디자인과 만화 작업을 하고, 여가 시간에 만화를 보는 것을 좋아합니다.

참여 작품
- 널바나, 니켈로디언, 「Zokie of Planet Ruby」 (스토리보드 아티스트)
- 니켈로디언, 「카사그란데 가족」 (스토리보드 아티스트)
- 드림웍스 TV, 「트롤 : 춤과 노래는 계속된다!」 (스토리보드 아티스트)
- 워너브라더스, 「틴 타이탄 GO!」 (스토리보드 아티스트)
- Cosmic Toast Studios, 「La Golda 애니메이션 시리즈」 (스토리보드 아티스트)
- Cosmic Toast Studios, 「Tvoovies」 (스토리보드 아티스트)
- Maker Studios, 「Power House」 (스토리보드 아티스트)

작가 홈페이지
https://www.nicparris.com

인스타그램
parrisnic

X (구 트위터)
@NicParris

이번 챕터에서는 닉 페리스가 만든 스토리보드 전자책 『LET'S LEARN SOME STORYBOARDING』을 기반으로 스토리보드를 만드는 방법에 대해서 소개합니다.

Q 『Let's Learn Some Storyboarding』에 관해서 간략한 소개 부탁드립니다.

A 90페이지에 달하는 이 e-book은 스토리보드의 기본 규칙과 함께 영화 같은 장면을 만들기 위한 몇 가지 작은 팁을 설명합니다. 스토리보드의 매력을 느껴보세요!

📋 자료 파일 : WhatBoardinIs_Book_01_edit.pdf

📁 실습 파일 : Comedy_sketch.sbpz

Q 스토리보드란 무엇인가요?

A 스토리보드는 비주얼과 스토리텔링의 결합체입니다.

다시 말해 이야기를 전달하는 이미지 시퀀스라고 할 수 있습니다. 그 안에는 배경, 캐릭터, 프롭, 대사 등이 있습니다. 예를 들어 아래 그림 오른쪽의 풍선은 프롭이라고 부릅니다.

Q 스토리보드의 기초인 카메라의 역할은 무엇인가요?

A 씬이나 샷을 구성할 때는 카메라의 시야에서 생각해야 합니다. 다시 말해 모든 장면은 카메라의 렌즈를 통해서 이루어집니다.

보통 카메라의 위치를 생각할 때 저는 위에서 아래로 내려다보는 시점을 생각하죠.

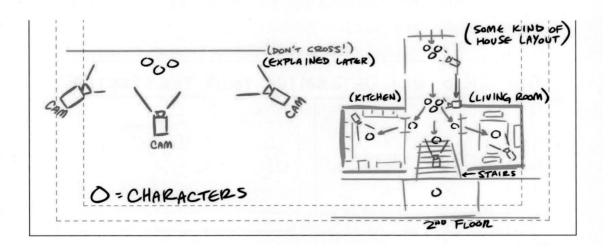

Q 작업할 때 씬에서 그리드는 어떤 역할을 하나요?

A 그리드는 샷이나 씬에서 가장 중요한 요소입니다. 그리드가 시점을 결정하기 때문입니다.
아래 그림에서 자동차 바닥의 그리드는 라인 툴로 그렸지만, 스토리보드 프로에서는 Guides 기능으로
조금 더 쉽고 편리하게 그릴 수 있습니다. 이 부분은 Panel 2에서 다루겠습니다.

아래와 같이 그리드는 카메라 렌즈가 어느 방향으로 되어 있는지 알게 해 줍니다. 따라서 정확한 원근감
있는 캐릭터를 그리기 위해서 그리드는 아주 중요합니다.

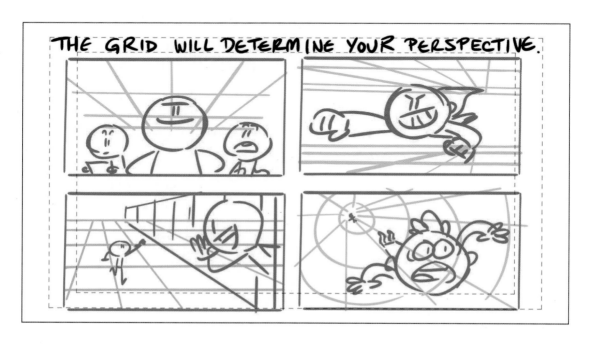

Q 스토리보드 시작은 어디에서 출발하나요?

A Step 1.

스크립트. 대본이라고 하죠. 쇼가 이야기 중심일 경우 브레인스토밍으로 시작합니다.

Step 2.

브레인스토밍이 끝나면 썸네일 보드를 그립니다. 사각형 박스 안에 러프 스케치로 그리는 작업입니다.

썸네일 보드

Step 3. 러프 스케치

썸네일을 참고로 러프 패널을 그립니다. 스토리보드 프로에서 주로 브러시 툴을 사용합니다.

Step 4. 클린업

러프 스케치를 기반으로 조금 더 깔끔히 라인을 정리합니다. 현장에서는 이 정도의 디테일로 스토리보드를 그립니다.

A 다양한 포즈 및 얼굴 표정, 그리고 영화나 드라마를 보고 그 씬을 그대로 그려보세요. 반복하는 것만큼 좋은 스승은 없습니다.

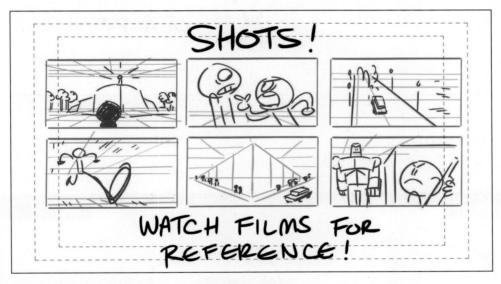

영화 또는 드라마를 많이 관람하세요. 그리고, 그 장면을 그대로 그려봅니다.

Q 연출에서 카메라의 180° 규칙은 무엇인가요?

A 두 사람이 대화하는 장면에서 카메라는 항상 같은 방향으로 설정해야 합니다. 만약에 카메라 위치가 반대편으로 이동하면 두 사람의 위치도 변경되므로 장면의 흐름이 깨지고 관객은 혼란스럽습니다.

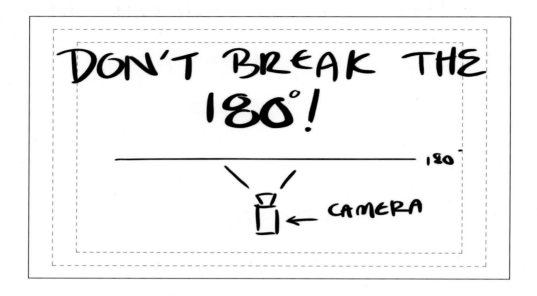

① 카메라가 앞에 있을 경우.

왼쪽은 여자, 오른쪽에 남자 캐릭터가 위치합니다.

② 카메라가 180°를 넘어갈 경우.

캐릭터의 위치가 바뀌며 왼쪽에 있던 여자가 화면 오른쪽으로 가기 때문에 관객에게 혼란을 줄 수 있습니다.

Q 180°가 넘어가도 괜찮은 경우는 어떤가요?

A 다음과 같은 씬에서는 카메라가 180°를 넘어가도 괜찮습니다. 쇼파에 앉아서 TV를 시청하는 가족이 있습니다. 카메라는 TV와 쇼파 사이에 있습니다.

아래 장면에서는 TV가 가족의 시점이므로 180°을 넘어가도 어색하지 않습니다.

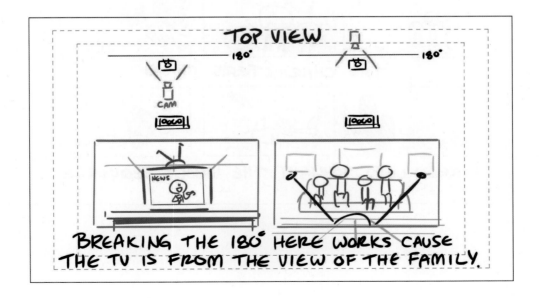

Q 씬의 캐릭터 방향은 항상 같은 곳으로 움직여야 하나요?

A 네. 캐릭터가 왼쪽에서 오른쪽으로 움직이면 컷이 전환돼도 같은 방향으로 이동해야 합니다.

다음과 같이 캐릭터는 씬 내에서 같은 방향을 유지해야 합니다. 캐릭터가 왼쪽에서 걸어 들어오면 컷이 전환돼도 왼쪽에서 오른쪽으로 이동해야 합니다.

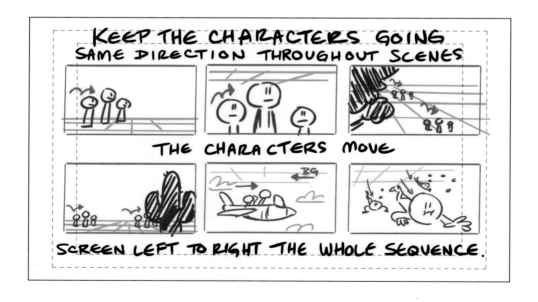

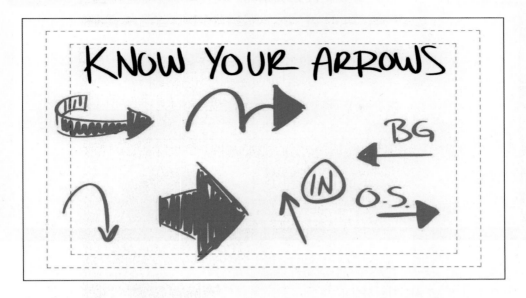

A 스토리보드에는 대사 대신 화살표를 이용해서 캐릭터, 프롭, 배경 등의 이동 상황을 알려줍니다. 일일이 글로 적는 것보다 이런 공통된 화살표를 사용하는 것이 작업에 효율을 올려줍니다.

① 워킹 화살표
캐릭터가 화면 안으로 들어온다는 뜻입니다.

왼쪽 화살표는 걷는 것을 나타냅니다.

오른쪽 화살표는 걷는 것을 나타냅니다.

② 화면 밖으로 사라지는 화살표

캐릭터가 화면 밖으로 나간다는 뜻입니다.

화면 밖으로 사라진다.

③ 배경 Pan 화살표

배경이 왼쪽으로 이동한다는 뜻입니다.

④ 턴 화살표

캐릭터가 돌아 나간다는 뜻입니다.

⑤ IN 화살표

화면 안으로 캐릭터가 들어온다는 뜻입니다.

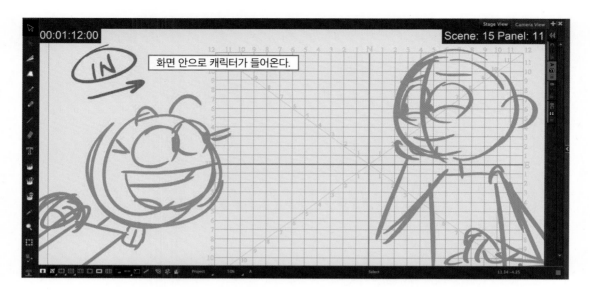

⑥ 헤드 턴 화살표

머리를 돌린다는 뜻입니다.

1. 안전 필드(Safe Area)

Q 안전 필드는 무엇인가요?

A 안전 필드(Safe Area)는 화면 내에서 안전한 영역을 말합니다. 이 안전 영역은 실제로 보여지는 화면보다 약간 작게 설정되어 있으며, 주로 텔레비전 또는 영화 스크린에서 사용됩니다.

2. 타이틀 안전 필드(Title Safe Area)

Q 타이틀 안전 필드는 무엇인가요?

A 영상에 자막이 필요할 때, 반드시 타이틀 안전 필드 안에 넣어야 자막이나 타이틀이 잘리지 않고 보입니다. 이 영역 안에 관객이 집중할 수 있도록 자막이나 타이틀을 배치합니다. 아래 그림에서 녹색 사각형입니다.

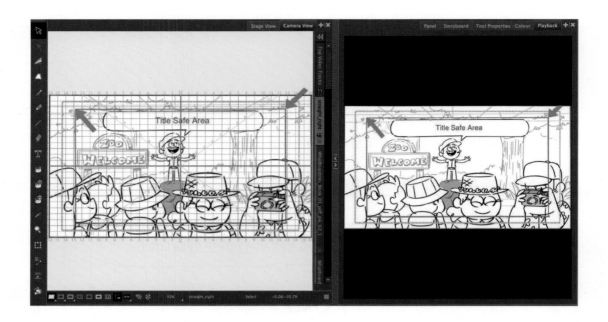

3. 액션 안전 필드(Action Safe Area)

Q 액션 안전 필드는 무엇인가요?

A 중요한 동작이나 시각적 요소는 이 영역을 벗어나지 않게 그립니다. 앞에서 설명한 Title Safe Area 영역보다 약간 더 큰 프레임으로 표시합니다. 아래 그림에서 노란색 사각형입니다.

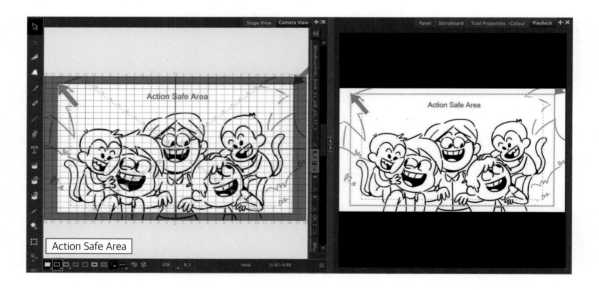

Q 간략화(Shorthand)는 무엇인가요?

A 애니메틱 작업에서 사용되는 용어인 간략화(Shorthand)는 캐릭터를 바르고 효율적으로 그리고 식별할 수 있도록 단순화하는 방법을 말합니다. 스토리보드 제작 과정에서, 시간과 예산을 절약하기 위해 캐릭터를 간략화하는 것이 중요합니다. 이렇게 간략화된 캐릭터는 움직임이 더 간편하고, 여러 장면에서 일관성 있게 유지하기 쉽습니다.

캐릭터 단순화

일반적으로 도형 언어(shape language)를 사용하여 디자인을 단순한 모양으로 분해합니다. 도형 언어(shape language)는 캐릭터 디자인에서 간단한 기하학적 형태를 사용하여 캐릭터의 특징과 개성을 나타내는 기법입니다. 이는 캐릭터를 복잡한 디테일 없이도 쉽게 인식하고 기억할 수 있도록 도와주며, 스토리보드 제작 과정에서 움직임을 쉽게 구현하기 위해 사용됩니다. 아래 그림에서 스토리보드 작업에서는 두 번째 CLEAN PASS 정도의 그림으로 그립니다.

여러분이 만약에 아래와 같이 너무 디테일하게 스토리보드를 작업한다면 매일매일 밤을 새야 할지도 모릅니다.

아마도 여러분의 모습은 이렇게 변할지도 모릅니다.

즐거운 워라밸을 위해서 아래와 같이 간략화 형태로 스토리보드를 그려 보세요.

이 챕터에서는 닉 페리스의 Family_with_audio.sbpz 스토리보드 작업 파일을 예제로 스토리보드 프로의 기능을 소개합니다.

1. 그리드 사용하기 　　　▶️ 실습 파일 scene 5

그리드는 샷이나 씬에서 가장 중요한 요소입니다. 그리드가 시점을 결정하기 때문입니다. 아래와 같이 그리드는 카메라 렌즈가 어느 방향으로 되어 있는지 알려 줍니다. 따라서 정확한 원근감을 살려 캐릭터를 그리기 위해서 그리드는 아주 중요합니다. (345p, 카린 샤를부아 챕터의 가이드 활용 참조)

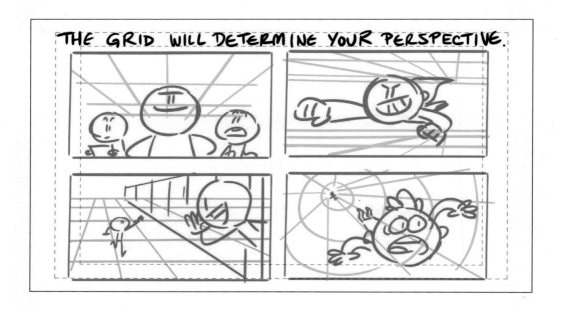

1) 1점 소실법 그리드

01 스테이지 뷰 오른쪽에 있는 패널 뷰에서 (+) 버튼을 클릭하고 Guides를 선택합니다.

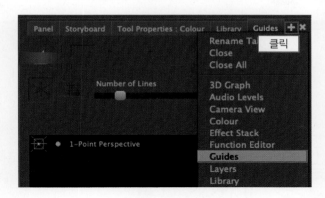

02 패널 뷰에 Guides 탭이 나타나고 New Guide(+) 아이콘을 누르면 여러 종류의 가이드가 나오는데, 1-Point Perspective를 선택합니다.

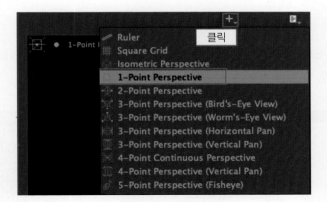

03 스테이지 뷰에서 파란색 소실점 포인트를 움직여서 적당한 위치를 결정하고 클릭하면 소실점이 고정됩니다. 소실점 포인트를 움직이기 위해서는 펜슬( ) 툴 또는 브러시( ) 툴을 사용해야 합니다.

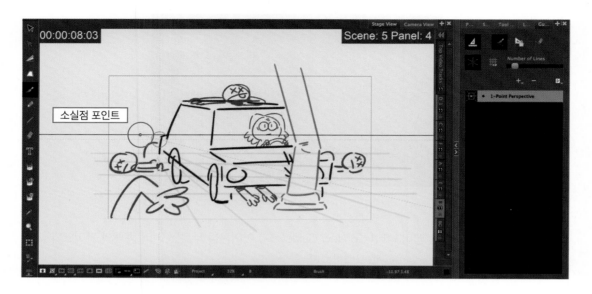

04 브러시( ) 또는 펜슬( ) 툴로 소실점 방향으로 그어주면 가이드 라인을 따라서 정확한 가이드라인을 그릴 수 있습니다.

2. 안전 필드 사용하기   ▶ 실습 파일 scene 7

1) 액션 안전 필드(Action Safe Area)

중요한 동작이나 시각적 요소는 이 영역을 벗어나지 않게 그립니다. 벗어나게 그린다면 TV 화면에서
잘리는 경우가 발생합니다.

01 스테이지 뷰 하단의 아이콘 툴바에서 Action Safe Area(▣) 아이콘을 클릭합니다.

02 스테이지 뷰에서 검은색 점선 사각형 박스가 표시됩니다.

03 안전 가이드 라인이 잘 보이지 않을 때는 Action Safe Area(▦) 아이콘을 꾹 누른 뒤에 Action Safe Area Mask(▢) 아이콘을 선택합니다.

04 안전 가이드 라인이 명확하게 표시됩니다.

2) 자막 제목 가이드 라인 (Title Safe Area)

자막이나 타이틀은 타이틀 안전 필드 안에 넣어야 잘리지 않고 보입니다. 이 영역 안에 관객이 집중할 수 있도록 자막이나 타이틀을 배치합니다.

01 스테이지 뷰 하단의 아이콘 툴바에서 Title Safe Area(▦) 아이콘을 클릭합니다.

02 스테이지 뷰에서 검은색 점선 사각형 박스가 표시됩니다. 안전 가이드 라인(Action Safe Area)보다 작은 사각형입니다.

03 타이틀 가이드 라인이 잘 보이지 않을 때는 Title Safe Area(▦) 아이콘을 꾹 누른 뒤에 Title Safe Area Mask(▢) 아이콘을 선택합니다. 제목이나 자막은 이 사각형 안에 넣어야 합니다.

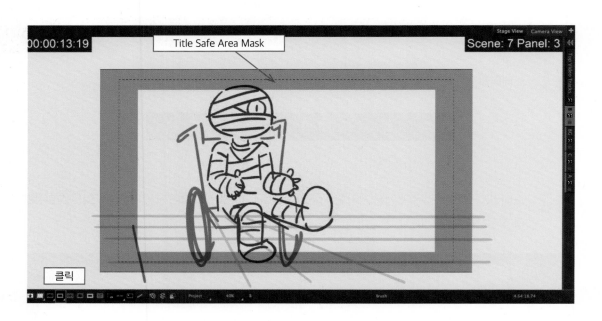

쉽고 빠르게 그리는 스토리보드 with 스토리보드 프로